Magisches Denken

Thomas Grüter

Magisches Denken

Wie es entsteht
und wie es uns beeinflusst

Scherz

www.fischerverlage.de

Erschienen bei Scherz, ein Verlag der
S. Fischer Verlag GmbH, Frankfurt am Main

Satz: fotosatz griesheim GmbH
Druck und Bindung: CPI – Ebner & Spiegel, Ulm
Printed in Germany

ISBN 978-3-502-15158-6

Inhaltsverzeichnis

Vorwort

Francisco de Goya: Der Schlaf der Vernunft gebiert Ungeheuer

Ein Mann schläft an einem Tisch, den Kopf in die Arme vergraben, bedrängt von gespenstischen fliegenden Nachtkreaturen. Im Hintergrund verfolgt eine Katze in sphinxhafter Wächterhaltung die Szene mit weit aufgerissenen Augen. Auf dem Tisch liegen große Papierbögen und Pinsel, eine der Eulen hat ihre Krallen bereits um einen Pinsel geschlagen. Vor den Tisch ist ein Papierbogen gespannt, darauf steht in großen, hastig gepinselten Lettern der Titel der Zeichnung: El sueño de la razón produce monstruos – Der Schlaf der Vernunft gebiert Ungeheuer. Die ungefähr DIN A5 große Radierung mit der laufenden Nummer 43 stammt von dem spanischen Maler Francisco de Goya und ist Teil einer Sammlung von gesellschaftskritischen Radierungen, die er im Jahre 1799 unter dem Titel »Los Caprichos« veröffentlichte. Sie enthielten scharfsinnige Anspielungen auf Skandale bei Hof und kritisierten unverhohlen die gesellschaftlichen Zustände, den Verfall der Moral und die unheilvolle Macht der Kirche. Nach nur zwei Tagen zog Goya die Sammlung zurück, möglicherweise unter dem Druck der Inquisition. Das Blatt Nr. 43 war vermutlich als Titelblatt vorgesehen. Es zeigt, was geschieht, wenn die Vernunft schläft: Mythische Ungeheuer erscheinen aus dem Dunkel und bedrängen die Menschen. Aber es kann auch anders verstanden werden: Die Träume der Vernunft selbst erzeugen die Ungeheuer. »Vernunft« war das Schlagwort der Aufklärer, der damaligen Radikalen, und ein eindeutig interpretierbares Bild wäre für Goya lebensgefährlich gewesen. Im Rahmen der gesellschaftskritischen »Caprichos« erscheint mir deshalb die erste Deutung doch als die wahrscheinlichste.

Die Monster auf der Zeichnung kommen nicht von außen: Sie wohnen in unserem Gehirn als legitime Nachkommen evolutionär bewährter Strukturen. Nur die einzigartige Fähigkeit des Menschen zum abstrakten logischen Denken und zur rationalen Beurteilung von Informationen kann sie in Schach halten.

Dieses Buch möchte Sie zu einer Reise durch die menschliche Irrationalität einladen. Woher stammen die Dämonen des magischen Denkens, und warum arbeitet unser Gehirn nicht rational? Wieso haben die Menschen Götter erfunden, und warum glauben sie an die Unsterblichkeit ihrer Seelen? Welcher Grad der Unvernunft ist normal, und wann wird er zum Symptom einer Geisteskrankheit?

Das menschliche Denken nutzt zwei unterschiedliche und getrennt arbeitende Systeme: Das nur beim Menschen voll ausgeprägte analytisch-rationale und das entwicklungsgeschichtlich sehr viel ältere Erfahrungssystem. Das Letztere arbeitet mühelos, intuitiv, gefühlsbetont und vorbewusst. Das rationale System hingegen muss man bewusst anwerfen. Es arbeitet langsamer, mühsamer und abstrakter. Zwar haben die Vorfahren der Menschen im Laufe der letzten Jahrmillion das abstrakte logische Denken zu einem einmaligen Instrument des Überlebens ausgebaut, aber das uralte Erfahrungssystem existiert weiter. Es steuert nach wie vor unsere Gefühle und gewinnt oft genug gegen die Vernunft. Im Spannungsfeld dieser beiden Systeme entsteht das magische Denken.

Über Zehntausende von Jahren haben die Menschen Zauberei, Wunder und göttliche Eingriffe für selbstverständliche Phänomene einer gottgegebenen Ordnung gehalten oder die Hexerei als Teufelswerk bekämpft. Sie glaubten daran, dass Priester, Schamanen, Magier und Hexen eine reale Macht über die Kräfte der Natur besaßen. Erst die Philosophen der Aufklärung betonten die Wichtigkeit der Vernunft, und die aufkommenden Naturwissenschaften haben viel dazu beigetragen, die Ungeheuer der Unvernunft zu verjagen. Trotz aller Erfolge der Naturwissenschaft ist magisches Denken aber auch in den westlichen Gesellschaften keineswegs verschwunden, im Gegenteil: Der erstaunliche Erfolg esoterischer Bücher und Filme zeigt den ungebrochenen Einfluss magischer Ideen. Ein Kapitel dieses Buchs führt deshalb vor, wie einfach es ist, ein eigenes überzeugendes Esoteriksystem aufzubauen, wenn man nur die richtigen Schlagworte benutzt.

Auch in der Medizin spielt magisches Denken bis in die Gegenwart eine große Rolle. In Deutschland privilegiert der Gesetzgeber magische Heilsysteme ausdrücklich gegenüber den Standardtherapien. Das Buch erläutert, wie sich die Medizin entwickelte und warum sie sich bis heute nur unzureichend von irrationalen Methoden befreien konnte.

Religion hingegen kann auf magisches Denken nicht verzichten, im Gegenteil: Sie beutet es aus und stülpt ihm ein System über. Ein Netz von Schriften, Offenbarungen und Ritualen zwängt den ungeformten Glauben an übernatürliche Kräfte in ein vorgegebenes Korsett. Diese Systematisierung des magischen Denkens lässt sich in allen Kulturen beobachten, sie ist also offenbar eine Konstante menschlicher Gemeinschaften. Deshalb wird das Buch untersuchen, auf welche Weise Religion aus magischem Denken entstehen könnte.

Selbst die moderne Naturwissenschaft hat irrationale Aspekte. Immer wieder tauchen aberwitzige Theorien und Behauptungen auf, die sich oft erstaunlich lange halten. Auch Wissenschaftler sind nur Menschen und verfallen immer wieder in archaische Denkmuster. Wie sehr einige Schulen der Wissenschaftssoziologie in magische Betrachtungen der Wirklichkeit abgeglitten sind, zeigt beispielsweise der Skandal um eine satirische Veröffentlichung des Physikers Alan Sokal. Den Hintergründen und Folgen ist ein eigenes Kapitel gewidmet.

Das Buch möchte dabei helfen zu erkennen, wie magisches Denken entsteht, welche Folgen es hat und wie man es vermeidet. Die

Vernunft wohnt als Begabung im menschlichen Gehirn, aber sie muss gefördert werden, wenn sie sich optimal entfalten soll. Wir werden sie brauchen. Die gewaltigen Herausforderungen, die in diesem Jahrhundert auf uns zukommen, sind nur mit dem vollen Einsatz der Vernunft zu meistern.

1 Was ist magisches Denken?

Im Herzen der Stadt London, unmittelbar an der ehemaligen Stadtmauer, liegt der Tower of London. Es handelt sich nicht etwa um einen einzelnen Turm, sondern um eine von zwei Mauerringen geschützte Festungsanlage direkt an der Themse. In der Mitte steht der White Tower, eine annähernd würfelförmige massive Burg, die Wilhelm der Eroberer im Jahre 1077 errichten ließ. Nach mehreren Umbauten misst die Grundfläche heute ca. 36 mal 33 Meter, die höchste Höhe beträgt 27,4 Meter. Drei der vier Ecktürme ragen schlank und kantig in den Himmel, der bullige runde Nordostturm wirkt dagegen wie ein Fremdkörper. Der Tower beherbergte in seiner langen Geschichte Könige und Verbrecher, er diente als Hinrichtungsstätte und als königliche Menagerie. Nichts davon ist geblieben. Heute findet man dort die Kronjuwelen und die Towerraben. Letztere beschützen das englische Königreich, denn einer Prophezeiung zufolge soll der White Tower zerfallen, die Monarchie stürzen und das Königreich vergehen, wenn die Raben den Tower verlassen. Neun der schwarzen Vögel wohnen dort zurzeit, umsorgt vom Raven Master, einem extra dafür bestellten Torwächter des Tower. Damit die Raben nicht etwa davonfliegen und das Königreich einem ungewissen Schicksal überlassen, sind ihre Flügel gestutzt.

Aber nicht nur das Bestehen des Towers, auch das Wohlergehen der Stadt London ist an einen Mythos geknüpft: den London Stone. Der unscheinbare, kaum tischhohe Kalkstein ist das Fragment eines ursprünglich sehr viel größeren Steins. Vermutlich stammt er aus römischer Zeit und markierte den zentralen Punkt, von dem aus die Römer die Entfernungen in der Provinz Britannien bestimmten. Solange er in der Stadt verbleibt, so geht die Sage, wird London gedeihen, wehe aber, er wird zerstört oder fortgebracht.

Solche Mythen fördern den Tourismus, weshalb die Verkehrsämter wiederum die Mythen fördern. Aber warum sind so viele Menschen von der Vorstellung fasziniert, die britische Monarchie könnte mit dem Schicksal der Towerraben verbunden sein? Dieses magische Denken ist – nicht nur unter Touristen – weit verbreitet.

Nehmen wir einmal an, ein ruchloser Antimonarchist würde tatsächlich die gefiederten Garanten des Hauses Windsor vergiften. Würde der Tower zerkrümeln und das Unterhaus die Republik ausrufen? Das wird niemand ernsthaft annehmen, trotzdem würden die meisten Menschen einen Anschlag auf die Raben als Angriff auf die Monarchie werten, weil sie automatisch von einer Verbindung zwischen Symbol und Wirklichkeit ausgehen. Auch das fällt in die Kategorie *magisches Denken.* Wie verbreitet diese Sichtweise ist, zeigen unter anderem die Strafen für die öffentliche Verunglimpfung staatlicher Symbole. Im deutschen Strafgesetzbuch sieht das so aus:

> **§ 90a Verunglimpfung des Staates und seiner Symbole**
> (1) Wer öffentlich, in einer Versammlung oder durch Verbreiten von Schriften (§ 11 Abs. 3)
> 1. die Bundesrepublik Deutschland oder eines ihrer Länder oder ihre verfassungsmäßige Ordnung beschimpft oder böswillig verächtlich macht oder
> 2. die Farben, die Flagge, das Wappen oder die Hymne der Bundesrepublik Deutschland oder eines ihrer Länder verunglimpft, wird mit Freiheitsstrafe bis zu drei Jahren oder mit Geldstrafe bestraft.

Hier handelt es sich um Taten, durch die niemand zu körperlichem Schaden kommt oder persönlich beleidigt wird. Doch nicht nur einzelne Menschen, sondern auch Staaten, und sogar ihre Flaggen oder Hymnen, sind beleidigungsfähig. Berge, Flüsse oder Autos sind es nicht. Auch die Symbole von Banken oder Autoherstellern genießen keinen besonderen Rechtsschutz. Die Bundesrepublik Deutschland hingegen schützt ihre Symbole in einem eigenen

Paragraphen des Strafgesetzbuchs gegen Verunglimpfung. Wie erklärt sich das?

Menschen betrachten eine Beschimpfung ihrer Staatssymbole als Angriff auf die Gemeinschaft und damit auf sich selbst. Ihr Gerechtigkeitsgefühl ist verletzt und verlangt eine Strafe. Die überwiegende Mehrheit der Menschen würde also die Strafandrohung des § 90a für gerecht halten.

Die Verbindung zwischen Symbol und Wirklichkeit ist im intuitiven menschlichen Denken fest verankert. Ein Angriff auf hochgeschätzte Symbole verletzt die Gefühle der Menschen, er ruft Abneigung, Ärger oder Wut hervor. Die Vernunft spielt dabei keine Rolle, magisches Denken gehört in den Bereich der Gefühle und der Intuition.

»Zwei Seelen wohnen, ach! in meiner Brust«, seufzte Goethes Faust, und es gibt tatsächlich immer mehr Hinweise, dass es im menschlichen Gehirn zwei verschiedene Systeme der Informationsverarbeitung gibt: Das stammesgeschichtlich alte *intuitive* Erfahrungssystem und das nur beim Menschen vorkommende *rationale* System. Das intuitive Erfahrungssystem arbeitet schnell, vorwiegend unbewusst und berücksichtigt Gefühle. Das rationale System arbeitet langsam, analytisch, gefühlsneutral und vorwiegend bewusst. Im Zweifel gewinnt das intuitive System, und die Vernunft hat das Nachsehen. Das Bauchgefühl schlägt die Kopfentscheidung. Menschliches Denken muss nicht logisch, sondern lediglich zweckmäßig sein. Es hat über Hunderttausende von Jahren kleinen Horden von Jägern und Sammlern das Überleben ermöglicht, und zwar auf der Grundlage eines Primatengehirns, das eigentlich für Baumbewohner ausgelegt ist. Städtisches Leben kennen die Menschen erst seit höchstens zehntausend Jahren, und die Erkenntnisse moderner Naturwissenschaft bestimmen unser Leben seit weniger als zweihundert Jahren. Unser Gehirn hat sich an das Stadtleben bisher nicht anpassen können, denn die Evolution braucht viel länger für eine größere Veränderung. So beherrscht intuitives – und oftmals magisches – Denken das menschliche

Handeln heute ebenso wie in der Steinzeit, auch wenn wir das nicht wahrhaben wollen.

Beispielsweise drucken Zeitungen und Zeitschriften auch heute noch regelmäßig Horoskope. Nach einer Emnid-Umfrage im Auftrag von *Bild am Sonntag* vom Januar 2008 glauben 32% der 14 bis 29 Jahre alten Bundesbürger an eine gewisse Macht von Sternen und Planeten auf ihr Leben. Natürlich kennt magisches Denken Regeln und Gesetze. Manche Magie erscheint intuitiv plausibel, andere nicht.

Ausprägungen des magischen Denkens

Keines der bisher aufgezählten Beispiele beschreibt einen wirklichen Zusammenhang, also sollten die Menschen auch keine Intuition dafür entwickeln. Zahlreiche Studien haben aber das Gegenteil nachgewiesen: Beispielsweise glauben Menschen intuitiv daran, dass es öfter regnet, wenn sie das Haus ohne Regenschirm verlassen. Warum foppt uns die Intuition und gaukelt uns Zusammenhänge vor, wo keine sind? Wenn alle Menschen für diese Verzerrung der Wahrnehmung anfällig sind, müssten nicht die Wissenschaft, die Politik oder die Medizin darunter leiden? Dies und einiges mehr wird das Thema der nächsten Kapitel sein. Zunächst aber bedarf es einer Definition des magischen Denkens. Und die ist gar nicht so einfach.

Magisches Denken – die Schwierigkeit einer Definition

Psychologen tun sich schwer mit der Frage, was magisches Denken eigentlich umfasst. Ein Beispiel:

> *»Der Glaube an die Fähigkeit, Ereignisse aus der Ferne zu beeinflussen, ohne dass eine physikalische Erklärung dafür bekannt wäre, wird magisches Denken genannt.«*

Diese Definition stammt aus einer Arbeit von amerikanischen Psychologen im angesehenen *Journal of Personality and Social Psychology* aus dem Jahre 2006. Sie wirft allerdings mehr Fragen auf, als sie beantwortet.

Wir leben heute in einer Welt mit vielen unbestreitbaren Fernwirkungen. Rundfunk, Fernsehen, Handys oder drahtlose Computernetze sind Beispiele dafür. Die meisten Menschen sind zu Recht davon überzeugt, ihren Fernseher auf fünf Meter Entfernung mit der Fernbedienung beeinflussen zu können. Denkt der Fernsehkonsument also magisch, wenn er die physikalischen Grundlagen seiner Fernbedienung nicht kennt, oder nur dann, wenn er glaubt, dass sie auf übernatürliche Weise funktioniert? Oder ist sein Glaube völlig egal, solange *irgendjemand* auf der Welt die physikalische Erklärung kennt?

Viele Menschen neigen dazu, physikalisch erklärbare Fernwirkungen so zu verallgemeinern, dass die Physik ihren Beistand verweigern muss. »Strahlen« und »Felder« sind nun einmal unsichtbar und stehen deshalb im Verdacht, alle möglichen magischen Wirkungen zu entfalten, zum Beispiel chronische Müdigkeit, allgemeines Unwohlsein oder den vorzeitigen Tod von Zimmerpflanzen. Das ist aber eher ein Bauchgefühl und stammt nicht aus einer logischen Schlussfolgerung auf der Grundlage physikalischen Wissens. Andere Forscher sehen deshalb nicht die Physik, sondern das kulturelle Umfeld als Kriterium an. Die Psychologen Danielle Einstein und Ross Menzies definieren magisches Denken als eine von den Mitmenschen nicht akzeptierte Erklärung für eine Ursache-Wirkung-Beziehung. Nach dieser Definition wären die Ideen der Planetenbewegung von Galileo Galilei und von Kepler ein Beispiel magischen Denkens, ganz unabhängig davon, wie sie zustande kamen, denn sie widersprachen dem damals anerkannten Weltbild.

Andererseits sind bestimmte magische Rituale ausdrücklich kulturell anerkannt, sie können sogar gesetzlich vorgeschrieben sein. Zum Beispiel legt das deutsche Grundgesetz die Eidesformel zum Amtsantritt des Bundespräsidenten wortwörtlich fest. Der Eid an sich entspringt bereits magischem Denken, denn er ruft höhere Mächte zu Zeugen eines Versprechens an. Die Festschreibung des Wortlauts macht den Eid endgültig zu einer Zauberformel, die ihre Wirkung nur entfaltet, wenn man sie buchstabengetreu rezitiert. Magisches Denken lässt sich also weder an der Existenz einer physikalischen Erklärung noch am kulturellen Umfeld festmachen. Aber was ist es dann?

Die amerikanischen Psychologen Leonard Zusne und Warren H. Jones haben ein ganzes Buch über magisches Denken geschrieben und sich deshalb sehr viele Gedanken über die Definition gemacht. Sie schreiben:

> *»Magisches Denken ist der Glaube, dass (a) ein Transfer von Energie oder Informationen allein wegen einer Ähnlichkeit oder einer räumlichen und zeitlichen Nähe stattfinden kann, oder (b) dass Worte oder Aktionen einen bestimmten physikalischen Effekt erzielen können, und zwar auf eine Art und Weise, die nicht von den Prinzipien der normalen Übertragung von Energie oder Informationen beherrscht wird.«*

Das klingt ein bisschen wie ein Paragraph aus einer EU-Verordnung, denn die Autoren haben versucht, alle Aspekte und Einschränkungen in einem einzigen Satz unterzubringen. Trotzdem ist die Beschreibung weder vollständig noch richtig. Es fehlt beispielsweise das Prinzip der Weitergabe menschlicher Eigenschaften durch Gegenstände und der Glaube an die Wirkung von Amuletten. Und was ist mit dem Glauben an Wahrsagung, an Zukunftswissen? Außerdem fehlt der Hinweis, auf welche Art der Glaube vom Typ (a) oder (b) zustande kommt, also welche Wege oder Abwege das Denken nimmt, um als magisch zu gelten. Denken ist ein Vorgang, damit hat es einen Ablauf, Zwischenschritte, Übergänge, Pfade. Alle bisher vorgestellten Definitionen urteilen nur vom Ergebnis her. Sie argumentieren also, dass ein Glaube, der nicht der Kultur oder der Physik entspricht, auf magischem Wege entstanden sein muss. Gerade geniale Neuerungen wie zum Beispiel die Quantentheorie oder die Relativitätstheorie würden durch diese Definition in die magische Ecke gedrängt, obwohl sie auf strenger mathematischer Logik beruhen.

Wir entwickeln eine Definition

Wenn wir magisches Denken sinnvoll beschreiben wollen, müssen wir den *Vorgang* des Denkens in den Vordergrund rücken, nicht das Ergebnis.

Folgt man der Theorie des amerikanischen Psychologen Seymour Epstein, dann steht langsames, rationales, analytisches und verbales Denken dem schnellen, intuitiven und ganzheitlichen Denken gegenüber, wobei das magische Denken Letzterem entspringt. Mit den Mitteln der Logik, der Vernunft und der Analyse (vom altgriechischen αναλύσειν *analysein* »auflösen [in Einzelteile]«), einer Portion Unglauben und einer Prise Geduld kann man viele Phänomene erklären, die intuitiv übernatürlich erscheinen. Das intuitive Denken arbeitet schneller, deshalb stammt die erste Beurteilung einer Situation von dort. Wer übernatürliche Ideen grundsätzlich für plausibel hält, wird vermutlich nicht weiter nach rationalen Lösungen suchen. Der Züricher Biologe Peter Brugger und der kanadische Psychologe Roger Graves haben diese Idee Mitte der neunziger Jahre überprüft. Sie gaben Studenten folgende Aufgabe: Auf einem Computerbildschirm sollte die Abbildung einer Maus mit den Pfeiltasten in einem Spielfeld von 3 x 3 Kästchen zur Abbildung einer Mausefalle gesteuert werden. Dort angekommen, stahl die Maus entweder den Käse, oder die Falle schnappte zu. Es ging darum, mit der Maus den Käse zu holen, ohne in die Falle zu gehen. Einzige Regel: Wer mehr als vier Sekunden für den Weg brauchte, sicherte der Maus den Käse, wer schneller war, löste die Falle aus. Der Annäherungsweg war dabei ganz unwichtig. Bei der Aufgabe ging es darum, durch mehrfaches Probieren die Erfolgsregel zu finden. Wie vermutet, überprüften Teilnehmer mit stärkerem Glauben an paranormale Phänomene weniger Lösungsstrategien und waren schneller bereit, an die Richtigkeit von zufälligen, aber falschen Zusammenhängen zu glauben. Zum Beispiel probierten sie einen besonders komplizierten Annäherungsweg – und hatten Erfolg, weil sie beim ersten Mal mehr als vier Sekunden dafür brauchten. Sie wiederholten ihren Weg aber nicht, was eventuell nicht mehr funktioniert hätte, sondern buchten die Strategie gleich als richtige Lösung. Am Ende hatten übrigens nur zwei von vierzig Teilnehmern die Erfolgsregel gefunden. Halten wir als erste Definition also fest:

> Die unzureichend überprüfte Annahme von magischen Wirkzusammenhängen ist eine wichtige Voraussetzung magischen Denkens.

Es ist aber nur *eine* Voraussetzung, denn nicht jeder Irrtum ist magisch. Zwei Beispiele: Ein Forscher stellt zur Beschreibung eines Zusammenhangs eine mathematische Formel auf, doch sie erweist sich als falsch. Ein Arzt nimmt an, die Depression eines Patienten beruhe auf seinen Lebensumständen, tatsächlich leidet der Mann aber unter einer Fehlfunktion der Schilddrüse, was ganz ähnliche Beschwerden hervorrufen kann. Sowohl Forscher als auch Arzt gehen von einem falschen Zusammenhang aus, aber es wäre verfehlt, hier von magischem Denken zu sprechen. Genauer müsste man also sagen:

> Das Festhalten an der Idee, ein Phänomen beruhe auf übernatürlicher Fernwirkung, obwohl man die Möglichkeit einer natürlichen Ursache nicht hinreichend geprüft hat.

Das übernatürliche Element

Das Wort »übernatürlich« ist ein Widerspruch in sich. Geht man davon aus, dass die Wirklichkeit aus Materie und Energie besteht, dürfte es übernatürliche Phänomene nicht geben. Würden sie irgendeine Wirkung auf die Materie ausüben, wären sie (per definitionem) *natürliche* Kräfte. Dies ist die Auffassung der *Materialisten* unter den Philosophen. Für sie ist der Geist nur eine Illusion, hervorgerufen durch eine besondere Konstellation der Materie. Die Welt lässt sich durch Naturgesetze vollkommen beschreiben (das heißt aber nicht, dass die Menschen alle Gesetze kennen oder finden können).

Weil aber viele magische Phänomene nach den Naturgesetzen unmöglich sind, setzt magisches Denken ein *dualistisches* Weltbild aus geistiger und materieller Welt voraus. Die geistige Welt müsste demnach eigene, weitgehend unbekannte Gesetze haben und auf die materielle Welt einwirken können. Eventuell wäre sogar die Welt des Geistes und der Ideen die einzig wirkliche; während die materielle Welt lediglich eine Erscheinungsform davon wäre, eine geistige Vorstellung. Diese philosophische Richtung nennt man *Idealismus*. Seit der Antike haben Hunderte von Philosophen zu diesem Thema gelehrte Abhandlungen verfasst, ohne je zu einer Einigung zu kommen.

Magisches Denken entspringt einem Bauchgefühl, während das dualistische Weltbild eine rational-analytisch geprägte philosophische Position darstellt. Jetzt könnte man argwöhnen, dass die dualistischen Philosophen lediglich ihr Bauchgefühl mit nachgeschobenen Argumenten rechtfertigen wollen, also auf dem schwankenden Fundament eines bloßen Gefühls eine analytische Kathedrale zu errichten versuchen.

Magisches Denken im engeren Sinne (und im Sinne dieses Buchs) verlangt immer eine übernatürliche Einwirkung auf die materielle Welt. Was aber ist natürlich, und was ist übernatürlich? Wie soll man das prüfen? Steinzeitmenschen mochten Blitze für ein magisches, übernatürliches oder göttliches Phänomen halten, inzwischen aber ist der Blitz als Naturerscheinung erkannt. Die Menschheit hat in den letzten Jahrhunderten ein immenses Wissen über die Natur angesammelt. Es ist spätestens seit der Verbreitung des Internet in den Industriestaaten allgemein zugänglich. Deshalb kann man so leicht wie nie zuvor überprüfen, ob ein Phänomen auf natürlichem Wege zustande kommt. Hat man ein Ereignis, ein Phänomen oder einen Vorgang erst einmal als magisch eingestuft, dann entzieht man ihn den Gesetzen der Physik, und er wird in Sphären entrückt, in denen die Regeln und Strukturen des magischen Denkens gelten.

Strukturen der Magie

Nicht jede magische Wirkung erscheint plausibel, denn magisches Denken hat ganz bestimmte Strukturen. Zum Beispiel erscheint es uns durchaus sinnvoll, das Schicksal der Towerraben mit dem des englischen Königshauses zu verknüpfen. Nicht plausibel erscheint es hingegen, den Bestand der Bundesrepublik Deutschland damit zu verbinden.

Magisches Denken hat eigene Gesetzmäßigkeiten. Und die verraten uns viel über die neuropsychologischen Ursachen eben jener irrationalen Vorstellungen, die jahrtausendelang das Denken der Menschen beherrscht haben und noch immer stärker sind als die Vernunft.

Übertragungsmagie

Selbst in modernen Menschen schlummert die magische Vorstellung, Kleidungsstücke übernähmen Eigenschaften ihres Besitzers oder könnten sie gar weitergeben. Der englische Psychologe Bruce Hood hat dazu das folgende aufschlussreiche Experiment gemacht: Er bot den Zuhörern eines Vortrags 30 US-Dollar, wenn sie eine gebrauchte Strickjacke anzögen, die er mitgebracht hatte. Das kam gut an, der ganze Saal meldete sich freiwillig zur Anprobe. Nachdem Hood allerdings erwähnt hatte, dass die Jacke einem berüchtigten Mörder gehört hatte, wollte sich nur noch ein einziger Zuhörer das Geld verdienen. Umgekehrt erzielen Kleidungsstücke oder Gebrauchsgegenstände von Prominenten bei Auktionen immer wieder Höchstpreise, ganz so, als glaubten die Käufer, mit der Jacke oder dem Kleid auch den Erfolg oder die Schönheit des bisherigen Besitzers zu erwerben.

Woher kommt die Vorstellung, dass persönliche Eigenschaften ansteckend sind wie Krankheiten? Erzieht unsere moderne und saubere Gesellschaft vielleicht von Anfang an zur Ansteckungsangst? Das wäre zwar möglich, aber die wirklichen Ursachen liegen tiefer, denn der Glaube an die Verbreitung von Eigenschaften durch Berührungsmagie lässt sich in allen Kulturen nachweisen.

Der Anthropologe James George Frazer hat Ende des neunzehnten Jahrhunderts religiöse und magische Bräuche aus aller Welt gesammelt und in einem zwölfbändigen Werk unter dem Titel *Der goldene Zweig* veröffentlicht. Er fand heraus, dass sich die Vorstellungen von übernatürlichen Beeinflussungen bei fast allen Völkern in zwei Gruppen einteilen lassen: Die *homöopathische* oder *imitative* Magie, die auf Ähnlichkeiten beruht, und die *Übertragungsmagie*, also die unerklärliche Weitergabe von Eigenschaften durch unbelebte Dinge.

Fast alle Völker kennen eine magische Verbindung zwischen einer Waffe und der davon verursachten Verletzung. Frazer zitiert den englischen Philosophen Sir Francis Bacon, der berichtet haben soll, man könne eine Wunde heilen, indem man die verursachende Waffe mit einer Heilsalbe bestreiche. In Melanesien glauben einige Völker, dass sich eine Pfeilwunde nicht entzündet, wenn man die verursachende Pfeilspitze danach kühl und feucht hält. Wenn die Gegner aber den Pfeil in die Hände bekommen, werden sie die Pfeilspitze ins Feuer halten, um die Wunde zu verschlimmern. Von Zeit zu Zeit nehmen sie den Bogen, der den Pfeil abschoss, und lassen seine Sehne schnellen. Der Verwundete soll dann unter Nervenspannung und Tetanuskrämpfen leiden.

Weltweit war auch der Aberglaube verbreitet, man könne einem Menschen Schmerzen zufügen, indem man Glasscherben oder

Messer in seine Fußspuren steckt. Mit dem Aufkommen gepflasterter Straßen wurde das allerdings unpraktisch und kam aus der Mode.

Homöopathische oder imitative Magie

Diese Variante beruht auf der Vorstellung, dass eine Ähnlichkeit in einem Bereich auf Ähnlichkeiten in anderen Bereichen schließen lässt. Die entfernt menschenähnliche Gestalt der Alraunewurzeln hat zu dem Aberglauben geführt, dass sie einen grausigen Todesschrei ausstoßen, wenn man sie aus der Erde zieht (wie Harry-Potter-Fans sicherlich wissen).

Der rot-violette, also weinfarbene Halbedelstein *Amethyst* soll verhindern, dass man durch Wein betrunken wird, wenn man ihn als Amulett trägt oder, besser noch, wenn man seinen Wein gleich aus einem Amethystgefäß trinkt. Er soll auch gegen den Kater danach oder gegen Trunksucht allgemein wirken. Das wussten schon die alten Griechen, die dem Stein seinen Namen gaben (*Amethystos* = nicht trunken). Aber Vorsicht: Gegen Alkoholkontrollen im Straßenverkehr schützt er nicht. Die homöopathische Medizin nutzt den tiefverwurzelten Glauben an die imitative Magie zu Milliardenumsätzen allein in Deutschland (siehe Kapitel 7). Ein Glückspfennig im Portemonnaie soll weiteres Geld anziehen. Das vierblättrige Kleeblatt wächst so selten, dass man es nur durch einen günstigen Zufall findet. Der Finder, so der abergläubische Schluss, hat offenbar gewohnheitsmäßig Glück, und das Kleeblatt ist nur ein Beleg dafür. Das Wort »Pech« für »Missgeschick« signalisiert auf der anderen Seite die klebrige Eigenschaft des Unglücks, von dem der Aberglaube annimmt, dass es einigen Menschen geradezu anhaftet.

Flüche, Bannsprüche oder Heilzauber finden sich schon auf altägyptischen Hieroglyphentafeln und Schriftrollen.

In der Bibel entsteht die Welt durch einen Befehl: »Und Gott sprach: Es werde Licht! Und es ward Licht.« Jeder Tag der biblischen Schöpfungsgeschichte beginnt mit den Worten: »Dann sprach Gott ...«. Dem liegt die archaische Vorstellung zugrunde, dass das Aussprechen des Namens einen Gegenstand – oder sogar die ganze Welt – nicht nur herbeirufen, sondern sogar erzeugen kann. Im altägyptischen Schöpfungsmythos von Memphis heißt es, der Gott Ptah (Ptah = der Bildner) habe die Welt in seinem Herzen erdacht und durch Aussprechen erschaffen. Die Ähnlichkeit der beiden Mythen ist sicher nicht zufällig.

Schon das Aussprechen eines Unheils kann es hervorrufen. Deshalb darf Böses oder Gefährliches nicht genannt werden, es wird mit Hüllworten umschrieben. Der Teufel, den man nicht gerne herbeizitieren möchte, wird also »Gehörnter«, »Bocksfüßiger«, »Versucher«, »Widersacher«, »Leibhaftiger« oder »Gottseibeiuns« genannt. Das germanische Wort *Bär* (englisch *bear*, schwedisch *björn*) stammt wahrscheinlich von einem uralten Hüllwort und heißt »Der Braune«. Der »wahre« Name des gefährlichen Raubtiers durfte nicht ausgesprochen werden, um es nicht versehentlich herbeizurufen. Deshalb ist die indogermanische Wortwurzel »arkt« (griechisch *arktos*, lateinisch *ursus*, wahrscheinlich von *urctus* über *urcsus*) für »Bär« in den germanischen Sprachen verloren gegangen.

Alle Kulturen kennen Flüche, Segenssprüche und Wortmagie. Die Vorstellung von der Macht des Wortes ist eine Nebenwirkung allgemein menschlicher Denkprozesse und eine wesentliche Quelle magischen Denkens. Im Laufe der Menschwerdung haben unsere Vorfahren Worte geschaffen, um sich über Dinge auszutauschen. Das Wort ist also ein Symbol, das im Gesprächspartner eine möglichst gleichartige Vorstellung hervorrufen soll. Das magische Denken kehrt diese Beziehung um: Die Worte bilden nicht nur die äußere Wirklichkeit ab, sondern schaffen oder verändern den weltlichen Gegenstand. Wenn man noch weiter geht, muss das Wort nicht einmal ausgesprochen werden, es reichen die Vorstellung oder der Gedanke.

In Deutschland hat ein Wunsch gute Aussichten auf Erfüllung, wenn er beim Fall einer Sternschnuppe gedacht, aber nicht ausgesprochen wird. In England und Amerika gelten die zusammengewachsenen Schlüsselbeine von Vögeln, das sogenannte Gabelbein, als *wishbone* (Wunschknochen). Wenn zwei Menschen es an je einem Ende fassen und auseinanderbrechen, wird demjenigen ein Wunsch erfüllt, der das längere Ende in der Hand behält.
Dieser Teilbereich des magischen Denkens lässt sich also so beschreiben:

> Im magischen Denken beeinflusst oder beherrscht das geistige Abbild der Wirklichkeit direkt die äußere Welt.

Geheimnisvolle Verbindungen

Menschen schreiben nicht nur Worten und Gedanken, sondern auch Gegenständen eine magische Fernwirkung zu. Zauberkräftige *Talismane* oder *Amulette* gibt es in allen Kulturen. Sie sollen ihren Besitzern oder Trägern Glück bringen und böse Einflüsse fernhalten. Die Idee ist mindestens so alt wie die Schrift, denn bereits vor 5000 Jahren sind Amulette auf ägyptischen Hieroglyphentafeln erwähnt.

Amulette zeigen oft eine Szene aus einer Sage, einem heiligen Text oder einer Überlieferung, oder sie enthalten ein Material, dem eine hilfreiche Wirkung nachgesagt wird. Eine christliche Reliquie, ein augenförmiger Anhänger zur Abwehr des bösen Blicks oder das Kreidezeichen der Heiligen Drei Könige an einer Haustür sind Beispiele dafür. In diese Kategorie gehören auch die Voodoo-Wachspuppen, die ein Zauberer fertigt und mit Nadeln sticht, um dem Menschen, den sie darstellen, Schmerzen zuzufügen. Diese Art der Zauberei ist übrigens nicht so fremd, wie man oft meint: Sie wurde auch im europäischen Mittelalter benutzt, um Gegnern und Rivalen zu schaden. So vermuteten schon Zeitgenossen, dass ein Wachsabbild zum Tod der Königin Johanna I. von Navarra, der Frau Philipps des Schönen von Frankreich, im Jahre 1305 beigetragen habe.

Im November 2008 scheiterte eine Klage des französischen Präsidenten Nicolas Sarkozy gegen den Vertrieb einer Voodoo-Puppe mit seinem Gesicht. Auf den Körper der Puppe waren Wahlkampfsprüche aufgedruckt und Nadeln zum Stechen lagen bei. Der Hersteller warb mit der Behauptung, durch den Voodoo-Zauber könnten die Käufer den Präsidenten »daran hindern, noch mehr Schaden anzurichten«.

Man kann also allgemein formulieren:

> Die gegenseitige Verbindung zwischen einem Symbol und der Wirklichkeit ist ein Bestandteil magischen Denkens.

Ich habe absichtlich *gegenseitige* Verbindung geschrieben. Die Verbindung zwischen Symbol und Gegenstand ist weder wirklich, noch ist sie gegenseitig, aber intuitiv wirkt es so. Im magischen Denken lässt sich die Wirklichkeit deshalb durch die Manipulation von Symbolen verändern. Viele Märchen und Fantasy-Romane beruhen auf dieser Idee. Im Buch *Der Herr der Ringe* ist der *Eine Ring* das Symbol der bösen Macht. Sie bricht zusammen, als er vernichtet wird. In Oscar Wildes Roman *Das Bildnis des Dorian Gray* altert das Ölbild des Protagonisten an seiner Stelle, während er selbst stets jung und makellos bleibt.

Menschen mit magischer Macht

Auch manchen Menschen werden übernatürliche Fähigkeiten nachgesagt. Schamanen, Wahrsager und Wunderheiler leben geradezu davon, aber auch normale Menschen können unfreiwillig in den Verdacht der Hexerei geraten. Bei Frauen spielen körperliche Attribute in diesem Zusammenhang eine wichtige Rolle. So erscheinen Hexen im Märchen oft alt, hässlich und gebeugt oder im Gegenteil, wie Schneewittchens böse Stiefmutter, übernatürlich schön und anziehend. Gute und böse Zauberer erscheinen dagegen als machtvolle, weniger als alte oder gebrechliche Gestalten.

Während der Zeit der Hexenverfolgung galten Unglücksfälle nach Nachbarschaftsstreitigkeiten oft genug als Indizien für eine Verhexung durch die gegnerische Partei. Zu dieser Zeit konnte jeder der Hexerei überführt werden, er wurde einfach so lange gefoltert, bis er gestand. Die Hexenjäger gingen davon aus, dass Hexen keine übernatürlichen Kräfte hatten, weil Menschen Derartiges nicht zustand. Stattdessen nahm man an, sie hätten mit dem Teufel einen Vertrag geschlossen, der ihn verpflichtete, im Auftrag der Hexen Übernatürliches zu bewirken. Weil der Teufel aber als übler Betrüger galt, konnte es auch sein, dass er die Hexen nur glauben machte, er sei ihnen zu Diensten gewesen, während er in Wahrheit überhaupt nichts getan hatte. In beiden Fällen aber hatten die Hexen und Hexer sich mit dem Teufel verbündet und waren dafür zu bestrafen.

Die Idee von Hexen, Magiern, Zauberern, Schamanen, Medizinmännern oder Priestern als Beherrscher übernatürlicher Mächte oder Vermittler zur Geisterwelt existiert in allen Kulturen. Sie entspringt also offenbar Denkprozessen, die allen Menschen gemeinsam sind, und gehört deshalb in die Definition des magischen Denkens.

Magisches Wissen um die Zukunft

»Wir alle kennen das Gefühl, das uns zuweilen überfällt, dass alles, was wir gerade sagen und tun, bereits gesagt und getan ward, in längst vergangener Zeit – dass wir vor ungezählten Tagen umgeben waren von den gleichen Gesichtern, Dingen und Umständen – und wissen, was als nächstes gesagt werden wird, als ob wir uns plötzlich erinnerten.«

Der englische Dichter Charles Dickens beschreibt mit diesem Satz das sogenannte Déjà-vu-Gefühl, den plötzlichen Eindruck, man habe eine völlig neue Situation schon einmal genauso erlebt. Dieses magische Gefühl verfliegt innerhalb der nächsten Sekunden, aber für einen Moment haben wir den Eindruck gehabt, als sei in unserer Erinnerung eine geschlossene Blase mit einigen Sekunden Zukunft abgelegt gewesen, eine Blase, die platzt, sobald ihre Zeit gekommen ist. Vielleicht ist es diese Erfahrung, die viele Menschen daran glauben lässt, die Zukunft könne vorhergesagt werden. Dabei interessiert sie nicht etwa eine schicksalhaft unabwendbare Zukunft, nein, sie wollen wissen, wo die Stolpersteine liegen, denen sie ausweichen müssen. »Man hat keinen Nutzen davon zu wissen, was notwendig geschehen wird, denn es ist ein Elend, sich vergebens zu quälen«, schrieb Cicero schon vor mehr als 2000 Jahren. Im Grunde ist es ein Paradox: Man will die Zukunft kennen, um ihr zu entgehen, um die Wahrsagung ad absurdum zu führen. Wenn also nicht das geschieht, wovor man gewarnt wurde, führt man es eben auf das Wissen des Wahrsagers um die Zukunft zurück – und das eigene Geschick, das Schicksal zu wenden. Viele Aspekte des magischen Denkens haben mit der Zukunft zu tun. Menschen tragen Amulette, um bei Bedarf, also irgendwann in der Zukunft, geschützt zu sein. Vermutlich malten Steinzeitmenschen das Bild eines Beutetiers mit einem Pfeil im Hals an eine Höhlenwand, *bevor* sie auf die Jagd gingen, nicht etwa danach. Man möchte die Zukunft nicht nur kennen, sondern sie beschwören.

Noch heute ist der Glaube verbreitet, dass manche Menschen um die Zukunft wissen. Der Beruf des Wahrsagers ist keineswegs ausgestorben, wie die vielen Zeitschriftenhoroskope zeigen. Und so wie im antiken Griechenland die Stadtstaaten für einen günstigen Spruch des Orakels von Delphi großzügige Spenden an die Apollon-Priester verteilten, zahlen Regierungen in westlichen Ländern heute ebenso gerne – und vergleichbar viel – für Gutachten von Beratungsfirmen, die ihre jeweiligen Vorhaben durch »wissenschaftliche« Prognosen untermauern sollen. Übrigens darf man sich das Orakel von Delphi nicht als einsame Priesterin in einer dunklen Felsenhöhle vorstellen. Delphi war in der Antike das wichtigste kulturell-religiöse Zentrum Griechenlands, ein Wallfahrtsort und Touristenmagnet. Der steile Serpentinenweg von der Stadt zum Tempel hinauf war von Schatzhäusern gesäumt, in denen griechische und außergriechische Städte und Reiche ihre Opfergaben aufbewahrten. Die Apollon-Priester trieben aktive Politik. Sie deuteten die Sprüche der Orakelpriesterin – der Pythia – zu Ratschlägen an die Mächtigen um, genau genug, um ihre Auftraggeber zufriedenzustellen, aber doch so rätselhaft, dass sie auslegbar blieben. Die heutzutage von der Politik in Auftrag gegebenen wissenschaftlichen Gutachten haben vielleicht etwas mehr Text als die antiken Orakelsprüche, sind aber im Grunde ganz ähnlich geartet. Die Regierungen und ihre Berater, seien es Wissenschaftler oder Priester, denken und handeln vollkommen rational, denn sie vertrauen – zu Recht – auf das magische Denken der Bevölkerung.

Halten wir also fest:

> Der Glaube, dass die Zukunft vorhergesagt werden kann, ist ein fester Bestandteil magischen Denkens.

Wir haben jetzt schon viele Facetten des magischen Denkens kennengelernt, ein großer und schillernder Teilbereich aber fehlt noch: die Welt der Geister und Götter.

Unsichtbare Akteure

Liest man die Mythen der Völker, so wohnen jenseits der materiellen Welt offenbar unendlich viele Arten menschenähnlicher Wesen, darunter Totengeister, Quellnymphen, Brückentrolle, Kobolde, Hausgeister und natürlich Tausende von Göttern und Dämonen. Auch Außerirdischen oder Geheimgesellschaften wird immer wieder nachgesagt, dass sie die Geschicke der Welt auf dämonische Weise aus dem Hintergrund lenken.

Weil nicht alle Menschen diese Wesen wahrnehmen können, muss es Vermittler geben, die Zugang zu ihrer Schattenwelt haben: Schamanen, Magier, Priester, Hexen, Zauberer, Medizinmänner. Sie sind nicht alle gleich: Magier erzwingen eine unmittelbare Wirkung, Priester hingegen müssen ihre Götter überzeugen, für sie Wunder zu tun. Sie bringen Opfer dar und bitten demütig um ein Zeichen der Gnade. Sie können aber nicht versprechen, dass die gewünschte Wirkung tatsächlich eintritt. Der Magier hingegen garantiert eine Wirkung seiner Zauberkunst. Er ist sozusagen der Handwerker des Übernatürlichen, während der Priester nur als Makler fungiert. Wenn sein Gebet nicht funktioniert, hat er vielleicht den Ritus nicht genau beachtet, oder sein Gott ist irgendwie verstimmt. Götter sind bekanntermaßen launisch und ihre Wege unergründbar. In jedem Fall ist der Magier für das Scheitern der Magie direkt verantwortlich, der Priester hingegen nicht, was seine Stellung um einiges sicherer macht.

Psychologie des Götterglaubens

Verstehen Sie mich bitte nicht falsch: Der Glaube an Götter, Geister oder Ahnen hat eine sehr komplexe Grundlage. Die Arbeitsplatzsicherung der Priester nimmt darin vermutlich nur einen geringen Stellenwert ein. Über den tatsächlichen Hintergrund streiten die Experten seit Jahrhunderten. Zwei aktuelle Hypothesen möchte ich herausgreifen, weil sie den derzeitigen Stand der Diskussion recht gut widerspiegeln: Der französische, im amerikanischen St. Louis lehrende Anthropologe Pascal Boyer nimmt einen evolutionären Ursprung des Gottesglaubens an: »Glaube und blinde Gläubigkeit scheinen nur ein Nebenprodukt der Art und Weise zu sein, in der begriffliches Denken und schlussfolgerndes Denken ihre Arbeit verrichten«, schreibt er in seinem Buch *Und Mensch schuf Gott*. Erzählungen, die unserer Intuition widersprechen, ziehen besondere Aufmerksamkeit auf sich, meint Boyer. Intuition wiederum speist sich aus unserer Erfahrung. Neues, nie Erfahrenes, ja Erfahrungswidriges, ist erst einmal interessant und verfängt sich deshalb gut in den Netzen unserer Erinnerung. Die Idee eines unsichtbaren, mit großer Macht und großem Wissen ausgestatteten Geistwesens wäre ein solcher Gedanke. Hat sie erst einmal Fuß gefasst, kann man dem Wesen einen bestimmten Charakter zuschreiben oder ihm weitere seiner Art zugesellen. Verbunden mit der Unbegreiflichkeit des Todes von nahestehenden Menschen führt dies zum Ahnenkult. Verstorbene Ahnen mutieren plötzlich zu mächtigen, unsichtbaren Hausgenossen. Bald entstehen auch religiöse Rituale, deren psychologische Wurzeln sich Boyer aber, wie er zugibt, nicht recht erklären kann. In einer ausreichend großen Gruppe finden sich schließlich Menschen, die besonders gut mit den unsichtbaren Akteuren umgehen können. So entwickelt sich der Beruf des Schamanen, des Priesters oder des Medizinmanns. In der letzten Stufe legt die Priesterschaft den Kanon des Glaubens und seiner Riten schriftlich fest und schafft damit den Kern einer eher philosophischen, nicht mehr sippen- oder kulturgebundenen Religion. Weil diese Entwicklung den normalen Denkvorgängen des Menschen entspringt, vollzieht sich der skizzierte Ablauf ständig neu. Religion ist nach Boyer also nicht ein Relikt aus vorrationaler Vergangenheit, sondern eine notwendige Folge menschlicher Denkstrukturen.

Die Grundthese dieser Theorie halte ich für sehr gewagt: Religionen und Gottesvorstellungen aller Völker sind einander sehr ähnlich. Erfahrungswidrige Inhalte können dagegen außerordentlich unterschiedlich sein. Warum sollte überall gerade die Idee von unsichtbaren, mächtigen, menschenähnlichen Akteuren erhalten bleiben, während viele andere wieder verschwinden?

Der streitbare Biologe Richard Dawkins brandmarkt in seinem Buch *Der Gotteswahn* hingegen die Erziehung als einen Hauptgrund für das vernunftwidrige Weiterbestehen der Religion. Eltern geben religiöse Überzeugungen an ihre Kinder weiter, Lehrer an ihre Schüler. Weil aber junge Menschen dazu neigen, Erwachsenen erst einmal zu glauben und zu gehorchen, lassen sich auch die unsinnigsten Glaubensvorstellungen nicht ohne weiteres ausrotten.

Der eingehenden Beschreibung der geistigen Grundlagen von Ritus und Religion ist ein eigenes Kapitel gewidmet. Hier geht es erst einmal nur um die Definition des magischen Denkens:

> Das magische Denken konstruiert einen Wirk- oder Sinnzusammenhang zwischen voneinander unabhängigen Ereignissen über mächtige Wesen mit übermenschlichen Eigenschaften.

Damit sind auch göttliche Aufträge oder die angeblichen Einwirkungen guter oder böser Geister auf die Welt gemeint.

Das Gesamtbild magischen Denkens

Die verschiedenen Mosaiksteine formen allmählich ein Bild. Ich fasse die Komponenten des magischen Denkens zusammen:

1. Das Festhalten an der Idee, ein Phänomen beruhe auf übernatürlicher Fernwirkung, obwohl man die Möglichkeit einer natürlichen Ursache nicht hinreichend geprüft hat.
2. Die Vorstellung, dass Gegenstände die Eigenschaften ihrer Besitzer übertragen können (*Ansteckung* oder *Kontamination*).

3. Das Prinzip der *Homöopathie* oder *Imitation.* Danach sind Dinge, die sich in einer Eigenschaft gleichen, auch in anderen ähnlich.
4. Das Prinzip des Übergreifens von der inneren auf die äußere Welt, also die Beeinflussung der Außenwelt durch Worte, Formeln, Sprüche oder bloße Gedanken.
5. Der Glaube, dass die Zukunft vorhersehbar ist oder dass bestimmte Dinge oder Vorgänge eine Vorbedeutung haben, obwohl sie mit den zukünftigen Ereignissen keinerlei Verbindung haben (temporale Magie).
6. Die Annahme einer gegenseitigen Verbindung zwischen Symbol und Wirklichkeit, zum Beispiel die Schutzwirkung von Amuletten und Talismanen.
7. Der Glaube, dass bestimmte Menschen übernatürliche Kräfte haben oder zumindest Wesen mit solchen Kräften in ihren Dienst zwingen können.
8. Die Verbindung von getrennten Ereignissen oder Phänomenen über mächtige Akteure mit übermenschlichen Eigenschaften. Das können Geister, Götter oder Geheimgesellschaften sein.

Diese Vorstellungen kommen überall und immer wieder vor und werden von fast allen Menschen geteilt. Sie entspringen also offenbar dem normalen Denken der Menschen. Wie muss das menschliche Gehirn beschaffen sein, um solche Ideen hervorzubringen und daran festzuhalten? Um diese Frage wird es im nächsten Kapitel gehen.

2 Wie entsteht magisches Denken?

Ist magisches Denken normal?

Wenn die Mehrheit die Normalität bestimmt, dann ist magisches Denken zweifellos normal. Stuart Vyse zitiert in seinem Buch *Believing in Magic* [Der Glaube an Magie] eine Reihe von Umfragen aus den USA. Danach glauben weniger als 10% der Befragten *nicht* an übernatürliche Erscheinungen. In Deutschland fragt das Institut für Demoskopie in Allensbach seit 1973 regelmäßig nach der Bedeutung von guten und bösen Vorzeichen. Die Studien umfassen 20 allgemein bekannte Omen wie vierblättrige Kleeblätter, Sternschnuppen, die Zahlen 7 und 13, Hufeisen oder Käuzchenrufe. Bei der letzten Umfrage von 2005 maßen nur 32% der Erwachsenen keinem Vorzeichen eine Bedeutung bei. Die Mehrheit der Menschen pflegt also ein gewisses abergläubisches Bauchgefühl. Entgegen den Erwartungen nahm der Aberglaube in den letzten Jahren sogar zu. Die Verfechter der reinen Vernunft sind deutlich in der Minderheit (was sie wahrscheinlich immer schon vermutet haben).

Ein gewisses Maß an magischem Denken ist also, statistisch gesehen, völlig normal. Normal heißt aber nicht ideal, oder auch nur gesund. Mehr als die Hälfte der Menschen zwischen 50 und 70 Jahren hat mindestens einmal im Jahr Rückenschmerzen. Damit ist das zwar normal, aber trotzdem eine Krankheit. Magisches Denken zeichnet ein falsches Bild der Außenwelt und behindert damit die angemessene Reaktion auf äußere Ereignisse. Ist es also vielleicht eine Vorstufe von Geisteskrankheiten? Offenbar nicht. Sogar ein deutlich überdurchschnittlicher Glaube an paranormale Phänomene lässt noch nicht auf eine Geisteskrankheit schließen, wie die Psychologin Loren Chapman von der University of Wisconsin in der Stadt Madison feststellte. Zusammen mit ihrem Kollegen Mark Eckblad entwickelte sie Ende der 1970er Jahre einen Testbogen mit 30 Fragen zum Thema Magie. Sie fragte zum Beispiel, ob Versuchspersonen glauben, dass Horoskope so oft zutreffen, dass es kein Zufall sein kann, oder ob sie Erlebnisse hatten, die sich durch eine Seelenwanderung erklären ließen. Einige der Fragen zielten auch direkt auf bekannte Symptome von Geisteskrankheiten, z.B.: »Ich habe das Gefühl, dass der Fernseh- oder Radiosprecher weiß, dass ich zuhöre«, oder: »Ich hatte schon das plötzliche Gefühl, dass jemand durch einen gleich aussehenden Fremden ersetzt wurde.«

In den folgenden Jahren legten sie diesen und einige andere Fragebögen 7800 Studenten der Eingangskurse in Psychologie vor. Psychologiestudenten sind besonders beliebte Versuchspersonen, weil sie unmittelbar verfügbar sind und schlecht nein sagen können, wenn ihr Dozent sie bittet, an einer Studie teilzunehmen.

Die Wissenschaftler baten Studenten mit einer deutlichen Tendenz zum magischen Denken zu einem Gespräch, um sie auf psychische Auffälligkeiten zu untersuchen. Die meisten davon wiesen keine Anzeichen einer psychischen Erkrankung auf. Zehn Jahre später fassten die Psychologen nach und stellten fest, dass mehr als 90% der magisch Denkenden auch nach dieser langen Zeit keine Geisteskrankheit entwickelt hatten. Zieht man diejenigen ab, die bereits im Gespräch Anzeichen einer Psychose gezeigt hatten, dann darf man festhalten, dass Menschen mit einem stark ausgeprägten magischen Denken selbst auf lange Sicht nicht ungewöhnlich anfällig für Geisteskrankheiten sind. (Fairerweise sollte man allerdings darauf hinweisen, dass die Autoren zu einer anderen Bewertung kommen: Sie sehen in ihrem Fragebogen durchaus ein geeignetes Werkzeug für die Prognose einer Geisteskrankheit.)

Magische Ideen sind kein Anzeichen einer Geisteskrankheit, sondern ein fester Bestandteil des menschlichen Denkens. Es macht also Sinn, die Gründe dafür in der normalen Funktion des menschlichen Gehirns zu suchen.

Modelle des Lernens und Handelns

Lernen durch Konditionierung

Das menschliche Gehirn stellt zwischen gleichzeitig oder kurz hintereinander auftretenden Ereignissen automatisch eine Verbindung her. Dieses Verhalten ist kein Zeichen für besondere Intelligenz, es tritt selbst bei Stubenfliegen, ja sogar auf der Ebene einzelner Nervenzellen auf. Das berühmteste Beispiel ist der sogenannte Pawlow'sche Hund, benannt nach dem russischen Physiologen Iwan Petrowitsch Pawlow. Er verband die Fütterung seiner Hunde mit einem Glockenläuten und stellte fest, dass bald alleine der Glockenton ausreichte, um bei den Hunden einen Speichelfluss auszulösen. Zu dem unbedingten Reflex (Speichelfluss bei Anblick der Nahrung) gesellte sich ein bedingter Reflex (Speichelfluss bei Glockenton). Der Fachbegriff heißt Konditionierung und, weil es auch andere Formen gibt, genauer *klassische Konditionierung*.

Bei Menschen löst ein Anfall von Übelkeit zum Beispiel einen anhaltenden Widerwillen gegen die zuletzt gegessenen Speisen aus – eine sinnvolle Vorsichtsmaßnahme des Gehirns. Das gilt aber auch dann, wenn der Brechreiz auf eine raue Fahrt über den Ärmelkanal zurückgeht – und das bedauernswerte Opfer das genau weiß.

Ein bedingter Reflex verschwindet wieder, wenn die entsprechenden Reize nicht mehr zusammen auftreten. Je nach Stärke der ursprünglichen Reize kann das aber lange dauern. Bei Menschen, die im Zweiten Weltkrieg die Luftangriffe auf ihre Städte erlebt hatten, reichte schon der Ton der Luftschutzsirenen aus, um noch Jahrzehnte später Angst auszulösen.

Ein Reflex kann sich ausweiten. Wenn ein Kleinkind beispielsweise vor einem bellenden Hund erschrickt, kann später jede Begegnung mit einem Hund Angst auslösen. Der Betroffene weiß eventuell überhaupt nicht mehr, warum er Hunde so fürchtet. Weil diese Art von Konditionierung immer wieder vorkommt, beeinflusst sie auch das Denken. Wer vor Hunden Angst hat, neigt dazu, sich im Nachhinein einen plausiblen Grund dafür auszudenken. Unsere automatischen Reaktionen verändern auch unser bewusstes Denken. Aber es gibt auch noch andere Lernmechanismen, die für seltsame Effekte sorgen.

Abergläubische Tauben und Lernen am Erfolg

Können Tiere abergläubisch werden? In einer berühmt gewordenen Veröffentlichung unter dem Titel »›Aberglaube‹ bei Tauben« schrieb der amerikanische Psychologe Burrhus Frederic Skinner im Jahre 1948:

> *»Ein Vogel wurde konditioniert, sich gegen den Uhrzeigersinn im Käfig zu drehen ... ein anderer drängte mit dem Kopf wiederholt in eine der oberen Ecken des Käfigs. Ein dritter entwickelte ein ›Hochschleudern [des Kopfes]‹ als Antwort, so als stecke er seinen Kopf unter eine unsichtbare Stange, die er dann wiederholt hochschob ... Ein weiterer Vogel wurde konditioniert, unvollständige pickende oder fegende Bewegungen gegen den Boden zu machen, wobei er den Boden aber nie berührte.«*

Skinner hatte hungrige Tauben in einen Käfig gesetzt und einen Futterspender so aufgebaut, dass ihn ein Elektromagnet in regelmäßigen Abständen für kurze Zeit an den Käfig heranzog. Jetzt konnten die Tauben für einen Moment fressen, bevor der Spender wieder zur Seite schwang. Nach einer Weile begannen die Tauben sich so seltsam aufzuführen, wie im Zitat beschrieben. Was war geschehen? Für Skinner gab es keinen Zweifel:

> *»Der Vogel führt irgendeine Reaktion aus, wenn der Spender erscheint; als Ergebnis neigt er dazu, diese Reaktion zu wiederholen. Wenn das Intervall bis zur nächsten Futterspende nicht so lang ist, dass eine Löschung [des Verhaltens] stattfindet, ist ein*

zweites ›zufälliges‹ Zusammentreffen wahrscheinlich. Das verstärkt die Reaktion weiter …«

Die Vögel, so meinte Skinner, benahmen sich, als ob es einen ursächlichen Zusammenhang zwischen ihrem Verhalten und der Ankunft des Futterspenders gebe. Das könne man als eine Art Aberglauben ansehen. Der Psychologe sah viele Analogien zum menschlichen Verhalten, beispielsweise zu den Ritualen zum Verbessern des Glücks im Kartenspiel.

Der 1904 geborene Burrhus Frederic Skinner war Mitte des zwanzigsten Jahrhunderts der berühmteste und zugleich am meisten angefeindete Psychologe Amerikas. Eigentlich wollte er Schriftsteller werden, aber im Alter von 22 Jahren gab er dieses Berufsziel auf. »Ich hatte keinen Grund, irgendetwas zu schreiben. Ich hatte nichts mitzuteilen«, erklärte er später dazu. Stattdessen wandte er sich der Psychologie zu. Skinner war der prominenteste Vertreter einer psychologischen Schule, die davon ausging, dass die inneren Zustände der Gehirne von Tieren oder Menschen sich nicht direkt beobachten lassen und deshalb nicht Gegenstand psychologischer Untersuchungen sein können. Nur das nach außen erkennbare Verhalten (engl. behavior) lässt sich gut messen und aufzeichnen. Die Forscher, die von diesen Grundthesen ausgingen, nannten sich *Behavioristen*, ihre Fachrichtung heißt *Behaviorismus*. Jedes Verhalten, so nahmen sie an, kann man durch entsprechende Belohnung oder Bestrafung verstärken oder abschwächen – Hundebesitzer wissen das, Katzenbesitzer sind sich da nicht so sicher. Skinner nannte diese Form des Lernens *operante Konditionierung* (heute spricht man auch von *instrumentellem Lernen* oder *Lernen am Erfolg*). Die Behavioristen gehen übrigens keineswegs davon aus, dass Tiere (oder Menschen) reine Reaktionsmaschinen sind, die ohne äußeren Anstoß passiv bleiben. Vielmehr, so sagen sie, probieren Tiere und auch Menschen verschiedene Verhaltensweisen durch, die je nach Reaktion der Umwelt wiederholt werden oder verschwinden. Der Harvard-Professor Skinner sah darin ein generelles Prinzip und träumte davon, die menschliche Gesellschaft durch operante Konditionierung in ein friedliches Paradies zu verwandeln. Er schrieb 1948 sogar einen utopischen Roman darüber (*Walden Two*, in der ersten deutschen Ausgabe: *Futurum Zwei*) – und wunderte sich, dass viele seiner Leser die darin geschilderte egalitär konditionierte und befriedete Gesellschaft keineswegs erstrebenswert fanden. In seinem späteren Sachbuch *Jenseits von Freiheit und Würde* wiederholte er seine Idee, die menschliche Gesellschaft durch operante Konditionierung und Verzicht auf Bestrafung friedlicher und lebenswerter zu machen. Auch dieses Buch stieß auf vehemente Kritik. Skinner wurde Ziel übler persönlicher Angriffe. Er habe seine Tochter Deborah als Baby zu Versuchszwecken in eine Experimentalbox gesetzt, warf man ihm vor. Tatsächlich hatte er einen Babyraum entworfen, groß wie ein Gitterbett, mit einer hochklappbaren Glasfront. Der Raum befand sich in Hüfthöhe und hatte eine für Babys optimale Temperatur und Luftfeuchtigkeit. Die Kleinen sollten dort ohne hinderliche Höschen und Jäckchen spielen können, um ihren Bewegungsdrang frei zu entfalten. Eigentlich eine gute Idee – trotzdem gingen Gerüchte um, seine Tochter sei verrückt geworden oder habe ihren Vater verklagt oder sich gar umgebracht. Nichts davon stimmte. Während seiner Vortragsreisen wurde Skinner später mehrfach gefragt, wie es seiner armen Tochter gehe. Noch im Jahre 2004 wehrte sich Deborah Skinner Buzan in einem Artikel für den englischen *Observer* unter dem Titel »Ich war keine Laborratte« energisch gegen solche Behauptungen.

Doch zurück zu den abergläubischen Tauben: Sollte die Entwicklung von Ritualen beim Menschen tatsächlich auf einem einfachen Reaktionsverstärkungsmechanismus beruhen? Die Fachwelt war eher skeptisch, zumal Skinners Ergebnisse auch anders interpretiert werden konnten. Der Versuch ließ sich nicht so einfach auf Menschen übertragen, denn sie sind, selbst bei pessimistischer Sicht, deutlich intelligenter als Tauben und hätten die Idee des Experiments schnell durchschaut. Andererseits gab es durchaus

Hinweise darauf, dass auch bei Menschen das Lernen am Erfolg abergläubisches Verhalten auslöst. Ein Beispiel:

Herr Meier hat fünf Richtige im Lotto. Von nun an füllt er seine Lottoscheine nur noch mit dem glückbringenden Kuli aus, den er auch für den Gewinntipp benutzt hat. Und siehe da: Er gewinnt weiterhin! Zwar nicht immer und nicht viel, aber doch ab und zu. Und nichts wird ihn davon überzeugen, dass er auch mit jedem anderen Kuli gewonnen hätte …

Um das Ganze für ein psychologisches Experiment fassbar zu machen, ersann der japanische Psychologe Koichi Ono einen recht komplexen Versuchsaufbau: Auf einen Tisch stellte er drei schuhkartongroße Kästen mit je einem Hebel auf der Oberseite. An einer Stellwand dahinter befestigte er einen Zähler. Ein Summer und eine rote Lampe zeigten jeweils an, wenn der Zähler weitersprang. Damit die Sache nicht zu einfach wurde, hatte der Psychologe unter den Zähler ein Kästchen mit drei Lampen montiert, die in zufälligen Abständen aufleuchteten. Der Zähler sprang in unvorhersehbaren Intervallen auf die nächste Zahl um.

Die Versuchspersonen (20 Studenten) hatten dreißig Minuten Zeit, um auf dem Zähler eine möglichst hohe Punktzahl anzusammeln. Sie mussten dazu nichts Bestimmtes tun, aber ihnen wurde gesagt, dass sie vielleicht Punkte bekämen, wenn sie etwas täten (was natürlich nicht stimmte, denn der Zähler sprang zufällig und unbeeinflussbar weiter). Genauer waren die Anweisungen nicht, der Versuch sollte Raum für jede Art von Problemlösung lassen. Die meisten der 20 Teilnehmer probierten zunächst die Hebel, einige glaubten zeitweise, ein Muster gefunden zu haben, das sich aber stets als falsch erwies. Sie entwickelten kurzzeitig eine Art abergläubisches Ritual, das aber noch während des Experiments wieder verschwand. Sie fanden einfach keinen Ansatzpunkt, um mehr Punkte zu bekommen (es gab ja auch keinen). Zwei Versuchspersonen entwickelten ein dauerhaft abergläubisches Verhalten. Einer zog in immer gleicher Reihenfolge an den Hebeln, bis zufällig ein Punkt kam. Die zweite Teilnehmerin entschied sich dagegen für ein wirklich spektakuläres Vorgehen: Irgendwann sprang der Zähler zufällig um, als sie die Hand auf einen der Hebelkästen legte. Daraufhin kletterte sie auf den Tisch, um auch den Zählerkasten zu berühren. Wieder ein Punkt! Sie begann also alles anzufassen, was in Reichweite war. Nach weiteren zehn Minuten wurde ein Punkt angezeigt, als sie vom Tisch sprang. Jetzt begann sie zu hüpfen, und als sie zufällig mit dem Schuh in der Hand die Decke berührte, meldete sich der Zähler erneut. Sie sprang also weiter und streckte sich, um jedes Mal mit dem Schuh an die Decke zu langen, was zuweilen mit einem weiteren Punkt zusammenfiel. Nach 25 Minuten gab sie auf. »Vielleicht aus Erschöpfung«, mutmaßte der Experimentator.

Koichi Ono schloss aus seiner Studie, dass ein Ritual immer dann selbsterhaltend wird, wenn es schnell genug hintereinander durchgeführt wird. Dann und nur dann hat es eine hohe Wahrscheinlichkeit, mit dem gewünschten Effekt *zufällig* zusammenzutreffen.

Als alleinige Erklärung für Aberglauben und magisches Denken hat sich das Taubenmodell nicht durchsetzen können. Immerhin zeigten im japanischen Experiment 18 von 20 Menschen *keine* dauerhafte operante Konditionierung. Aberglauben und magisches Denken bei Menschen hat offenbar einen komplexeren Hintergrund.

Überhaupt zog der Behaviorismus immer mehr Kritik auf sich. Einer seiner schärfsten Kritiker, der Schriftsteller Arthur Koestler, ätzte, dass der Behaviorismus den Menschen keine Gefühle zubillige, die nicht nachweislich auch Ratten hätten. Die Behavioristen, so Koestler, hätten die anthropomorphe (vermenschlichende) Erforschung der Ratte durch die rattomorphe Erforschung der Menschen ersetzt.

Inzwischen hat die sogenannte kognitive Psychologie oder Kognitionspsychologie den Behaviorismus weitgehend abgelöst.

Sie geht davon aus, dass sich die Funktion des Gehirns mit den Konzepten der Informationstheorie und der Datenverarbeitung beschreiben lässt. Das Gehirn nimmt über die Sinnesorgane Informationen auf, verarbeitet sie, speichert sie und berechnet eine Antwort, ganz ähnlich wie ein Computerprogramm es tun würde. Durch entsprechende Tests müsste sich die Abfolge der Programmschritte rekonstruieren lassen. Für die informationstheoretische Beschreibung spielt dabei die materielle Grundlage keine Rolle. Die grundlegenden mathematischen Formeln für den Informationsfluss und die Informationsverarbeitung gelten für Computer und Nervenzellen gleichermaßen.

Lässt sich magisches Denken also quasi als Programmierfehler des Gehirns beschreiben? Oder eher als unerwünschte, aber notwendige Nebenwirkung eines ansonsten sinnvollen Programms?

Die Außenwelt und wie ich sie ändern kann

Unsere Sinnesorgane liefern einen ständigen gigantischen Datenstrom, aus dem das Gehirn in mehreren Stufen die wichtigsten Informationen destilliert. In jeder Stufe vernetzt es die Daten der verschiedenen Sinne und baut mit Hilfe des Gedächtnisses ein Modell der Außenwelt auf.

Neben den externen Einflüssen muss das Gehirn auch eine Reihe von inneren Parametern wie Gefühle, Aufmerksamkeit, Hunger oder Stimmungen berücksichtigen. Sie bestimmen die Motivation zum Handeln, entscheiden also darüber, in welche Richtung wir die Außenwelt verändern wollen. Das Gehirn führt ein Modell des Ist-Zustandes und ein Modell des Soll-Zustandes. Aus der Differenz konstruiert es eine mögliche Handlungsfolge.

Außer den inneren Parametern stehen alle Funktionseinheiten unter einer rigorosen Plausibilitätskontrolle. Eine unwahrscheinliche, seltene oder unbekannte Wahrnehmung erhöht die Aufmerksamkeit, weil die Plausibilitätskontrolle eine Überprüfung verlangt. Deshalb kann ein guter Bühnenzauberer sein Publikum buchstäblich fesseln.

Die Modelle des Ist- und des Soll-Zustandes verändern sich ständig und stehen immer wieder auf dem Prüfstand, ebenso die Handlungen, mit denen man den Soll-Zustand herbeiführen will. Nehmen wir als Beispiel einen Studenten, der heimlich in eine Kommilitonin verliebt ist. Er sieht sie wöchentlich einmal im Hörsaal, traut sich aber nicht, sie einzuladen, denn eine Ablehnung würde den angestrebten Soll-Zustand unmöglich machen. Er erkundigt sich also zunächst vorsichtig, ob sie einen festen Freund hat. Wenn er erfährt, dass sie mit einem muskelstrotzenden Sportstudenten liiert ist, wird der Soll-Zustand so unrealistisch, dass der schüchterne Student lieber ein anderes Mädchen einlädt.

Das innere Bild der Welt sollte von der Realität nicht allzu weit abweichen, sonst kann man nicht angemessen handeln. Dabei ist es sicher sinnvoll, mehr Chancen und Gefahren zu sehen, als tatsächlich vorhanden sind. Stellen wir uns einen Frühmenschen auf der Jagd vor. Er muss jedem Anzeichen nachgehen, das auf ein jagdbares Wild oder ein gefährliches Raubtier hindeutet. Schließlich will er weder verhungern noch gefressen werden. Aber allzu groß darf die Abweichung von der Wirklichkeit nicht werden. Wer hinter jedem Busch einen Bären vermutet, wird den wirklichen Bären übersehen, und wer jeder möglichen Spur eines Rehs nachgeht, wird das wirkliche Reh nicht rechtzeitig finden.

Zu welchem Zweck aber sollte ein Jäger ein Amulett auf die Jagd mitnehmen? Oder warum sollte er den Geist eines erlegten Bären um Entschuldigung bitten? Diese Art des magischen Denkens ist bei Naturvölkern weit verbreitet.

Dieses Verhalten hängt unmittelbar damit zusammen, wie unser Gehirn die Außenwelt ordnet, und wie es diese Ordnung anpasst und erweitert.

Das Gehirn und das Unbekannte

Wie reagiert das Gehirn in einer Situation, die es nicht einschätzen kann?
Wenn man beispielsweise einen Menschen auf der Straße sieht, versucht man ihn zunächst als bekannt oder unbekannt zu klassifizieren – und geht davon aus, dass der andere das Gleiche tut. Lautet das Ergebnis »unbekannt«, dann sieht man ihn nicht länger direkt an und geht weiter. Verlangsamt der andere seinen Schritt, entsteht ein Konflikt, denn er signalisiert damit Bekanntschaft. Das weckt Aufmerksamkeit. Sollte er sogar grüßen und weitergehen, wird es noch schwieriger. Die Außenwelt hat gerade eine Diskrepanz zum inneren Modell erzeugt, weil ein Akteur offenbar falsch eingeordnet und deshalb das falsche Handlungsschema gewählt wurde. Die Identität des anderen ist aber nach wie vor rätselhaft. Damit weckt der Vorfall starke Gefühle. Die wiederum sorgen dafür, dass der Vorfall bevorzugt erinnert wird.

Stellen Sie sich einen Mann vor, dem das morgens beim Joggen passiert. Eine halbe Stunde später sagt er zu seiner Frau: »Du, ich habe da eben einen getroffen, der mich wohl kannte, aber ich habe nicht die geringste Ahnung, wer das war. Er war etwas größer als ich, hatte glatte schwarze Haare, ein scharf geschnittenes Gesicht und trug einen hellen Anzug mit einer karierten Krawatte. Er ging etwas vornübergebeugt. Hast du eine Ahnung, wer das gewesen sein kann?« Wir dürfen annehmen, dass er sich an die anderen Menschen, denen er an diesem Morgen begegnet ist, nicht so genau erinnern kann, denn sie benahmen sich erwartungsgemäß und zogen deshalb nicht so viel Aufmerksamkeit auf sich.

Jede rätselhafte Komponente der Außenwelt erzeugt erst einmal Unbehagen. Diese Reaktion ist nicht auf Menschen begrenzt. So ging ich eines Abends mit meinem Hund einen gewohnten Weg, als wir zu einer Schubkarre kamen, die jemand achtlos vor seinem Haus hatte stehen lassen. Mein sonst so selbstbewusster Hund blieb wie angewurzelt stehen und bellte den unbekannten Gegenstand aus sicherer Entfernung an. Er weigerte sich zwei volle Minuten lang weiterzugehen, bis er schließlich sicher war, dass die Schubkarre auf seine Herausforderung nicht antworten würde.

Die Gehirne aller höheren Tiere reagieren auf unbekannte Gegenstände oder Akteure mit besonderer Aufmerksamkeit und Unruhe. Erst die vorläufige Einordnung in ein Schema bringt Entspannung, oder einfach ausgedrückt: Jede Erklärung ist besser als keine. Viele Menschen werden also auch magische Erklärungen erfinden oder akzeptieren, wenn sie damit ein unbekanntes Objekt oder ein unbekanntes Ereignis irgendwie einordnen können.

Menschen versuchen solche Probleme auch im Gespräch mit anderen zu lösen. Sie ziehen also auch die Schemata anderer Menschen für eine Einordnung heran und lernen damit um ein Vielfaches schneller als alle Tiere. Dabei berücksichtigen sie auch die Glaubwürdigkeit ihres Gesprächspartners. Je sympathischer ein Mensch und je höher sein Rang ist, desto glaubwürdiger wird er. Expertise allein reicht dazu nicht aus. Solange magische Erklärungssysteme von beliebten Schauspielern oder hochrangigen Politikern vertreten werden, sind sie praktisch nicht auszurotten.

Die Magie im Weltbild der Kinder

Wir alle wachsen mit Magie auf, mit unsichtbaren Schutzengeln, mit Osterhasen und Weihnachtsmännern. Sprechende Tiere, Zauberer, Feen und Elfen bevölkern Kinderfilme und Märchen. Ist das magische Denken der Erwachsenen ein Überbleibsel der Kindheit, ein letzter Faden des fliegenden Teppichs, der uns als Kinder in ferne Märchenländer entführt hat? Denken Kinder vielleicht nur deshalb magisch, weil es ihnen beigebracht wird, bis schließlich in der Pubertät, dem Übergang in die Welt der Erwachsenen, die Welt ihren Zauber verliert?

Die Antwort der Wissenschaft fällt zwiespältig aus. Für den Schweizer Jean Piaget, den bekanntesten Entwicklungspsychologen des 20. Jahrhunderts, gehörten magische Ideen zur normalen Entwicklung der Kindheit. Gleichzeitig war er davon überzeugt, dass Kinder oftmals genauso rational vorgehen wie experimentierende Wissenschaftler. Auf Piaget selbst traf das unzweifelhaft zu. Schon im Alter zwischen 15 und 18 Jahren schrieb er mehrere wissenschaftliche Artikel über Weichtiere, die ihm schnell den Ruf eines angesehenen Fachmanns eintrugen. Ohne ihn je gesehen zu haben, bot ihm ein Museum die Stelle eines Kurators der Weichtiersammlung an, als er noch zur Schule ging! Er beschloss aber, zunächst zu studieren. In seiner langen akademischen Karriere arbeitete er unter anderem in Neuchâtel, Genf, Lausanne und Paris auf dem Gebiet der Psychologie, der Soziologie und der Philosophie. Mit Freud und Skinner gilt er als einer der einflussreichsten Psychologen des 20. Jahrhunderts. Seine Thesen haben sich nicht immer durchgesetzt, aber seine Grundideen zur Entwicklung des kindlichen Weltbilds gelten noch immer. Die große Frage hinter seinen Forschungen lautete: »Wie entsteht Wissen?«

Als Antwort schlug er ein evolutionäres Konzept vor, also eine ständige Weiterentwicklung auf der Basis des Bestehenden. Wissen entwickelt sich demnach in einem Kreislauf: Menschen passen einlaufende Informationen zunächst an das bestehende Wissen an und sortieren es nach den Schemata, die sie bereits entwickelt haben. Piaget nennt das Assimilation. Schemata sind aber keine Konstanten, sie ändern sich mit jedem neuen Objekt, dass assimiliert wird. Die Anpassung der Schemata nennt Piaget Akkommodation.

Ein Beispiel: Ein Kind kennt Vögel als kleine, fliegende und piepsende Federbündel. Wenn es im Zoo zum ersten Mal einen Strauß sieht, wird es ihn – vielleicht mit Hilfe seiner Eltern – durchaus als Vogel klassifizieren, weil er einen Schnabel, zwei Beine und Federn hat. Damit erweitert es zugleich sein Vogelschema um große, flugunfähige Exemplare. Piaget sah den Wissenserwerb als inneren Drang an. Menschen (nicht nur Kinder) versuchen, zwischen Assimilation und Akkommodation ein Gleichgewicht zu erzielen. Sobald das Gleichgewicht gestört ist, zum Beispiel durch eine neuartige, nicht einzuordnende Wahrnehmung, entsteht ein Anstoß für eine weitere Runde der Akkommodation. Dadurch entsteht ständiges Lernen, und die innere Abbildung der äußeren Wirklichkeit wird immer genauer.

Bei Kindern bestimmt die Entwicklung der Sinnesorgane und des Gehirns diese Entwicklung. Piaget unterscheidet vier Stadien, die alle vollständig durchlaufen werden müssen. Die genaue Beschreibung würde den Rahmen dieses Buches sprengen, deshalb beschränke ich mich hier auf das zweite Stadium, das für die Entwicklung des magischen Denkens die größte Bedeutung hat, und streife die Übrigen nur kurz.

1. Das sensomotorische Stadium (0–2 Jahre).
Das Baby beginnt sein Leben mit einfachen Reflexen wie dem Saug- oder Greifreflex. Es wendet sie auf seine Umwelt an und beginnt schon sehr früh, sie anzupassen. Es greift auf verschiedene Weise nach den Dingen und bildet immer längere Aktionsketten. Die Außenwelt ist ihm noch weitgehend unverständlich. Sobald Dinge aus seinem Gesichtskreis verschwinden, verlieren sie ihre Existenz (fehlende Vorstellung von *Objektpermanenz*). Erst am Ende dieses Stadiums begreifen Babys, dass Objekte der Außenwelt dauerhaft existieren. Sie beginnen, die Gesetze von Ursache und Wirkung zu verstehen. Sie experimentieren mit Gegenständen, indem sie sie aus unterschiedlicher Höhe fallen lassen. Sie entwickeln innere Vorstellungen von der Außenwelt und lernen sprechen. Zusammenhänge zwischen Dingen und Handlungen sind noch nicht hierarchisch.

2. Das präoperationale Stadium (2–7 Jahre)
Die Sprache entwickelt sich schnell, ebenso die Fähigkeit, innere Bilder der Außenwelt zu konstruieren. Die Benutzung von Bildern und Symbolen nimmt immer mehr zu. Dinge werden zunehmend genauer in Klassen und Hierarchien eingeordnet. Die Kinder verstehen aber den Zusammenhang zwischen Symbol und Gegen-

stand noch nicht. Symbolische Aktionen, so nehmen sie an, wirken auch auf den Gegenstand und umgekehrt. Die Grenzen zwischen ihrer inneren Welt und der äußeren Welt sind noch nicht vollständig fixiert. Bestimmten symbolischen Aktionen werden gute oder böse Auswirkungen zugeordnet.

Die Kinder lernen zunehmend, sich in andere hineinzuversetzen. Früh in diesem Stadium ordnen sie Dingen, Tieren und Menschen ein Bewusstsein und einen Willen zu. Im Laufe der Entwicklung reduzieren sie diese Vorstellung auf Tiere und Menschen (*Animismus*). Kinder finden Erklärungen dafür, warum Dinge existieren, z.B. »Das Gras ist gemacht, damit die Kühe es fressen, und die Kühe sind gemacht, damit die Menschen Milch haben, und die Milch ist gemacht, damit Kinder schneller wachsen.« Zwischen zwei und vier Jahren betrachten sie auch natürliche Dinge als zweckvoll hergestellt und lernen in der Folge zu unterscheiden, was gemacht wurde und was natürlich oder zufällig entstanden ist. Im präoperationalen Stadium neigen die Kinder auch dazu, vielfache Verbindungen zwischen Ereignissen oder Dingen anzunehmen, die auf den ersten Blick nichts miteinander zu tun haben (*Partizipation*).

Das alles entspricht wichtigen Aspekten des magischen Denkens. Sollten beispielsweise der Glaube an Amulette, an die Wirkung von zauberischen Worten und Symbolen und der Glaube an eine beseelte Natur ein Überbleibsel unserer Kindheit sein? Das klingt überzeugend, aber wie meistens in der Gehirnforschung, ist die Wahrheit ein gutes Stück komplizierter.

Kinder können bereits recht früh gut zwischen natürlichen und magischen Erklärungen unterscheiden. Die amerikanischen Psychologen Karl Rosengren und Anne Hicklung haben bei Versuchen festgestellt, dass vier- bis fünfjährige Kinder sehr wohl unterscheiden konnten, ob ein bestimmtes Ereignis möglich oder unmöglich ist. Wenn sie aber das scheinbar unmögliche Ereignis tatsächlich sahen, schlossen sie daraus, dass die Studienleiter Zauberer sein mussten, denn sie wussten, dass normale Menschen solche Ereignisse nicht herbeiführen konnten. Woher wussten sie das? Bilderbücher und Märchen sind voll von Magie. Sprechende Tiere, Feen, böse Hexen und gute Prinzen sind fast allen Kindern geläufig. Viele Eltern sprechen ganz selbstverständlich vom Osterhasen, vom Christkind, vom Nikolaus, von Zauberern und von Hexen. Wenn ein Dreijähriger seine Mutter fragt, ob es den Osterhasen wirklich gibt, was wird sie sagen? Vielleicht: »Nein, das ist nur eine nette Idee, damit Kinder im Garten Ostereier suchen können«? Viel eher wird sie sagen: »Natürlich gibt es ihn, er hat dir doch erst zu Ostern viele Schokoladeneier im Garten versteckt.«

Viele Entwicklungspsychologen, z.B. der schon erwähnte Karl Rosengren oder Marjorie Taylor von der University of Oregon, weisen den Eltern deshalb einen großen Einfluss bei der Entwicklung des magischen oder religiösen Denkens der Kinder zu. Märchen und gängige Mythen bauen eine magische Parallelwelt auf, die aber schon vierjährige Kinder sehr gut von ihrer Alltagswelt unterscheiden können. Die Psychologinnen Jacqueline Woolley und Victoria Cox haben das genauer untersucht. Sie lasen drei-, vier- und fünfjährigen Kindern jeweils eine phantastische, eine realistische und eine religiöse Geschichte vor. Dann fragten sie die Kinder, ob sie glaubten, dass solche Begebenheiten wirklich geschehen könnten. Kaum eines der Kinder glaubte, dass sich die phantastische Geschichte tatsächlich ereignen könne. Die realistische Geschichte hielten sie für sehr viel glaubwürdiger. Die jüngeren Kinder glaubten auch die religiöse Geschichte nicht so recht, die Fünfjährigen hingegen erklärten, sie könne tatsächlich geschehen. Das unterstützt die unter anderem von Richard Dawkins vertretene These, dass Kinder Religion erst von den Erwachsenen lernen. Abgesehen davon sind sich die Entwicklungspsychologen aber in vielen Punkten uneinig. Während magisches Denken traditionell als ein falsches und später unter dem Druck der Gegenbeweise aufgegebenes Weltmodell gilt, gehen einige Forscher davon aus, dass die magische Welterklärung ein alternatives Weltmodell darstellt, das sich eine Zeitlang zusammen mit dem naturalistischen entwickelt. Sein Einfluss wird bereits bei Sechs- bis Siebenjährigen kleiner, doch es verschwindet nie ganz. Später kann es sogar wieder an Bedeutung gewinnen, weil es auch Dinge oder Ereignisse einordnen kann, die im naturalistischen Weltbild keinen Platz finden.

Magisches Denken kennzeichnet bei Piaget vornehmlich die beiden ersten Entwicklungsstadien. Die darauffolgenden Stadien, das konkretoperationale (7–12 Jahre) und das formaloperationale (ab 12 Jahre) zeichnen sich durch eine immer deutlichere Trennung von inneren und äußeren Vorgängen aus. Die Kinder lernen zunehmend, mit abstrakten Begriffen umzugehen und ihre Wahrnehmungen genauer und sicherer zu bewerten. Sie lernen mehr über die Eigenschaften äußerer Objekte und können sie nach verschiedenen Kriterien ordnen, sortieren oder klassifizieren.

Magie wird nicht erlernt, sondern verlernt

Ab etwa dem fünften Lebensjahr können die Kinder die innere und äußere Wirklichkeit sicher auseinanderhalten. Sie verstehen den Unterschied zwischen einem Gegenstand und seinem Symbol. Sie wissen, dass Zauberei nicht funktioniert und Märchenfiguren in Wirklichkeit nicht existieren. Wichtig dabei ist, dass Kinder magische Zusammenhänge, z.B. zwischen Symbol und Gegenstand, zwischen innerer und äußerer Welt, zwischen beliebigen Ereignissen oder Dingen zunächst akzeptieren, um sie später zu verwerfen. Magisches Denken muss also nicht eigens erlernt werden, sondern wird im Gegenteil verlernt, aber nicht komplett. Es spiegelt also grundlegende Strukturen der Wissenserfassung und -verarbeitung wider. Das Gehirn drängt im Laufe der Entwicklung das magische Denken zurück, unterwirft es einer zunehmend strengen Kontrolle, aber es bleibt erhalten. Was wäre, wenn man ein Kind ohne jedes Märchen streng nach den Regeln wissenschaftlicher Erkenntnis aufzöge? Würde es trotzdem eine »magische Phase« in der Entwicklung durchmachen? Man weiß es nicht. Es gibt einfach keine Versuche zu diesem Thema. Wer wollte auch darauf verzichten, seinem Kind Märchen zu erzählen, um es zum Objekt eines wissenschaftlichen Versuchs zu machen?

Lediglich im Bereich der Religion gibt es sichere Hinweise, dass Kinder deren Dogmen und Logikbrüche nur akzeptieren, weil sie es von Erwachsenen lernen. Die Religion bildet die gesellschaftlich anerkannte Ausnahme von der realistischen Beurteilung der Wirklichkeit.

Wissen und Erfahrung

Auch ohne Beteiligung des Bewusstseins zieht das Gehirn bereits Schlüsse und bereitet Aktionen vor. Wenn Sie einem heranfliegenden Gegenstand ausweichen oder schützend die Hand heben, denken Sie darüber nicht erst nach. Dazu bleibt keine Zeit, denn das Bewusstsein reagiert vergleichsweise langsam. Was immer Ihnen entgegenfliegt, hätte sie bereits getroffen, bevor sie bewusst reagieren können. Aber auch bei komplexen und weniger eiligen Entscheidungen benutzt das menschliche Gehirn zwei getrennte Wege, von denen nur einer voll bewusst arbeitet.

Mediziner und Neurowissenschaftler haben schon lange den Verdacht, dass unser Bewusstsein nicht alleiniger Herr im Gehirn ist. Unter normalen Umständen fällt das kaum auf, weil alle Teile harmonisch zusammenarbeiten, aber nach einer Gehirnschädigung können die Verarbeitungswege auseinanderfallen. Ein Beispiel: Bei einem Ausfall der primären Sehrinde (im Fachjargon *primärer visueller Kortex*), einem Gehirnareal im Hinterkopf, verliert der Mensch die Fähigkeit des bewussten Sehens. Weil die Augen selbst dabei völlig in Ordnung sind, spricht man hier von einer zentralen oder kortikalen Blindheit. Manche Menschen können aber im eigentlich blinden Bereich noch Bewegungen wahrnehmen und darauf reagieren. Das erstaunt sie selbst am meisten, denn diese Restwahrnehmung ist ihnen nicht bewusst. Wenn man sie fragt, versichern sie, dass sie nichts gesehen haben und ihre Leistung wohl reiner Zufall sein müsse.

Wie bereits im ersten Kapitel erwähnt, verarbeitet das menschliche Gehirn eingehende Daten auf zweierlei Weise gleichzeitig: Zum einem mit dem entwicklungsgeschichtlich alten Erfahrungssystem, zum anderen mit dem nur beim Menschen voll entwickelten rationalen System. Die beiden Systeme stimmen dann eine sinnvolle Reaktion ab, ohne dass wir davon etwas merken. Die folgende Tabelle zeigt die jeweiligen Eigenschaften.

Erfahrungssystem	**Rationales System**
schnell	langsam
mühelos	aufwendig
ganzheitlich	analytisch, rational
gefühlsbetont	verstandesbetont
vorbewusst	bewusst
konkret, episodenbetont	abstrakt, rechnend
vorwiegend nicht verbal	vorwiegend verbal
assoziativ, symbolisch	schlussfolgernd
unflexibel, lernt nur durch mehrfache Erfahrung	flexibel, lernt durch Nachdenken
entwicklungsgeschichtlich alt, auch bei anderen Säugetieren	entwicklungsgeschichtlich jung, nur beim Menschen

Eigenschaften der Verarbeitungssysteme im Gehirn (nach Seymour Epstein)

Jetzt könnte man natürlich einwenden, dass die beiden Systeme vielleicht gar nicht getrennt arbeiten, sondern nur die beiden Extreme der Datenverarbeitung im menschlichen Gehirn darstellen. Für jeden Menschen wären dann die Werte für die einzelnen Eigenschaften anders gesetzt. Der eine würde also langsam, eher verbal, aber trotzdem assoziativ denken, ein anderer vielleicht relativ schnell, analytisch und konkret. Tatsächlich aber gibt es Anzeichen, dass beide Systeme weitgehend unabhängig voneinander arbeiten. Für beide lässt sich – getrennt voneinander – die jeweilige Leistung ermitteln. Dabei hat sich herausgestellt, dass bei einigen Menschen beide Systeme sehr hohe Werte erreichen, bei anderen nur eins und bei wieder anderen keins von beiden. Weil alle möglichen Kombinationen vorkommen, darf man schließen, dass die Leistungen beider Systeme nicht miteinander gekoppelt sind.

Das Erfahrungssystem kümmert sich nicht um Theorien oder um Naturgesetze, seine Bezugspunkte sind allein die persönlichen Erfahrungen und Gefühle. Die Übertragungs- und Ähnlichkeitsmagien entstammen dem assoziativen Lernstil des Erfahrungssystems. Sie spiegeln typische Denkweisen der Kindheit wider, die im Laufe der Entwicklung an Einfluss verlieren, aber, wie erwähnt, trotzdem erhalten bleiben.

Das Erfahrungssystem entscheidet über das Handeln eines Menschen, es sei denn, das rationale System erhebt ausdrücklich Einspruch. Wenn beide Systeme eine gleichermaßen feste, aber abweichende Überzeugung vertreten, hängt es vom einzelnen Menschen ab, wie er handelt. Die Optionen sind:

Option	Ergebnis
Das Erfahrungssystem gewinnt:	Man hat ein gutes Gefühl bei dem, was man tut, obwohl es unvernünftig ist.
Das rationale System gewinnt:	Man handelt vernünftig, aber mit einem mulmigen Bauchgefühl.

Die erste Variante kommt recht häufig vor und ist eine der wesentlichen Ursachen für magisches Denken, und zwar paradoxerweise deshalb, weil die Menschen eine rationale Begründung für ihr intuitives Handeln angeben möchten. Das Konzept ist in der Psychologie unter dem Stichwort »Rationalisierung« bekannt. Es beruht auf der Beobachtung, dass Menschen für ihre Entscheidungen gerne nachträglich annehmbare Begründungen erfinden, um vor sich selbst und vor der Umwelt ein besseres Bild abzugeben. Das wissen aber nicht erst die Psychologen des 20. Jahrhunderts: Seit der Antike leben Bühnenkomödien von der Absurdität nachgeschobener, nur scheinbar vernünftiger Erklärungen.

Auch bei Gruppenentscheidungen regiert nicht selten mehr die Intuition als die Vernunft. Ich hatte einmal Gelegenheit, mit einer Journalistin zu sprechen, die vorher Pressesprecherin eines großen Konzerns gewesen war. Sie erklärte mir, dass sie oft genug eine rationale Begründung für die Bauchentscheidungen des Vorstands finden musste, um der Öffentlichkeit den Eindruck zu vermitteln, die hochbezahlten Topmanager entschieden rein logisch auf der Grundlage überzeugender Daten. Die Intuition kümmert sich nicht um Naturgesetze, sie verbindet im Sinne der Konditionierung gleichzeitige Ereignisse oder reagiert auf Belohnungen. Erst das rationale System macht daraus einen Aberglauben. Ein Beispiel:

Er: »Du, ich bin immer noch ganz zitterig. Die Straße war plötzlich gefroren, und in der scharfen Kurve an der Mühle habe ich mich einmal um die eigene Achse gedreht und bin beinahe in den Straßengraben gerutscht. Das Auto hat ein paar Kratzer, aber sonst ist nichts passiert. Wenn mir einer entgegengekommen wär' – dann wär's das gewesen!«
Sie: »Meine Güte! Weißt du, vorhin habe ich erst an dich gedacht. Hoffentlich, hab' ich gedacht, hoffentlich hat er einen guten Schutzengel, denn irgendwie sieht's so aus, als ob's frieren soll. Als hätt' ich's geahnt! Es muss wohl doch so eine Art Gedankenübertragung geben.«

Die Frau assoziiert automatisch Frostwetter mit Gefahren im Straßenverkehr. Dann erfährt sie, dass ihr Mann gerade in dem Moment einem schweren Unfall entgangen ist, als sie gehofft hat, er habe einen Schutzengel. Ihr Erfahrungssystem verknüpft die beiden Ereignisse. Jetzt kann das rationale System die Verknüpfung als Zufall verwerfen oder als Gedankenübertragung deuten. Im Beispiel unterliegt es dem Erfahrungssystem, und so nimmt die Frau eine Gedankenübertragung an – und behält diese Erklärung im Gedächtnis. Wenn sie später einmal über das Thema diskutiert, wird sie ihre eigene Erfahrung als Beleg für die Realität von übernatürlichen Wahrnehmungen anführen.

Nach einer Untersuchung der amerikanischen Psychologin Laura King von der University of Missouri ist die Stärke des rationalen Systems für magisches Denken weitgehend unwichtig, nur das Erfahrungssystem zählt. Sie stellte auch fest, dass gut gelaunte Probanden eher dazu neigten, sich auf ihr Erfahrungssystem zu verlassen, also auf eine rationale Prüfung zu verzichten. Die Autoren wiesen aber auch darauf hin, dass die einzelnen Probanden sehr unterschiedlich reagierten. Verallgemeinerungen sind also schwierig.

Wenn die Stärke des rationalen Systems für magisches Denken kaum bedeutsam ist, müssten auch nüchterne Naturwissenschaftler durchaus zum Aberglauben neigen. Eine Studie des Wissenschaftspädagogen Richard K. Coll von der Universität Waikato aus Neuseeland bestätigt diese Idee. Er befragte 40 Naturwissenschaftler nach ihrer Ansicht zu Religion oder Aberglauben. Eigentlich sollte gerade diese Berufsgruppe übernatürlichen Phänomenen sehr skeptisch gegenüberstehen, aber erstaunlich viele der Befragten glaubten beispielsweise an die Heilkraft von Gebeten oder von Schmucksteinen. Richard Coll hat die Wissenschaftler auch gefragt, warum sie an bestimmte Erscheinungen glauben oder, umgekehrt, warum sie nicht daran glauben. Als Grund für den Glauben an ein Phänomen gaben fast alle ein persönliches Erlebnis oder den Bericht eines glaubwürdigen Zeugen an. So schrieb eine der Befragten, sie habe für die Genesung eines Angehörigen gebetet, der dann tatsächlich gesund geworden sei. Die Skepsis hingegen speiste sich am häufigsten aus theoretischen Bedenken. Was schließen wir daraus? Ganz einfach: Die Erfahrung führt zum Glauben, die Vernunft begründet den Unglauben.

Keiner der Befragten aber stellte sein naturwissenschaftliches Weltbild grundsätzlich in Frage. Erfahrungswissen und theoretisches Wissen müssen sich nicht unbedingt stören, sie haben ihren jeweils eigenen Bereich. Wo genügend theoretisches Wissen vorhanden ist, wird es zur Beurteilung von Informationen herangezogen, wo es fehlt, muss das Erfahrungswissen reichen. Ich selber kenne eine ganze Reihe von Akademikern, die in ihrem eigenen Bereich vollkommen logisch arbeiten, in der Medizin aber magischen Verfahren wie Homöopathie oder Akupunktur vertrauen.

Erfahrungssystem und rationales System tauschen sich natürlich ständig aus: Das theoretische Wissen trägt dazu bei, neue Erfahrungen zu sammeln, und Erfahrungen erweitern das Wissen. Interessanterweise hat trotzdem jedes System sein eigenes Gedächtnis, denn das Gehirn speichert Weltwissen und persönliche Erinnerungen weitgehend getrennt ab.

Die Unbeständigkeit der Erinnerung

Unser Gedächtnis ist keineswegs ein getreues Abbild der Vergangenheit, im Gegenteil: Seine Unzuverlässigkeit würde jeden gewissenhaften Archivar verzweifeln lassen. Das hat natürlich seinen guten Grund. Das Gedächtnis muss zum Überleben beitragen und deshalb die lebenswichtigen Ereignisse anders behandeln als die unwichtigen. Dabei geht das Gehirn nach der Faustregel vor, dass starke Gefühle ein guter Indikator für die Bedeutung einer Situation sind. Eine Bedrohung löst Angst aus, ein Erfolg Befriedigung oder Freude. Grund genug, den Auslöser im Gedächtnis fest zu verankern.

Das Gedächtnis des Menschen

Das menschliche Gedächtnis teilt sich auf in einen Speicher für Sinnesdaten (Aufbewahrungszeit: wenige Sekunden), ein Kurzzeit- oder Arbeitsgedächtnis (Minuten) und ein Langzeitgedächtnis (Tage bis Jahrzehnte), das sich wiederum aus einem Wissensspeicher, dem semantischen Gedächtnis, und einem persönlichen Archiv, dem episodischen Gedächtnis, zusammensetzt. Dazu kommt noch ein Gedächtnis für Bewegungsabläufe, das sogenannte implizite Gedächtnis. Das semantische und das episodische Gedächtnis fasst man zum deklarativen Gedächtnis zusammen. Deklarativ (von lat. declarare = erklären) bedeutet, dass man über den Inhalt sprechen kann, weil er sich bewusst abrufen lässt. Das implizite Gedächtnis dagegen entzieht sich dem Bewusstsein. Es speichert Erwartungen, Konditionierungen oder Bewegungsfolgen, die man zwar gelernt hat, über die man aber nicht sprechen kann. Wenn Ihnen das zu unwahrscheinlich klingt, probieren Sie doch folgenden Test:

Wenn Sie tippen können, ohne auf die Tastatur zu sehen, müssen Sie die Position der Tasten kennen, oder etwa nicht? Versuchen Sie einmal, die drei übereinanderliegenden Buchstabenreihen aus dem Gedächtnis wiederzugeben (q-w-e-r-t-z … usw.). Sie werden sehen, wie schwer Ihnen das fällt. Ihre Finger finden die Tasten ganz selbstverständlich, aber Sie können deshalb nicht unbedingt bewusst angeben, wie die Tasten angeordnet sind.

Für die Untersuchung der Ursachen des magischen Denkens spielt das implizite Gedächtnis eher eine Nebenrolle, viel wichtiger sind die Eigenschaften des deklarativen Gedächtnisses.

Das deklarative Gedächtnis

Das *episodische* oder *biographische Gedächtnis* hält Ereignisse aus unserem Leben fest. Es speichert alle Sinneseindrücke und die zugehörigen Gefühle. Bedeutsames bleibt dabei länger abrufbar als Gewöhnliches. Fast jeder erinnert sich an den ersten und den letzten Schultag, den ersten Tag seines Berufslebens oder an seine Hochzeit, nicht aber an einen beliebigen Tag des vergangenen Jahres. Deshalb erscheint den meisten Menschen ihr Leben in der Rückschau viel farbiger und ereignisreicher, ihre Gefühle viel stärker und ihre Taten viel großartiger, als sie es in Wirklichkeit waren.

Das *semantische Gedächtnis* speichert Weltwissen. Dabei spielen Gefühle und Wahrnehmungen keine Rolle. Die meisten Menschen wissen, dass der Mond kleiner ist als die Erde, verbinden damit aber keine persönliche Erinnerung und kein Gefühl.

Die Unterteilung in semantisches und episodisches Gedächtnis, in Wissen und persönliche Erinnerung, ist übrigens keineswegs willkürlich, sondern spiegelt getrennte Hirnfunktionen wider. Woher weiß man das so genau? Ein Verlust der Merkfähigkeit nach einem Gehirnschaden kann einen der drei Bestandteile völlig lahmlegen, die anderen aber weitgehend intakt lassen. So berichtete Faraneh Vargha-Khadem vom University College in London im Jahre 1997 im Wissenschaftsmagazin *Science* über drei Kinder, die nach einer Hirnschädigung unter einer sogenannten *anterograden* (nach vorne gerichteten) Amnesie (Gedächtnisausfall) litten. Sie konnten keine neuen episodischen Gedächtnisinhalte bilden, während das semantische und implizite Gedächtnis kaum geschwächt war. Sie lernten ihren Schulstoff ohne allzu große Probleme, aber kaum waren sie zu Hause, hatten sie vergessen, dass sie den Morgen in der Schule verbracht hatten. Ihr Zeitempfinden kannte nichts als einen schmalen Streifen Gegenwart, die Vergangenheit dagegen verblasste schon nach wenigen Minuten. Deshalb brauchten die Kinder ständige Betreuung.

Das biographische Gedächtnis im Einzelnen

Aber auch ein intaktes episodisches Gedächtnis garantiert noch keine fehlerfreie Erinnerung. Das Gehirn speichert unser Erleben nicht als eine Art kontinuierliche Videoaufnahme, sondern als sekundenkurze Clips, sogenannte Engramme. Sie enthalten stets alle Sinnesqualitäten, sind also multimedial, mit Bildern, Tönen, Worten, Empfindungen, Gerüchen und Gefühlen. Jedes Engramm führt eine Art Index mit sich, der Verbindungen zu anderen Engrammen festhält und zugleich die Einordnung in einen größeren Rahmen verzeichnet. Wenn man also ein Engramm hervorholt, dann hängen daran die Verweise auf weitere Engramme, und so hangelt sich das Modul zum Aktivieren episodischer Gedächtnisinhalte von einem Clip zum nächsten, bis man ein umfassendes

Erinnerungsbild vor Augen hat. Das Gedächtnis arbeitet also nicht *reproduktiv* (wiedergebend) sondern *konstruktiv* (erzeugend). Der rote Faden wird beim Hervorkramen des Engramms jedes Mal neu geknüpft – und leider oft genug falsch. Schon die frisch gespeicherten Engramme spiegeln nicht die reine und unverfälschte Wahrheit unserer Sinneseindrücke, sondern sind bereits durch die erste Stufe der Bewertung gelaufen. Unser Gehirn glättet, strafft und verkürzt, bevor es die Engramme ins Archiv packt. So berichten Zeugen von Verkehrsunfällen der Polizei oft genug mehr, als sie eigentlich gesehen haben. Sie haben sich vielleicht erst umgedreht, als sie die Autos ineinanderkrachen hörten und sahen sie nur herumschleudern. Aber ihr Gehirn bildet blitzschnell eine Theorie, wie es dazu kam. Das Engramm enthält beides, und so muss sich die Polizei oft genug mit einem halben Dutzend unvereinbarer Aussagen herumschlagen.

Auch beim bloßen Abruf von Gedächtnisinhalten geschehen Fehler. Wenn assoziierte Engramme einander widersprechen, werden sie kurzerhand passend gemacht. Das Gehirn baut unter dem Druck lückenhafter Inhalte Phantasiebrücken, luftige Ad-hoc-Gebilde zur logischen Erklärung von Erinnerungslöchern oder von Inkonsistenzen. Der Fachmann spricht dann von *provozierter Konfabulation.*

Damit dieses Phänomen nicht überhand nimmt und unser Gedächtnis uns nicht jeden Unsinn servieren kann, gibt es im Stirnhirn über den Augen (dem sogenannten orbitofrontalen Cortex) ein Modul, das den Abruf von Inhalten aus dem episodischen Gedächtnis koordiniert und auf Plausibilität prüft. Bei Krankheiten oder Unfällen kann dieses Modul beschädigt werden. Die Betroffenen ersetzen dann ihre Gedächtnislücken sehr freigiebig durch erfundene Inhalte. Das hat nichts mit dem Erfinden von Ausreden zu tun: Die Kranken können die konfabulierten Szenen nicht von echten Gedächtnisinhalten unterscheiden. Die wahren und erfundenen Szenen erscheinen ihnen gleichermaßen wirklich. Nach langjährigem Alkoholmissbrauch und gleichzeitigem Vitamin-B-Mangel tritt recht häufig das sogenannte Wernicke-Korsakoff-Syndrom auf. Dabei verlieren die Kranken langsam ihre persönlichen Erinnerungen und ersetzen sie durch phantastische Erfindungen, ohne dass ihnen dies bewusst ist. Dabei schwappt auch Wissen aus dem semantischen Gedächtnis in das episodische Gedächtnis über und wird als echte Erinnerung betrachtet. Auch bei Gesunden kann so etwas unter bestimmten Umständen vorkommen:

Am 29. Februar 2008 berichtete *SPIEGEL online* über die belgische Bestsellerautorin Misha Defonseca. In ihrem Buch *Survivre avec les loups* (*Überleben unter Wölfen*) hatte sie berichtet, im Zweiten Weltkrieg als Achtjährige mit einem Wolfsrudel quer durch Europa gezogen zu sein, um ihre von der Gestapo deportierten Eltern zu suchen. Auf diese Weise sei sie dem Holocaust entkommen. Eine bemerkenswerte Geschichte, die sogar verfilmt wurde. Bedauerlicherweise ist sie erfunden, nicht einmal der Name der Autorin stimmt. Sie heißt in Wirklichkeit Monique De Wael, ist keine Jüdin und hat nie in einem Wolfsrudel gelebt. »Es gibt Augenblicke, in denen es mir schwerfällt zu unterscheiden, was tatsächlich geschehen ist und was sich nur in meinem inneren Universum ereignet hat«, erklärte sie dazu.

Mehrere Monate des eigenen Lebens neu zu erfinden mag unwahrscheinlich klingen, aber bei kurzen, Minuten oder Stunden dauernden Episoden scheint das nicht selten vorzukommen. Die amerikanische Psychologin Elizabeth Loftus, die an der Stanford University in Kalifornien lehrt, hat schlüssig nachgewiesen, dass man Menschen Erinnerungen auch einreden kann. Sie gab Versuchsteilnehmern eine Liste von Ereignissen aus deren Kindheit, die sie von älteren Familienmitgliedern der Probanden erhalten hatte. Eines der Ereignisse war allerdings erfunden: Als Kind von fünf bis sechs Jahren sei der Teilnehmer in einem Einkaufszentrum verloren gegangen und von einer älteren Person gerettet worden. Ein Viertel der Versuchspersonen gab an, sich daran zu erinnern, und einige produzierten sogar bereitwillig weitere Einzelheiten.

Andere Wissenschaftler erzeugten bei ihren Versuchspersonen falsche Erinnerungen an Ereignisse wie eine Fahrt im Heißluftballon, eine Nacht im Krankenhaus oder den Angriff eines wilden Tiers.

Dabei sind sich die meisten Menschen durchaus bewusst, dass ihre Erinnerung fehleranfällig ist. In Ärztekreisen geht die Anekdote von einem Gynäkologen um, dem der sagenhafte Ruf vorauseilte, er könne das Geschlecht eines ungeborenen Kindes schon bei der ersten Bestätigung der Schwangerschaft unfehlbar und ohne Hilfsmittel bestimmen. Nach seiner Pensionierung verriet er seinen Trick. Er sagte der Patientin: »Es wird ein Junge«, schrieb aber auf: »Es wird ein Mädchen«. Wenn das Baby wirklich ein Junge war, rühmte die Patientin seine Seherqualität. Im anderen Falle mochte sie ihn darauf ansprechen, dass er versagt habe. »Dann«, sagte er, »zog ich meine Unterlagen hervor und verwies darauf, was ich geschrieben hatte. Dann hat noch jede Patientin geglaubt, ihre Erinnerung sei falsch gewesen.«

Unsere Erinnerung ist kein Videoarchiv, sondern ein ständig aktualisiertes und dynamisch veränderliches Konstrukt. Aber bei aller Fehleranfälligkeit sollte man nicht vergessen: Unter alltäglichen Bedingungen erfüllt unser Gedächtnis seine Aufgaben zufriedenstellend. Wie alle anderen Funktionen des Gehirns muss es dabei helfen, die Gegenwart zu meistern und die Anpassung an die Umgebung zu verbessern. Es ist, wie alle anderen Eigenschaften lebender Wesen, dem Druck der Evolution unterworfen, und eine akribische Genauigkeit bei der Erinnerung würde dem Menschen nicht unbedingt einen evolutionären Vorteil verschaffen.

Das semantische Gedächtnis

Ist das semantische Gedächtnis auch nur ein konstruierter Auszug der Wirklichkeit? Es speichert lexikalisches Wissen, Weltwissen. Man sollte eigentlich annehmen, dass solche Fakten wie »Paris ist die Hauptstadt von Frankreich« nicht konstruiert werden, sondern einfach abgelegt und wieder hervorgeholt werden. Tatsächlich aber besteht unser Wissen aus vernetzten und hierarchisch geordneten Strukturen, in die einzelne Fakten eingeordnet werden. Das Gehirn kann Wissen nur effektiv speichern, wenn es peinlich genau Ordnung hält. Wir schaffen daher ständig und ohne bewusste Anstrengung Konzepte und Schemata. Beispielsweise hat die Aussage über Paris nur einen Sinn, wenn wir wissen, was eine Hauptstadt ist. Das wiederum setzt voraus, dass wir den Begriff, das Konzept, von »Stadt« kennen. Auch unsere Urteile über andere Menschen stützen sich auf vorgefertigte Schemata. Wenn uns jemand als Bauarbeiter vorgestellt wird, werden wir anders mit ihm reden, als wenn er uns mit einem Doktortitel bekannt gemacht wird. Der Übergang zum Vorurteil ist dabei fließend. Schemata helfen uns, Situationen schneller zu meistern, denn auch unsere Reaktionen lassen sich damit vorgeben und müssen nicht jedes Mal neu überlegt werden. Deshalb hat unser Gehirn allen Grund, jede Wahrnehmung in ein Schema einzupassen und notfalls ein neues Schema abzuleiten oder zu erfinden. Zunächst aber versucht das Gehirn, neue Informationen in bestehende Schemata einzupassen, notfalls mit sanfter Gewalt. Menschen merken sich neue Informationen besser, wenn sie in ihr bestehendes Schema passen. Weniger stimmige Tatsachen werden gerne vergessen. Wer beispielsweise davon überzeugt ist, dass Haustiere einen besonderen sechsten Sinn haben, der wird sich entsprechende Geschichten gerne merken, aber gegenteilige Behauptungen schnell wieder vergessen. Nur solche Berichte oder Erlebnisse, die ein Schema glaubhaft und durchschlagend in Frage stellen, bleiben im Gedächtnis haften und können ein Umdenken auslösen. Einmal gebildete Schemata sind also in aller Regel sehr hartnäckig. Einige Forscher haben gezeigt, dass sie unter Umständen sogar noch erhalten bleiben, wenn sie sich eindeutig als falsch erwiesen haben.

Deshalb braucht ein Glaube an magische Wirkungen nur eine gelegentliche Bestätigung, damit er erhalten bleibt. Nehmen wir an, Sie möchten »heilkräftige« Edelsteine verkaufen. Dann suchen

Sie sich eine günstige Bezugsquelle für Halbedelsteine (echte Edelsteine sind einfach zu teuer) und entwerfen einen schönen Reklametext. Eine schnelle Internetrecherche ergibt, dass Sie jedem Stein eine beliebige Wirkungskombination zuordnen können. Fühlen Sie sich also völlig frei bei der Gestaltung Ihrer Werbung. Jetzt brauchen Sie noch eine esoterische Erklärung, zum Beispiel:

»Krankheit ist eine Störung der Aura, der Harmonie aller Schwingungen und Zyklen des Körpers und der Seele. Edelsteine beugen die Schwingungen des Lichts und erzeugen dadurch eine sanft korrigierende Wirkung auf die gestörte Harmonie der Aura. Sie müssen dazu nur in die Nähe des Körpers gebracht werden. Unsere Edelsteine sind speziell nach ihrer Wirkung auf die menschliche Aura ausgesucht und besonders schonend poliert, um harte Kanten zu vermeiden und schon in der Wahrnehmung durch Hand, Auge und Seele ausgleichend und entspannend zu wirken.«

Jetzt können Sie anfangen, billige, polierte (nicht etwa teuer geschliffene) Halbedelsteine zu überhöhten Preisen zu verkaufen. Damit Ihre Kundschaft sich auch weiterhin wohl fühlt, sollten Sie zweimal im Jahr ein Buch herausbringen, in dem »erfahrene Fachleute« die Wirkung der Edelsteine preisen, die Bedeutung der Aura herausstellen oder die ungeahnte Heilkraft bei besonders hartnäckigen Krankheiten schildern. Die Bezeichnung »erfahrener Fachmann« (oder »Experte«) ist rechtlich nicht geschützt und deshalb besonders empfehlenswert. Sie klingt gut und ist völlig unverbindlich. Mit den Büchern halten Sie Ihre Kundschaft bei der Stange, denn, wie gesagt: Eine gelegentliche Bestätigung reicht aus, um ein Schema (hier also: Edelsteine können heilen) aufrechtzuerhalten.

Wenn die Erinnerungen an die Vergangenheit schon so unsicher sind, wie sieht es dann mit der Zukunft aus? So paradox es klingt: Die Vorstellung von der Zukunft stammt aus der Erinnerung.

Die Zukunft

Tu ne quaesieris, scire nefas, quem mihi, quem tibi
finem di dederint Leuconoe, nec Babylonios
temptaris numeros. (Horaz: Carmen 1,11)

Frage nicht! Ein Frevel wäre es zu wissen,
welches Ende mir und dir die Götter bestimmt haben,
Leuconoe, und suche nicht den Rat babylonischer Astrologen.

Ursprünglich stammt der Mensch vermutlich aus Ostafrika, wo die Jahreszeiten sich nur wenig unterschieden und Früchte oder Beeren fast das ganze Jahr über reiften. In der von fruchtbaren Flusstälern durchzogenen Trockensteppe erbrachte die Jagd jederzeit reiche Beute. Die frühen Menschen standen unter keinem evolutionären Druck, für ihre Zukunft vorzusorgen. Andererseits half die Planung für die unmittelbare Zukunft sowohl bei der gemeinsamen Jagd als auch bei gelegentlichen Kriegen gegen die Nachbarn. Die optimale Aufstellung für eine Jagd oder für ein Gefecht zwischen verfeindeten Stämmen half zweifellos beim Überleben.
Mit ihrer Ausbreitung nach Europa und Asien, also in Gegenden mit jahreszeitlichem Nahrungsmangel, mussten die Menschen lernen, langfristig vorauszuplanen. Wer im Herbst keine Vorräte anlegte, Feuerholz sammelte, sichere Unterkünfte baute und warme Kleidung vorbereitete, riskierte es, im Winter zu verhungern oder zu erfrieren. Die Vorbereitung für die Zukunft wurde lebenswichtig. Aber vom evolutionären Standpunkt aus gesehen war die Zeit für eine Entwicklung einer instinktgestützten Zukunftsvorsorge vermutlich zu kurz. Es gibt keinerlei Hinweis, dass sich die Gehirne der aus Afrika ausgewanderten Menschen wesentlich von denen der Dortgebliebenen unterscheiden. Stattdessen haben die Menschen eine Vielzahl von kulturellen Strategien zum Überstehen von nahrungsarmen Zeiten entwickelt und verfeinert. Wenn das

Gehirn sich nicht verändert hat, musste es auf bereits existierende Strukturen für die Zukunftsplanung zurückgreifen. Aber welche könnten das sein?

Diese Frage haben die Neurowissenschaftler erst in neuester Zeit beantworten können. Sie kamen zu einem überraschenden Ergebnis: Die Vorstellung von der persönlichen Zukunft stammt aus der Erinnerung! Menschen orientieren sich bei der Vorstellung eines künftigen Ereignisses an ihren bisherigen Erlebnissen. Wie sieht der nächste Winter aus? Wie der letzte! Was werde ich nach meiner nächsten Beförderung tun? Ein neues Zimmer bekommen und eine größeren Schreibtisch, wie beim letzten Mal! Wie werde ich mich fühlen, wenn ich mein Urlaubsziel erreicht habe und die Beine hochlegen kann? Genauso großartig gelaunt wie im vergangenen Jahr (deshalb habe ich ja das gleiche Hotel gebucht!).

Der kanadische Psychologe Endel Tulving von der Universität Toronto stellte die Theorie auf, das episodische Gedächtnis könne dem Menschen eine »geistige Zeitreise« ermöglichen. Dazu müsste das Gedächtnis Engramme auf sinnvolle Weise neu kombinieren und das Ergebnis wiederum speichern, denn unsere Wachträume von der Zukunft sind fraglos erinnerbar: Was ich mir einmal ausgemalt habe, kann ich später wieder hervorholen. Dabei dürfen sich die bisherigen Verknüpfungen der Engramme nicht wesentlich verändern, sonst würde die Zukunftsplanung die Erinnerungen durcheinanderbringen. Technisch gesprochen, muss das Gehirn also erst eine Kopie der Erinnerungsspuren anlegen und sie dann in das Zukunftsszenario einbauen. Wenn diese Idee richtig ist, müsste ein Mensch mit einem Defekt des episodischen Gedächtnisses Probleme haben, sich die Zukunft vorzustellen. Mehrere Forschergruppen haben das inzwischen überprüft und die Hypothese bestätigt. Wer seine persönlichen Erinnerungen verloren hat, kann sich auch die Zukunft nicht vorstellen.

Für das Gehirn sind Vergangenheit und Zukunft gleichermaßen nur ein innerer Film, bei Bedarf stets neu konstruiert aus kurzen Fetzen von Bildern, Tönen und Gefühlen. Nur das Heute zählt, das

Gestern ist so wandelbar wie das Morgen. Damit unterliegt die Vorstellung von der Zukunft den gleichen Verzerrungen wie die Erinnerung. Wie alle anderen magischen Vorstellungen muss auch der Glaube an Astrologie und an Wahrsagung nur gelegentlich bestätigt werden, um erhalten zu bleiben. Zehn falsche Vorhersagen können ihn nicht widerlegen, aber eine richtige bestätigt ihn zuverlässig.

Mit dem Glauben an Omen hat es noch eine andere Bewandtnis: Weil Vergangenheit und Zukunft im Gehirn ganz ähnlich abgebildet werden, ist es plausibel, dass die Zukunft ebenso an ihren Zeichen erkennbar ist wie die Vergangenheit an ihren Spuren.

Nahezu jede menschliche Gesellschaft kennt feste Regeln für die Vorhersage der Zukunft, denn die Macht eines anerkannten Propheten kann kaum überschätzt werden. Im Rom der Kaiserzeit waren private Wahrsagungen verboten, der Staat beanspruchte das Monopol auf das Wissen um die Zukunft. Die Folge war eine wahre Inflation von »geheimen« Prophezeiungen aller Art. Ein geschickt formulierter Orakelspruch konnte in der Tat ein Herrscherhaus ins Wanken bringen. Noch heute zittert die Bundesregierung vor dem jährlichen Gutachten des Sachverständigenrats zur gesamtwirtschaftlichen Entwicklung. Er besteht aus fünf renommierten Wirtschaftswissenschaftlern und ist deshalb auch als *Rat der fünf Wirtschaftsweisen* bekannt. Er gibt – hochoffiziell – eine Vorhersage zur Entwicklung der Wirtschaft für das folgende Jahr ab. Bei dieser Gelegenheit kritisiert er die Politik der Bundesregierung mitunter ähnlich heftig wie die alttestamentarischen Propheten das Volk Israel. So schrieben die Weisen im Gutachten für das Jahr 2008, die Regierung lasse keine klare wirtschaftspolitische Strategie erkennen, vielmehr schienen wahltaktische Überlegungen durch. Bestehende Probleme würden ausgeblendet oder hintangestellt.

Während aber – zumindest nach Auslegung der Bibel – die Künder göttlichen Zorns meist recht behielten, waren die Vorhersagen der Wirtschaftsweisen nicht immer sehr genau, zum Teil sogar vollkommen falsch. So gingen die Weisen in der Vorhersage für das

Jahr 2008 davon aus, dass es den Notenbanken und den großen Kreditinstituten gelingen würde, einen drohenden Einbruch der weltweiten Konjunktur zu verhindern. Tatsächlich brachen 2008 reihenweise Banken zusammen, und die Welt rutschte tief in die Rezession. Ferner nahmen sie an, der Ölpreis würde sich bei 80 US-Dollar pro Fass stabilisieren. Alle davon abgeleiteten Zahlen und Prognosen waren falsch, denn der Preis schoss bis zum Juli auf 145 US-Dollar, um dann auf 34 US-Dollar abzustürzen. Trotzdem genießen die Wirtschaftsweisen immer noch hohe Wertschätzung. Der deutsche Staat lässt sich die Prognosen einiges kosten: Die Weisen erhalten zwar nur eine Aufwandsentschädigung, ihnen steht aber ein Büro mit mindestens 18 Mitarbeitern zur Verfügung. Staatlich bezahlte Prognostiker sind allerdings nichts Neues: Schon im alten Rom waren die Auguren staatliche Beamte. Noch heute nennt man eine feierliche Amtseinführung *Inauguration*.

Ebenso unerträglich wie der dunkle Schleier über den Ereignissen der Zukunft erscheint den Menschen das Wirken des Zufalls. Er stellt die Weichen für die Richtung, das unser Schicksal nimmt, und deshalb hängt das Wissen um die Zukunft davon ab, dass jeder Zufall ausgeschlossen wird.

Die Unerträglichkeit des Zufalls

Mit dem Wort »Zufall« gibt der Mensch
nur seiner Unwissenheit Ausdruck.
(Laplace, frz. Astronom u. Mathematiker, 1749–1827)

Der Zufall ist der einzige legitime
Herrscher des Universums.
(Napoleon Bonaparte)

»Freitag, den 20. Juli 1714, um die Mittagstunde riss die schönste Brücke in ganz Peru und stürzte fünf Reisende hinunter in den Abgrund.«

Mit diesem Satz beginnt der Roman *Die Brücke von San Luis Rey*, der den amerikanischen Schriftsteller Thornton Wilder im Jahre 1927 mit einem Schlag weltberühmt machte. Die Handlung geht wie folgt weiter: Der Franziskanerpater Juniper sieht das Unglück mit an und versucht fortan, in den fünf Todesfällen den göttlichen Plan zu entdecken. Akribisch sucht er in den Lebensläufen der Verunglückten nach dem Grund für ihren plötzlichen Tod, denn er glaubt, damit das Wirken Gottes wissenschaftlich beweisen zu können. Am Ende findet er – nichts. Er sammelt widersprüchliche Aussagen, doch es fehlen ihm gerade die wichtigsten Puzzleteilchen. Was immer ihm die Bekannten der Toten erzählen, ist unvollständig und geschönt. Trotzdem schreibt er unverdrossen eine gewaltige Dokumentation, in der Hoffnung, irgendwann später ein Muster darin zu entdecken. Aber, so spottet Thornton Wilder, »Glaube und Tatsachen widersprechen einander mehr, als gemeinhin angenommen.« So nimmt der Mönch in seiner Ratlosigkeit schließlich an, Gott habe den einen gnädig heimgeholt, den anderen aber mit dem Tode gestraft. Am Ende verurteilt die Inquisition den Mönch zum Tode und lässt ihn und sein Werk verbrennen. »Er saß in jener letzten Nacht in seiner Zelle und versuchte, in seinem eigenen Leben den Plan zu entdecken, der ihm in fünf anderen entgangen war.«

Der Roman, eigentlich mehr eine Novelle, kreist ganz um das Thema »Zufall«, um die Unmöglichkeit, aus dem Leben der Menschen einen Plan herauszulesen, ja, den Verlauf eines Lebens überhaupt zu rekonstruieren. Immer wieder kommt das Wort »Zufall« vor, und der Autor leuchtet all seine verschiedenen Bedeutungen sorgfältig aus. Thornton Wilder erhielt für die Novelle den Pulitzerpreis. Weder vor noch nach ihm hat jemand die Allgegenwart und die Unerträglichkeit des Zufalls so akribisch genau zu schildern gewusst. Der Verlauf des menschlichen Lebens ist unvorhersehbar, und auf die Frage »warum?« gibt es keine schlüssige Antwort.

Die Frage: Warum?

»Warum« hat im Deutschen zwei Bedeutungen: Es fragt entweder nach der Ursache oder nach dem Ziel. Mit keiner anderen Frage bringen Kinder Erwachsene dermaßen in Verlegenheit.

»Warum geht die Sonne auf?«, »Warum sind Möhren gesund?«, »Warum muss ich mir die Zähne putzen?«, »Warum passieren Unfälle?«, »Warum gibt es mich?«

In einem bestimmten Stadium ihrer Entwicklung versuchen sich Kinder die Welt als eine Abfolge von Ursachen, Wirkungen und Absichten vorzustellen. Erst später unterscheiden sie zwischen einer notwendigen, mechanischen Wirkung und einer Absicht. Sie sind zunächst mit der Erklärung zufrieden, dass Gott die Kühe geschaffen hat, damit die Menschen Milch haben. Gott ist dabei ein Rettungsanker für die Erwachsenen, sozusagen die höchste Instanz, der letzte Grund. Denn die Warum-Fragen der Kinder enden nicht mit der ersten Antwort.

»Warum sind Möhren gesund?«

»Sie sind gut für die Augen.«

»Warum sind sie gut für die Augen?«

»Da ist viel Vitamin A drin, das brauchen die Augen.«

»Warum brauchen die Augen Vitamin A?«

»Das weiß ich auch nicht, aber du willst doch sicher sehen wie ein Luchs, oder?«

»Wie sieht denn ein Luchs?«

»Er jagt nachts und kann im Dunkeln sehen.«

»Warum kann er das, isst er Möhren?«

Kinder versuchen, den Ereignissen dieser Welt einen Sinn zu geben, sie als Ketten von Ursachen, Absichten und Wirkungen zu begreifen. Und wir unterstützen sie dabei – bis uns die Antworten ausgehen. Oft genug staunen wir darüber, welche Phantasie Kinder für die Erklärung aller möglichen Phänomene aufbringen. Aber auch Erwachsene reimen sich oft genug die seltsamsten Erklärungen zusammen, ehe sie vor Kindern zugeben, dass sie nicht weiterwissen. Und als oberste Instanz lässt sich immer noch Gott anführen. Wie oft habe ich als Kind die abschließende Erklärung gehört: »Das hat der liebe Gott eben so eingerichtet!« Ich wusste aus Erfahrung, dass jede weitere Frage an der Unbegreiflichkeit göttlichen Handelns abprallen würde. Überall auf der Welt lernen die Kinder, dass die Welt ein verlässlicher, von Regeln und Gesetzen bestimmter Ort ist.

Tatsächlich aber spielt der Zufall in der Welt eine wichtige, ja beherrschende Rolle. Und er hat immer schon das magische Denken befeuert wie kaum ein anderes Phänomen dieser Welt. Menschen mögen den Zufall nicht, er ist ihnen suspekt, sie vermuten eine verborgene Absicht darin. Manche Orakelpriester beantworteten Fragen an die Götter, indem sie Knochenstückchen warfen und aus dem Muster, das sich ergab, die Zukunft lasen, oder indem sie die Eingeweide von Opfertieren auf Zeichen untersuchten. Das Lesen aus dem Kaffeesatz ist im Deutschen sprichwörtlich.

Der echte Zufall

Meyers Lexikon definiert den echten Zufall als etwas, das »weder durch sein Wesen notwendig (kontingent) noch durch eine Wirk- oder Zielursache eindeutig bestimmt ist«. Verständlicher ausgedrückt: Ein zufälliges Ereignis muss nicht geschehen, wenn es aber auftritt, hat es keine Ursache, und es steht keine Absicht dahinter.

Kann ein solches Ereignis überhaupt auftreten, oder scheint es uns nur so, weil wir schließlich nicht jede Ursache kennen oder verfolgen können? Nehmen wir an, es gäbe einen Computer, der jedes Atom, jedes Lichtquant, jedes Neutrino unmittelbar nach dem Urknall registriert hat. Könnte er das Aufleuchten der ersten Sterne, die Verdichtung einer frühen Gaswolke zum Sonnensystem und die Entwicklung der Erde berechnen? Die Entstehung des Lebens, das Werden der Arten, die Ausbreitung und das Verschwinden der Dinosaurier nachvollziehen? Das Aufblühen und Vergehen von Völkern und Reichen? Und schließlich: Wäre er imstande, unser individuelles Schicksal vorauszusagen?

Das ist natürlich ein Gedankenspiel, einen solchen Computer kann es nicht geben, er müsste außerhalb des Universums angesiedelt sein. Läge er innerhalb des Universums, müsste sein Speicher die Position jedes einzelnen Teilchens enthalten. Wenn der Rechner aber nicht größer sein soll als das Universum, müsste er so beschaffen sein, dass jedes Bit Speicherplatz weniger als ein Elementarteilchen verbraucht. Ein solcher Rechner ist unmöglich, und deshalb können wir die Zukunft nicht berechnen. Aber vielleicht können wir ja wenigstens nachweisen, ob die Welt ein Uhrwerk ist, das, einmal aufgezogen, bis zum unvermeidlichen Ende abläuft, wie das Figurenspiel einer Domuhr. Sollte es wirklich so sein, können wir das nicht wissen. Alles, was wir tun, alles, was wir denken, alles, was uns widerfährt, wäre bereits festgelegt.

Wir hätten keinerlei Freiheit und könnten auch keine echte Erkenntnis gewinnen. Warum nicht? Stellen wir uns zwei Figuren eines sehr komplizierten mechanischen Spiels vor, zwei Gelehrte darstellend. Wenn sie aufgezogen werden, schreiben sie mechanisch mit einem kleinen Griffel auf eine kleine Tafel. Der eine listet die Argumente für, der andere diejenigen gegen den Zufall auf. Wäre das ein echter Dialog? Natürlich nicht, und ebenso wenig wäre alles, was wir, unserer Vorherbestimmung gemäß, aufschreiben oder sagen, eine echte Erkenntnis. Sollte also das Universum einen festen, vom Urknall an vorbestimmten Verlauf nehmen, könnten wir darüber nur dann zuverlässig Auskunft geben, wenn unser Geist nicht Bestandteil der materiellen Welt wäre und damit den Regeln der Physik nicht unterworfen wäre. Jetzt sind wir auf äußerst unwegsamem Gelände angekommen. Zwar haben die

Philosophen ein paar Trampelpfade angelegt und Wegweiser aufgestellt, aber oft genug führen sie ins Nichts. Gehen wir trotzdem einigen der Wegweiser nach.

Die Fachbezeichnung für die Lehre von der Welt als Uhrwerk lautet Determinismus (von lat. determinare = festlegen). Die gegenteilige Auffassung heißt Indeterminismus. Beide sind noch vielfach untergliedert. Ergänzend dazu gibt es den Monismus, also die Annahme, dass materielle und geistige Welt eine Einheit bilden. Innerhalb dieser Schule nehmen die Materialisten an, dass die Materie das einzige Substrat des Seins bildet, die Idealisten halten den Geist für das eigentliche Wesen der Welt. Der Dualismus hingegen nimmt an, dass Geist und Materie zwei ganz unterschiedliche Welten bewohnen.

Wer hat recht? Bisher lässt sich das nicht feststellen, und vermutlich auch in absehbarer Zeit nicht. Der Materialismus tut sich schwer, geistige Vorgänge zu erklären, während der Dualismus die Schnittstelle zwischen Geist und Materie nicht recht zu definieren weiß. Das ist unbefriedigend, aber immerhin ernährt der höfliche Gedankenaustausch zu diesem Thema einige Hundert Philosophen.

Vielleicht kann die Physik weiterhelfen. Sie erinnern sich vielleicht dunkel an die Heisenbergsche Unschärferelation, die der Genauigkeit der Beobachtung kleinster Teilchen Grenzen setzt. Ist jenseits davon vielleicht der Zufall angesiedelt? Viele Physiker unterstützen diese Idee. Ein Lichtstrahl trägt die Definition seines Ortes und seiner Richtung mit sich, wobei sich das Produkt dieser beiden Größen nicht beliebig genau festlegen lässt. Legen wir den einen Parameter genau fest, wird der andere um so verschwommener. Schicken wir Licht durch einen sehr engen Spalt, legen wir damit für einen Moment den Ort genau fest. Die Richtung des Lichtstrahls können wir aber nicht mehr so genau wissen. Er fächert sich auf, weil jedes Lichtpaket (Lichtquant) einen etwas anderen Weg nimmt. Das Licht weiß vor dem Durchgang durch den Spalt selber nicht, welche Richtung es nehmen wird, denn die Information darüber existiert nicht. Der weitere Weg des Lichtquants ist also zufällig, erst bei vielen Quanten zeigt sich eine bestimmte Ordnung, eine Beugungsstruktur. Diese Ordnung ist aber statistischer Natur, erst das Auftreffen vieler einzelner, zufällig aufgefächerter Lichtquanten lässt die Struktur erkennen. Der österreichische Physiker Anton Zeilinger sieht in der Begrenzung der mitgeführten Information ein universelles Prinzip. Die Welt ist Information, so sagt er, und Information ist nicht unendlich teilbar. Sie besteht aus binären, abzählbaren Entscheidungen. Die kleinste Einheit ist ein Bit, die Enscheidung zwischen 0 und 1, oder schwarz und weiß, oder allgemein: zwischen zwei einander ausschließenden Zuständen. Bits können nur als ganze Zahlen existieren, es kann also nur eins, zwei, drei Bits geben, nicht aber eineinhalb, zweidreiviertel oder ähnlich »krumme« Werte. Zwischen den ganzen Bits wohnt der Zufall, was sie nicht abzählen können, ist nicht definiert.

Haben wir ihn nun also festgenagelt, den Zufall? Leider nicht, denn einige von Zeilingers Kollegen hegen andere Ideen zu diesem Thema. So stellte der amerikanische Physiker Hugh Everett die Theorie auf, dass die statistische Natur der Quantenphysik sich auflöst, wenn man davon ausgeht, dass nicht der Zufall darüber entscheidet, welchen Wert ein bestimmter Parameter annimmt. Vielmehr nimmt er jeden möglichen Wert an, und die Wirklichkeit teilt sich in entsprechend viele Zweige auf (Viel-Welten-Theorie). Der Zufall entscheidet lediglich darüber, welche der ständig neu entstehenden Wirklichkeiten wir zu sehen bekommen. Das könnte man als Spitzfindigkeit abtun, denn ob ein Parameter einen zufälligen Wert annimmt oder aber alle, wovon wir aber nur einen zufällig ausgesuchten sehen können, macht keinen Unterschied. Das Formelwerk der Viel-Welten-Theorie ist allerdings an einigen Stellen einfacher. Eine sonderbare Hilfskonstruktion, die man als »Kollaps der Wellenfunktion« bezeichnet und die manchen Physikern Unbehagen bereitet, spielt in der Viel-Welten-Theorie keine Rolle. Die entstehenden Wirklichkeiten haben übrigens keinen Kontakt miteinander. Man könnte also nicht in eine Welt überwechseln, in der Kennedy nicht erschossen wurde oder Karthago Rom besiegt hat.

Die sogenannte Bohmsche Mechanik, benannt nach dem US-amerikanischen Physiker David Bohm, hält alle Eigenschaften von Quantenobjekten für festgelegt (determiniert), und zwar durch sogenannte verborgene Variablen. Sie beschreiben Richtung und Ort eines Quantenobjekts (eines Lichtquants zum Beispiel) vollständig, aber sie lassen sich nicht messen. Das liegt nicht etwa an unserer bisher noch unzureichenden Messtechnik, sondern ist eine Voraussetzung dieser Interpretation der Quantentheorie. Anders ausgedrückt: Auch mit noch so ausgefuchsten Experimenten kann man die verborgenen Variablen nicht aus ihrem Versteck locken. Zudem sagt die Theorie nichtlokale Beeinflussungen voraus. Damit könnte eine Änderung am Ort A augenblicklich Folgen am Ort B bewirken, auch wenn die Orte an verschiedenen Enden des Universums liegen. Diese Art der Fernwirkung widerspricht allerdings der vielfach experimentell bestätigten Einsteinschen Relativitätstheorie. Alle Versuche, diesen Widerspruch aufzuheben, verliefen bisher im Sande. Nicht zuletzt aus diesem Grund hat die Bohmsche Sicht der Quantenphysik nur wenige Anhänger gefunden.

Im Moment spricht also einiges für den echten Zufall. Wie aber kann die in der Praxis bewährte und vielfach bestätigte Quantenmechanik überhaupt so viele gegensätzliche Interpretationen zulassen?

Grundsätzlich besteht die Quantenmechanik aus einem Satz von wenig anschaulichen Formeln. Rechnet man sie konsequent durch, erscheinen Ergebnisse, die der normalen Erfahrung der Menschen teilweise auf groteske Weise widersprechen. Dennoch sind alle ihre Vorhersagen durch Experimente bestätigt worden. Viele Forscher sind damit aber nicht zufrieden. Sie fragen sich, was diese Formeln bedeuten und welche Auswirkungen sie auf den Aufbau und das Schicksal der Welt haben. Die Formeln der Quantenmechanik (und anderer Theorien) beschreiben Wechselwirkungen, sie beantworten also die Frage: Wie beeinflusst ein Wert oder seine Veränderung einen anderen Wert? Aber sie erklären nichts.

Menschen möchten aber mehr wissen, sie fragen: Warum ist das so? oder: Welche Folgen hat das? Die Interpretationen der Quantentheorie versuchen deshalb, die experimentell überprüften Formeln in eine bestimmte Weltsicht einzubetten. Sie bewegen sich damit in einem Grenzbereich zwischen Physik und Philosophie.

Fazit: Die moderne Physik kann bislang nicht beweisen, aber auch nicht ausschließen, dass es einen echten Zufall gibt, dass also ein Ereignis eintritt, das tatsächlich keine Ursache hat.

Wenn man Ockhams Skalpell als Maß anwendet, wäre aber der echte Zufall die plausibelste Lösung. Wilhelm von Ockham war ein mittelalterlicher Philosoph, Theologe und Freidenker. Er lehrte, dass einfache Hypothesen immer den komplizierten vorzuziehen seien, wenn sie das gleiche Phänomen erklären. Sein »Skalpell« schneidet unnötige Annahmen weg und lässt nur den Kern einer Hypothese stehen. Das ist natürlich nur eine Faustregel, im Einzelfall kann durchaus eine komplizierte Hypothese richtig und eine einfache falsch sein.

Im Fall der konkurrierenden Hypothesen über den Zufall in der Quantentheorie ist die Annahme eines echten Zufalls sicherlich sehr viel einfacher als die von prinzipiell unmessbaren Variablen. Über das Skalpell gepeilt, dürfen wir also den echten Zufall für die wahrscheinlichste Variante halten.

Zufall und menschliches Denken

Menschen (und alle anderen Tiere mit einem nennenswerten Gehirn) suchen in ihrer Umwelt nach Mustern. Das geschieht auf jeder Ebene der Gehirnstrukturen. Alle Tiere lernen, indem sie ihre Wahrnehmungen ordnen und kategorisieren – nur lässt sich der Zufall nicht auf diese Weise erfassen, er widersetzt sich jeder Einordnung. Menschen stellen ständig und unwillkürlich Mutmaßungen über etwaige Strukturen in ihrer Umwelt an. Niemand zwingt sie, dabei an den Grenzen der Physik haltzumachen. Die Vorstellung von magischen und übernatürlichen Einflüssen gehört deshalb zum selbstverständlichen Repertoire menschlichen Denkens.

In unserem Gehirn ist für den Zufall kein Platz, er ist stets nur die letzte Alternative, wenn alle Versuche fehlschlagen, eine Ordnung zu erkennen. Im Gegenteil: Oft genug muss man sich bewusst sagen, dass ein Zusammentreffen oder eine Abfolge von Ereignissen höchstwahrscheinlich keinen inneren Zusammenhang hat, sondern den Gesetzen des Zufalls folgt. Das gilt selbst dort, wo der Zufall Geschäftsgrundlage ist, also zum Beispiel bei Glücksspielen.

Beim Roulette setzen Spieler gerne auf Rot, wenn fünfmal hintereinander eine schwarze Zahl erschienen ist. Es sei schließlich sehr unwahrscheinlich, dass sechsmal hintereinander schwarz erscheint, so argumentieren sie. Tatsächlich ist es genauso wahrscheinlich wie die einzige Alternative fünfmal schwarz und einmal rot. Beim Zahlenlotto führen Systemspieler oft riesige Listen von Ergebnissen, um dann die Zahlen anzukreuzen, die lange nicht erschienen sind. Tatsächlich hat bei jeder neuen Ziehung aber jede Zahl die gleiche Chance. Die staatlichen Lottogesellschaften zahlen übrigens nur die Hälfte der Einnahmen wieder aus, der Rest verteilt sich auf Steuern, Konzessionsabgaben, Provisionen und Betriebskosten. Auf lange Sicht verliert deshalb jeder Spieler durchschnittlich die Hälfte seiner Einsätze. Warum spielen trotzdem so viele Menschen Lotto? Dafür gibt es drei offensichtliche Gründe, und alle drei beruhen auf einer Täuschung.

1. Die vielen kleinen Gewinne nähren die Illusion, nur knapp am Hauptgewinn vorbeigeschrammt zu sein. So liegt die Chance, vier Richtige zu erzielen, bei ca. 1:1100, während ein Spieler im Durchschnitt nur bei einem von 13,9 Millionen Spielen sechs richtige Zahlen ankreuzen würde. Trotzdem hat er jedes Mal das Gefühl, den Millionengewinn nur ganz knapp verpasst zu haben.
2. Man kann die Gewinnzahlen selber ankreuzen. Damit gibt man sich der Illusion hin, sein Schicksal selbst zu bestimmen.

3. Beim Lotto *wettet* man nicht Geld auf eine Zahlenkombination, sondern man *kauft* ein Los. Damit gibt man Geld für eine scheinbar definierte Gegenleistung. Der Vorgang steht in keinem direkten zeitlichen Zusammenhang mit der Ziehung und dem Gewinn. Folglich haben die meisten Menschen den Eindruck, als könnten sie beim Lotto nicht verlieren, sondern nur gewinnen. Ich habe noch nie einen Lottospieler sagen hören: »Ich habe diese Woche meinen Einsatz verloren«, sondern nur: »Ich habe nichts gewonnen.« Aber das ist eine Selbsttäuschung: Tatsächlich kassieren Staat und Lottogesellschaften vorab die Hälfte der eingesetzten Gelder. Roulettespieler haben da bessere Chancen: Sie verlieren pro Spiel durchschnittlich nur 2,7% (1/37) ihres Einsatzes.

Aber auch andere Aspekte des Lebens sind stärker vom Zufall bestimmt, als wir im Allgemeinen glauben. Spricht es nicht bespielsweise für einen Aktienfonds, wenn er drei Jahre hintereinander hervorragende Kursgewinne abgeworfen hat? Keineswegs: Der Zufall spielt nachweislich eine sehr große Rolle bei den Gewinnen von Fondsgesellschaften, und aus den Gewinnen der Vergangenheit lassen sich keine Vorhersagen für die Zukunft ableiten. Auch gefeierte Fondsmanager haben sich schon gründlich verspekuliert. Dann aber produzieren sie meist besonders große Verluste, weil ihnen aufgrund der bisher guten Bilanz außergewöhnlich viele Menschen ihr Geld anvertraut haben.

Ein anderes Beispiel: Stehen Sie im Supermarkt häufig in der falschen Schlange? Vielleicht so häufig, dass Sie kaum noch an einen Zufall glauben mögen? Trösten Sie sich: Es geht fast allen Menschen so. Die mathematischen Analyseverfahren, die sich mit dem Anstehen vor Kassen, Schaltern oder Fahrkartenautomaten befassen, heißen »Warteschlangentheorien«. Mit ihrer Hilfe lässt sich beispielsweise berechnen, dass unter den üblichen Supermarktbedingungen eine Schlange mit acht Personen in einem von fünf Fällen schneller abgefertigt ist als eine mit fünf Personen. Sie dürfen also erwarten, in einem von fünf Fällen in der falschen Schlange zu stehen. Wenn Sie sich für eine von zwei gleich langen Schlangen entscheiden müssen, werden Sie sogar in der Hälfte der Fälle in der langsameren stehen. Weil sich unerwartete und gefühlsbetonte Ereignisse stärker einprägen als normale und weniger belastende, haben die meisten Menschen den Eindruck, ständig vom Pech verfolgt zu sein oder sogar absichtlich langsam bedient zu werden.

Die Illusion der Kontrolle

Selbst wenn es in Wahrheit keine Zufälle gäbe, wenn verborgene Variablen die Bewegung jedes Elementarteilchens steuerten, so wäre doch kein Mensch in der Lage, daraus die Zukunft vorherzusagen. Natürlich gibt es Zeitgenossen, deren Lebensplanung bereits in der Schule fertig ist und die ihr Leben später tatsächlich genauso gestalten, wie sie es immer schon vorgesehen hatten. Aber selbst im ruhigen und geordneten Deutschland unserer Tage ist das die Ausnahme. In der Generation der zwischen 1900 und 1930 Geborenen konnte kaum jemand den Verlauf seines Lebens auch nur annähernd vorhersehen. Zwei Weltkriege brachen die Lebensläufe aller Menschen in Deutschland. In den schlimmsten Zeiten umfasste die vorhersagbare Zukunft nicht einmal die wenigen Stunden bis zum nächsten Morgen. Aber nicht nur Kriege bringen gewaltige Umwälzungen: Während die Wiedervereinigung Deutschlands im Westen wenig Einfluss auf das persönliche Umfeld der Menschen hatte, zerfielen die gesellschaftlichen und wirtschaftlichen Strukturen im Osten vollkommen und schlagartig. Die Lebensläufe praktisch aller Erwachsenen knickten in unvorhersehbare Richtungen ab, alle ihre langfristigen Pläne verwandelten sich über Nacht in Makulatur.

Kaum irgendetwas ist für Menschen so wichtig wie die Kontrolle über die gegenwärtige Situation und eine gewisse Sicherheit in ihren Handlungen. Der Verlust der Kontrolle und das Gefühl des

Ausgeliefertseins sind für Menschen und alle höheren Tiere existenzbedrohend. Sie verlieren die Gewissheit, auf ihre Umwelt adäquat reagieren zu können. Aus reiner Not schafft sich das Gehirn dann die falsche Vorstellung von Strukturen, die in Wirklichkeit nicht existieren. Wie Jennifer Whitson und Adam Galinsky von der University of Texas in Austin im Jahre 2008 in einer Serie von Versuchen herausfanden, erzwingt der Verlust von Kontrolle geradezu die Illusion, ein Muster oder eine Struktur zu erkennen. Die Autoren betonen, dass eine solche Illusion durchaus sinnvoll sein kann, denn sie hilft den Menschen, Vertrauen zu fassen, aktiver zu werden und ihr Schicksal wieder in die Hand zu nehmen. Andererseits birgt diese Reaktion auch eine Gefahr. Bei den Pestepidemien des Mittelalters brach die Seuche oftmals unvermittelt in bis dahin sicher geglaubten Städten aus. Man wusste schon damals, dass Pestopfer ansteckend waren. So isolierte man sie, aber diese Maßnahme reichte nicht aus. Erst seit dem neunzehnten Jahrhundert weiß man, dass die Pest durch Rattenflöhe und Kleiderläuse übertragen wird, damals aber konnten sich die Menschen die plötzlichen neuen Ausbrüche in sicher geglaubten Gegenden nicht erklären. Die Menschen fühlten sich hilflos ausgeliefert – und gingen auf die Juden los, denen sie vorwarfen, Brunnen zu vergiften und die Seuche damit absichtlich über die Christenheit zu bringen. Einige durch Folter erpresste Geständnisse galten bald europaweit als Beweis einer gigantischen Verschwörung, und ein entfesselter Mob lynchte auch in pestfreien Städten die jüdischen Einwohner. Die Angst vor der Seuche hinderte die Mörder übrigens nicht daran, die Häuser der ermordeten Juden gründlich zu plündern.

C. G. Jungs Synchronizität

Die Unerträglichkeit des Zufalls hat den Psychiater und Tiefenanalytiker Carl Gustav Jung dazu gebracht, eine »Synchronizität«

anzunehmen, eine Verbindung von geistigen Zuständen mit gleichzeitig stattfindenden Ereignissen der Außenwelt. Die Verbindung soll über einen gemeinsamen Sinngehalt entstehen und kann auch symbolisch sein. Gemeinsam mit einem Freund, dem Physiker und Nobelpreisträger Wolfgang Pauli, schlug Jung vor, die Synchronizität in den Rahmen der Naturerklärungen aufzunehmen. Wenn also ein äußeres Ereignis mit einem Seelenzustand oder einem Gedanken zusammenfällt, kann es sich um eine Synchronizität handeln. Leider lässt sich das nicht objektiv feststellen, messen oder wiegen. Nur wenn man beiden Ereignissen einen gemeinsamen Sinn zuweisen kann oder man das äußere Ereignis als Symbol des inneren Zustands betrachtet, besteht eine Synchronizität, jedenfalls manchmal, denn schließlich soll man auch nicht krampfhaft danach suchen. Damit wird die Definition schon ausgesprochen wolkig. Jung war Psychiater, und deshalb fand er es gerechtfertigt, seinen Patienten bei der Interpretation von Symbolen zu helfen. Eine Synchronizität sah er schon dann gegeben, wenn er als Psychiater in den Berichten seines Patienten und einem äußeren Ereignis einen Zusammenhang erkannte. Bis heute geistert der Begriff durch die esoterische Literatur und gibt den Autoren Gelegenheit, an vielen Einzelbeispielen scheinbar unglaubliche, meist allerdings eher banale Zufälle zu schildern.

Jungs Freund Wolfgang Pauli war zwar Physiker (und Nobelpreisträger), aber er glaubte fest an parapsychologische Phänomene. So war er davon überzeugt, dass seine bloße Anwesenheit in einem Labor ausreichte, um Geräte lahmzulegen oder Versuche zu sabotieren. Hier handelt es sich um eine typische selbsterfüllende Prophezeiung: Versuche funktionieren oft erst nach vielen Wochen so, wie es ursprünglich geplant war, und Geräte pflegen gelegentlich ihren Dienst zu versagen. Jeder Forscher kann entsprechende Horrorgeschichten erzählen. Ist aber ein »Unglücksbringer« in der Nähe, hat man natürlich einen bequemen Sündenbock, was wiederum den Mythos bestätigt. Angeblich hatte Wolfgang Pauli bei diversen Kollegen »Laborverbot«.

Welches Erfolgsrezept haben die Reichen? Am besten lesen Sie ein entsprechendes Buch darüber, es gibt genug davon. Oder Sie schalten eine Talkshow im Fernsehen ein. Es ist schwer, eine zu finden, in der der Talkmaster seinen prominenten Gast nicht fragt: »Worauf führen Sie ihren Erfolg zurück?« Wenn Sie jetzt immer noch nicht reich werden, sind Sie wahrscheinlich selber schuld. Wie bei vielen Dingen im Leben spielt aber der Zufall auch hier eine große Rolle. Sicher haben Sie eine bessere Chance auf ein hohes Einkommen, wenn Sie Wirtschaftswissenschaften oder Jura studieren. Auch als Handwerker, Mediziner oder Zahnmediziner sehen Ihre Aussichten nicht allzu schlecht aus. Aber wirklich reich werden Sie allein damit nicht und auch nicht so prominent, dass sich ein Talkmaster vertraulich zu Ihnen herüberbeugt und Sie bewundernd fragt: »Sagen Sie, wie machen Sie das eigentlich?«

Der amerikanische Mathematiker Nassim Nicholas Taleb hat ein Buch über die Auswirkungen des Zufalls in der Finanzbranche geschrieben. Er vertritt den Standpunkt, dass viele Finanzgurus ihren Status im Wesentlichen dem Zufall verdanken. Wenn man nur genügend Affen auf genügend Schreibmaschinen herumhacken lässt, so argumentiert er, kommt irgendwann die Ilias (das Homerische Troja-Epos) dabei heraus. Der entsprechende Affe ist dann der absolute Star. Aber, so fragt er, würden Sie glauben, dass er auch noch die Odyssee schreibt? Oder anders ausgedrückt: Was für Erfolge ein Finanzjongleur in der Vergangenheit auch gehabt haben mag, sie besagen nichts über seine Zukunft. Er muss auch kein außergewöhnliches wirtschaftliches Talent oder einen besonderen Riecher für die Börse haben. Bleibt er noch einige Jahre erfolgreich, dann befördert ihn die Wirtschaftspresse zum Guru. Sobald er diesen Status erreicht hat, bewegt allein sein Wort schon viel Geld, und seine Aussagen werden zu selbsterfüllenden Prophezeiungen.

Kann man daraus lernen, wie man schnell reich wird? Leider nein, argumentiert Taleb zu Recht, denn auf jeden Glückspilz kommen tausend Pechvögel, von denen man aber nie etwas erfährt. Ein Beispiel dafür: Wenn Sie hundert Lottogewinner interviewen, um herauszufinden, mit welchem Spielsystem man am besten gewinnt, werden Sie als einzige Gemeinsamkeit entdecken, dass sie alle Lotto spielen. Das gilt natürlich nur, wenn Sie eine ehrliche Auswertung vornehmen. Aber eine Statistik lässt sich leicht verbiegen, und so könnten Sie hinterher beispielsweise verkünden, dass der typische Lottogewinner zwischen 6 und 6.30 Uhr morgens aufsteht, stets die gleichen Zahlen ankreuzt, den Lottoschein immer am gleichen Tag einreicht, Sonntags unregelmäßig in die Kirche geht und *Bild*-Zeitung liest. Trotzdem ist leicht einzusehen, dass Sie nicht allein dadurch Millionär werden, dass Sie Ihren Wecker auf 6.15 Uhr stellen, sich für die unbestimmte Zukunft auf sechs Glückszahlen festlegen und regelmäßig die *Bild*-Zeitung kaufen. Sie gewinnen deshalb weder öfter noch mehr.

Taleb argumentiert, dass gerade die erfolgreichen Finanzjongleure oft übermäßige Risiken eingehen und durch reinen Zufall mehrmals hintereinander große Gewinne einfahren. Wenn ihnen das zwei Jahre hintereinander gelingt, steigt ihr Gehalt ins Unermessliche, obwohl sie meistens einfach Glück gehabt haben. Taleb hat sein Buch im Jahre 2004 veröffentlicht, also vier Jahre bevor der Bankencrash seine Thesen spektakulär bestätigte.

Seltene Ereignisse und magisches Denken

Plötzliche und unerwartete Ereignisse durchbrechen den normalen Alltag und entziehen sich den normalen Erklärungsmustern. Warum springt mein Auto gerade heute nicht an, wo ich ohnehin schon spät dran bin? Gut, die Batterie hätte schon ausgewechselt werden sollen, aber das erklärt nicht, dass sie keinen Tag früher oder später aufgegeben hat. Und warum startet mein Rechner nicht mehr, wo ich mir doch gerade für heute das längst überfällige Backup vorgenommen hatte?

Menschen versuchen unwillkürlich, eine Begründung für seltene Ereignisse zu finden. Ein Statistiker kann zwar argumentieren, dass mit einem Jahrhunderthochwasser eben ab und zu gerechnet werden muss, wenn es aber eintritt, suchen die Menschen nach Ursachen.

Alle Ärzte wissen Geschichten von Patienten zu erzählen, die sich für ihre Krankheiten vollkommen abstruse Begründungen ausgedacht haben. Da ist die alte Dame, die ihre Hüftbeschwerden darauf zurückführt, dass sie im Supermarkt immer an der Tiefkühltruhe vor der Kasse vorbeigehen muss und deshalb »Zug bekommt«. In Wahrheit hat sie eine Hüftgelenksarthrose, eine Verschleißkrankheit des Hüftgelenks. Schlimmer sind die Fälle, in denen sich Krebspatienten Vorwürfe machen, weil ihnen irgendwer eingeredet hat, ihre Krankheit sei eine Folge »negativen Denkens«. Sie seien krank geworden, weil sie ihrer Umwelt nicht positiv genug begegnet seien. Dieser angebliche Zusammenhang ist inzwischen in mehreren Studien schlüssig widerlegt worden, geistert aber immer noch durch die esoterische Literatur.

In der Rückschau erscheint ein Ereignis oder eine Katastrophe manchmal absolut logisch, ja sogar unabwendbar. Zum Beispiel musste die Autobatterie an diesem Morgen ihren Geist aufgeben, weil es in der Nacht vorher besonders kalt war. Es sei vorhersehbar gewesen, dass der Staudamm brechen würde, denn das Wartungsintervall war zu lang. Psychologen sprechen in diesem Fall von einem »hindsight bias«, einem Rückschaufehler. Wenn sich das Gefühl einstellt, das Ereignis sei absolut unvermeidbar gewesen, lautet der Fachausdruck: »Schleichender Determinismus« (»creeping determinism«).

Auch für seltene Ereignisse lässt sich eine Statistik aufmachen. Zum Beispiel schlagen in Deutschland auf einen Quadratkilometer ca. 10 Blitze ein (genauer: 7,5 im Jahre 2007). Pro Hektar sind das 0,1 pro Jahr. Trotzdem beträgt die Wahrscheinlichkeit, dass auf irgendeinem Hektar zwei Blitze im gleichen Jahr einschlagen, immer noch 0,5%. Also gibt es stets eine Reihe von Parzellen, die

– rein zufällig – in einem Jahr zwei oder mehr Blitze abbekommen. Wie gesagt: rein zufällig!

Nach neuesten Forschungsergebnissen löst ein unerklärliches oder überraschendes Ereignis zunächst innere Unruhe aus. Das Gehirn versucht dann, eine plausible Erklärung zu finden. Mit dieser Aufgabe betraut es das analytisch-rationale System. Der Rückschaufehler wird umso deutlicher, je mehr Gelegenheit das Gehirn hat, über die Situation nachzudenken. Dieser Mechanismus erzeugt im menschlichen Gedächtnis eine gewisse Logik, auch auf die Gefahr hin, Erinnerungen falsch zu ergänzen. Er läuft *immer* ab, auch wenn wir gar kein eigenes Interesse daran haben, die Dinge in einen bestimmten Zusammenhang zu setzen.

Ist ein Mensch persönlich beteiligt, dann vermischt sich das Bedürfnis nach Logik mit dem Wunsch, sich zu rechtfertigen. Nehmen wir das Beispiel eines Börsenmaklers, der einem Kunden ein Aktienpaket empfiehlt, das schon kurze Zeit später seinen Wert fast vollkommen einbüßt. Wahrscheinlich wird er jetzt zu seiner eigenen Verteidigung darauf bestehen, dass es keine Hinweise auf eine solche Entwicklung gab. Ebenso könnte er aber in seinem Gedächtnis kramen und nach Vorzeichen suchen, die ihm das Desaster hätten ankündigen können. Schließlich möchte er solche Fehler ja in Zukunft möglichst vermeiden. Wenn Verantwortung, Scham, Ärger oder Angst hinzukommen, sind Richtung und Ausmaß des Rückschaufehlers nicht mehr logisch abzuleiten. Sicher ist aber, dass er eine große Rolle beim Aufbau unlogischer oder magischer Überzeugungen spielt.

Wie misst man magisches Denken?

Nicht alle Menschen sind für magische Ideen gleich empfänglich, deshalb wäre es gut, wenn man magisches Denken mit einer Art Magiequotient nach Art des Intelligenzquotienten messen könnte. Doch leider sind sich die Gelehrten (wie schon erwähnt) bisher nicht einmal über die Definition des magischen Denkens einig. Wie soll man ein Maß finden, wenn man nicht weiß, was man messen soll? So ist es kein Wunder, dass es nicht nur eine, sondern gleich mehrere Skalen zur Erfassung magischen Denkens gibt. Sie tragen so klingende Namen wie: »Magical Ideation Scale«, »Transliminality Scale« oder »Paranormal Belief Scale« und leiden unter einem ähnlichen Problem wie Intelligenztests: Es ist nicht ganz klar, was sie eigentlich messen. Alle Tests bestehen aus einer Reihe von Aussagen, und die Versuchspersonen sollen ankreuzen, ob sie zustimmen oder ablehnen. Daraus wird dann ein individueller Zahlenwert errechnet. Leider erlaubt keines der bisherigen Verfahren wirklich sinnvolle Aussagen oder Vergleiche.

Maßzahlen der Magie

Die Paranormal Belief Scale (PBS) besteht aus 25 einzelnen Sätzen, wie z.B. »Der Schneemensch von Tibet existiert«, »Es gibt einen Teufel«, »Hexen existieren wirklich«, »Gedanken können die Bewegung von Objekten beeinflussen« oder »Seelenwanderung kommt tatsächlich vor«. Die Autoren Jerome Tobacyk und Gary Milford von der Louisiana Tech University behaupten, damit lasse sich der Glaube an Paranormales feststellen. Angesichts der dort versammelten Aussagen kann das nicht wirklich überraschen. Darüber hinaus nutzt die PBS allerdings nicht viel.

Die »Transliminality Scale« (TS) des australischen Psychologen Michael Thalbourne hingegen fragt nach den paranormalen Erlebnissen der Probanden. Er will also nicht wissen, was sie glauben, sondern was sie erleben (oder erlebt haben). Das Wort »Transliminality« steht für das Eindringen von unterbewussten Inhalten in das Bewusstsein, also eine Überschreitung der Bewusstseinsgrenze. Thalbourne definiert das so: »[Transliminality ist] die weitgehend unbewusste Empfänglichkeit für große Mengen innerlich erzeugter psychologischer Phänomene ideeller oder gefühlsmäßiger Art und ihre Bewusstwerdung.« Der Fragebogen enthält Sätze wie »Manchmal führe ich gewisse kleine Rituale durch, um negative Einflüsse abzuwehren«, »Ein Mensch sollte versuchen, seine Träume zu verstehen und sich von ihnen führen oder warnen lassen«, »Es gibt oft Tage, an denen mir das Licht im Haus so hell erscheint, dass es meine Augen stört« oder »Manchmal habe ich das Gefühl, Energie zu gewinnen oder zu verlieren, wenn mich bestimmte Menschen ansehen oder berühren«. Die Ergebnisse korrelieren laut Thalbourne u.a. mit dem Glauben an Traumdeutung, der Neigung zu bestimmten Persönlichkeitsstörungen und Überempfindlichkeit gegen äußere Reize. Wie die PBS erkennt die TS lediglich das, wonach sie vorher ausdrücklich fragt. Ob man daraus eine Durchlässigkeit zwischen bewussten und unbewussten Denkinhalten ableiten kann, möchte ich bezweifeln.

Die »Magical Ideation Scale« (MIS) der amerikanischen Psychologen Mark Eckblad und Loren Chapman sollte ursprünglich die Diagnose einer schizotypen Persönlichkeitsstörung erleichtern und der Gefahr einer späteren Schizophrenie auf die Spur kommen. Die Autoren definierten den Begriff *magical ideation* als »Glaube, Quasi-Glaube oder halb-ernsthafte Annahme der Möglichkeit, dass Ereignisse, die nach den Vorstellungen dieser Kultur keine kausale Beziehung miteinander haben können, sie dennoch irgendwie haben könnten.« Die dreißig Aussagen des Tests decken ein buntes Spektrum aus typischen Symptomen von Geisteskrankheiten und dem Glauben an UFOs, Omen oder Amulette ab. Erlaubt ist als Antwort wieder nur Zustimmung oder Ablehnung.

Für die Feststellung einer schizotypen Persönlichkeitsstörung kann das nicht ausreichen, sie ist viel zu komplex. Nach den offiziellen Definitionen (ICD-10 und DSM-IV)[1] neigen Menschen mit

1 Es gibt zwei Systeme der Einteilung von psychischen Störungen: die International Classification of Diseases (ICD) der Weltgesundheitsorganisation und das Diagnostic and Statistical Manual of Mental Disorders (DSM) der amerikanischen Psychiatrischen Gesellschaft. Die WHO-Klassifikation liegt aktuell in der 10. Ausgabe vor und wird deshalb als ICD-10 abgekürzt. Das DSM hat die vierte Auflage erreicht und heißt kurz DSM-IV. Beide sind recht ähnlich, aber nicht vollkommen gleich.

dieser Störung zu ausgefallenen Ideen, zu übertriebenem Argwohn und zu magischem Denken, ohne dabei allerdings in einen Wahn zu verfallen. Wegen ihrer vagen, metaphorischen und gekünstelten Sprechweise mit ganz eigenen Wortschöpfungen können andere Menschen ihren Ausführungen oft kaum folgen. Das mag mit dazu beitragen, dass sich Menschen mit schizotyper Persönlichkeitsstörung in Gesellschaft unwohl fühlen und sich oft ganz zurückziehen. Sie können kaum Freude empfinden und verfallen stattdessen häufig in Depressionen. Gelegentlich und kurzzeitig können sie unter intensiven Illusionen oder sogar Halluzinationen leiden. Der Übergang zur Schizophrenie ist im Einzelfall schwer zu definieren. Menschen mit schizotyper Persönlichkeitsstörung gelten als besonders anfällig für magische Ideen, aber auch als außergewöhnlich kreativ. Damit entsprechen sie dem klassischen Bild des genialen, aber verschrobenen Künstlers, den nur eine dünne Wand vom Wahnsinn trennt. Die »Magical Ideation Scale« eignet sich aber nur sehr begrenzt für die Unterstützung der Diagnose einer schizotypen Persönlichkeitsstörung und überhaupt nicht zur Vorhersage des Schizophrenie-Risikos.

Bisher hat niemand eine aussagekräftige Skala für magisches Denken aufstellen können. Vielleicht ist das Phänomen zu vielschichtig, um es auf eine einzige Zahl zu reduzieren.

Zum magischen Denken gehören auch magische Handlungen. Beide bedingen sich gegenseitig, wie im Kapitel über die klassische Konditionierung und das Lernen am Erfolg gezeigt. Während bei Tauben kaum mehr als einfache, sinnlose Handlungsfolgen vorkommen, ist das Leben der Menschen durchsetzt von ausgefeilten Ritualen. Es gibt sie bei allen Völkern, sie sind also nicht schwer zu studieren. Trotzdem ist die Frage der Bedeutung von Ritualen für den einzelnen Menschen oder seine soziale Gruppe noch immer nicht zufriedenstellend gelöst. Wie entstehen Rituale, wie und warum verändern sie sich, welche Symbole nehmen sie auf, und wie wirken sie auf die Menschen zurück?

3 Rituale und magisches Denken

Der Italiener Giovanni Trappatoni gehört zu den erfolgreichsten Fußballtrainern unserer Zeit. Mehr als 20 Titel haben seine Mannschaften bereits gewonnen. Er trainierte unter anderem den AC Mailand, Juventus Turin, den FC Bayern München und die italienische Nationalmannschaft. In Deutschland wurde er nicht zuletzt durch seine sprachschöpferische Kritik an einigen Spielern des damals von ihm betreuten FC-Bayern bekannt. In einer Pressekonferenz am 10. März 1998 sagte er über einen Spieler unter anderem: »... ware schwach wie eine Flasche leer«. Seine Philippika beendete er mit den vielzitierten Worten: »Ich habe fertig.«

Während der Fußballweltmeisterschaft 2002 verspritzte er als Trainer der italienischen Mannschaft in der Halbzeit des Gruppenspiels gegen Mexiko Weihwasser aus einer eigens mitgebrachten Flasche, um den Sieg seiner Mannschaft zu beschwören. Aber selbst göttlicher Beistand konnte sein Team damals nicht retten: Es schied im Achtelfinale aus.

Trappatoni ist nicht der Einzige, der vor Sportwettkämpfen ganz eigenartige Rituale ausführt. Der amerikanische Baseballspieler Wade Boggs war sowohl für seine herausragenden Leistungen auf dem Platz als auch für seine langwierigen Rituale bekannt. Er aß jeden Tag Hähnchen, weil er überzeugt war, dass seine Leistung dadurch gesteigert würde. Er übte nur zu ganz bestimmten Tageszeiten, ging auf dem Platz immer die gleichen Schritte und schlug eine genau abgemessene Anzahl von Übungsschlägen.

Bei der Fußballweltmeisterschaft 1986 war der argentinische Trainer Carlos Bilardo der Meinung, Hühnerfleisch bringe Unglück, und er bestand darauf, dass seine Mannschaft während der gesamten Dauer der Veranstaltung keines serviert bekam. Geschadet hat das offenbar nicht: Argentinien wurde Weltmeister.

Definition von Ritualen

Rituale sind definiert als wiederholt stattfindende, immer gleich ablaufende Handlungssequenzen. Menschen neigen grundsätzlich dazu, Handlungsabläufe zu automatisieren. Solche Bewegungsfolgen gehen nach einigen Wiederholungen ins implizite Gedächtnis über und laufen weitgehend unbewusst ab. Das hat den Vorteil, dass sie das Bewusstsein nicht belasten oder ablenken. So konnte beispielsweise ein Steinzeitmensch mit voller Konzentration der Bewegung eines Beutetieres folgen und gleichzeitig die komplizierte Schleuderbewegung für den Speerwurf durchführen.

Schon Kinder neigen dazu, Bewegungsfolgen genau nachzuahmen, auch wenn ihnen ausdrücklich erklärt wurde, dass einige der Handgriffe für das Ergebnis nicht notwendig sind. Das Phänomen ist unter dem Namen Überimitation bekannt. Die automatisch mitgelernten überflüssigen Bewegungen sind bemerkenswert resistent gegen Löschung. Deshalb neigen Menschen auch dazu, diesen ritualisierten Handgriffen im Nachhinein eine nicht näher spezifizierbare Bedeutung beizumessen.

Anders als viele Tiere leben Menschen nicht in einer bestimmten ökologischen Nische und kommen deshalb nicht mit einem vorgegebenen Satz an instinktiven Bewegungsmustern aus. Sie müssen vielmehr alle lebenswichtigen Fertigkeiten erst von anderen Menschen lernen. Je schneller und genauer das abläuft, desto höher ist der evolutionäre Nutzen. Eine Überimitation unter Einschluss überflüssiger Bewegungen ist also besser als eine lückenhafte Nachahmung, die ihr Ziel nicht erreicht.

Deutlich komplizierter als die reinen Bewegungsfolgen zur Manipulation von toten Objekten sind die Rituale des menschlichen Zusammenlebens. Dabei sind sich die Wissenschaftler nicht ganz einig, was eigentlich als soziales Ritual bezeichnet werden soll. Während die meisten Biologen und Verhaltensforscher in Anlehnung an die Balz-, Dominanz- oder Kampfrituale der Tiere schon den Ablauf einer Begrüßung als Ritual ansehen, legen die Soziologen die Messlatte deutlich höher. Für sie ist ein Ritual eine feierliche, nichtalltägliche, traditionsbestimmte Handlungsfolge. Nahezu alle Religionen und Kulte haben im Laufe der Zeit ausgefeilte Rituale entwickelt. Sie bestimmen das Wesen einer Religion mindestens ebenso sehr wie ihre Götter. In allen Kulturen gibt es die sogenannten Riten des Übergangs, die einschneidende Ereignisse des menschlichen Lebens wie Geburt, Pubertät, Heirat oder Tod begleiten. Warum aber kommen die Menschen für solche Ereignisse zusammen und vollführen immer gleiche Handlungen? Kurz gesagt: Man weiß es nicht. Genau genommen sind die Rituale auch gar nicht so starr, sie verändern sich ständig. Unsere Großeltern haben anders geheiratet, als unsere Kinder es tun werden. Aber auch von Ort zu Ort, von Familie zu Familie unterscheidet sich die Ausgestaltung eines Rituals. Jedes Dorf feiert sein Erntedankfest anders.

Ist das Ritual also ein Zeichen der Zugehörigkeit? Ein Insider, ein Mitglied der eigenen Gruppe also, weiß um die ungeschriebenen Gesetze des Ablaufs von Taufen, Hochzeiten und Beerdigungen. Während des Rituals hat jedes Mitglied der Gruppe seinen festen Platz, seine *Rolle*. Während des zeremoniellen Teils sind damit Streitigkeiten und Rangkämpfe unmöglich, die Gemeinschaft ist zur Harmonie verpflichtet. Das festigt den Zusammenhalt der Gruppe – möglicherweise jedenfalls, denn es gibt keine Gruppe ohne Rituale, so dass wir keine Gegenprobe machen können. Der amerikanische Anthropologe Richard Sosis hat daher untersucht, ob Gruppen mit besonders ausgefeilten Ritualen eventuell einen festeren Zusammenhalt haben. Mit Hilfe besonders aufwendiger Rituale, so seine These, zeigen die Mitglieder, zu welch gewaltigen Anstrengungen sie für die Gemeinschaft bereit sind. Das schreckt Schmarotzer ab, die sich nur durchfüttern lassen wollen. Um seine Theorie zu prüfen, studierte er die Lebensdauer von 83 religiösen und nichtreligiösen Gruppen im 19. Jahrhundert in den USA. Für religiöse Gruppen bestätigte sich die Theorie, für weltliche Gruppen nicht. Woran liegt das? Wir wissen es nicht, womit wir wieder am Anfang sind.

Nicht umsonst schrieb der französische Anthropologe Pascal Boyer etwas gallig:

»Rituale erzeugen keine sozialen Resultate; das Einzige, was sie erzeugen, ist die Illusion, sie täten es.«

Die symbolische Bedeutung von Ritualen

Während weltliche Rituale im Wesentlichen die Gemeinschaft und die Stellung der Menschen darin betreffen, haben religiöse und magische Rituale einen hochgradig symbolischen Charakter. Sie spielen mythische Begebenheiten nach, bringen auf genau vorgeschriebene Weise ein Opfer dar oder vermitteln eine Bitte an eine Gottheit. Weltweit verbreitet sind jahreszeitliche Rituale. Dabei übernehmen neue Religionen oder Kulte durchaus schon bestehende Ritualhandlungen und widmen sie in ihrem Sinne um. Der Brauch der Osterfeuer, zum Beispiel, stammt aus vorchristlicher Zeit und gehört zu einer alten Frühlingsfeier; nur die Symbolik ist im christlichen Sinne umgedeutet worden (Christus als Licht der Welt). Das christliche Weihnachtsfest liegt auf dem Datum des römischen Festes der Wintersonnenwende. An diesem Tag feierten die Römer die Geburt des »sol invictus«, des unbesiegten Sonnengottes. Eben dieser war seit 274 n. Chr. römischer Staatsgott, bevor er im vierten Jahrhundert vom Christentum verdrängt wurde. Die alten Götter Jupiter und Mars hatten ihre Anziehungskraft zu diesem Zeitpunkt bereits verloren. Vor der offiziellen Festlegung auf die Wintersonnenwende in der ersten Hälfte des vierten Jahrhunderts war das Fest der Geburt Jesu nicht zu einem einheitlichen Termin gefeiert worden.

In der DDR und der Sowjetunion versuchten die kommunistischen Machthaber im 20. Jahrhundert, die christliche Bedeutung des Weihnachtsfestes zu unterdrücken. In der Sowjetunion brachte nicht der Weihnachtsmann, sondern eine ganz ähnlich aussehende Figur namens Väterchen Frost den Kindern die Geschenke, und zwar in der Silvesternacht statt zum russisch-orthodoxen Weihnachtsfest am 6. Januar. Diese Veränderung ist inzwischen etabliert und hat das Ende des Kommunismus überlebt. In der DDR gelang es den Machthabern hingegen nicht, das Weihnachtsfest seiner christlichen Bedeutung zu berauben. Die Versuche wirkten eher hilflos und nahmen bisweilen bizarre Züge an. Ob die im Erzgebirge gefertigten Weihnachtsengel tatsächlich unter dem offiziellen Namen »Jahresendflügelfigur« geführt wurden, lässt sich nicht mehr genau klären, ein schriftlicher Beleg fehlt bislang. Möglicherweise handelt es sich lediglich um eine gelungene Erfindung der (einzigen) DDR-Satirezeitschrift *Eulenspiegel.* Wir können daraus schließen, dass Rituale geduldig sind und sich ohne weiteres mit neuen Bedeutungen beladen lassen.

Die Psychologie magischer Rituale

Selbst moderne Menschen verlassen sich auf Symbolhandlungen und Rituale. Giovanni Trappatoni, Wade Boggs und Carlos Bilardo sind bei weitem nicht die einzigen abergläubischen Sportler. Die amerikanischen Psychologen Jerry Burger und Amy Lynn fanden bei 57 von 77 amerikanischen und japanischen Profibaseballspielern abergläubisches Verhalten vor oder während ihrer Spiele. Die meisten Spieler gaben aber zugleich an, dass sie nicht daran glaubten, mit diesem Verhalten das Spiel beeinflussen zu können. Wie passt das zusammen? Die Autoren vermuten, dass »viele Baseballspieler einfach denken: ›Es kann ja nicht schaden‹«. Allgemein formuliert könnte man sagen, dass sie einen kleinen Aufwand betreiben, um einen potentiellen Sieg zu unterstützen, also eine große Belohnung wahrscheinlicher zu machen, oder um ein Übel (also eine Niederlage) abzuwehren. Wenn es nicht wirkt, war der Aufwand vernachlässigbar klein, wenn es aber wirkt, hat man bei geringem Einsatz eine hohe Wirkung erzielt. Ich möchte diese Rituale als *Gelegenheitsrituale* bezeichnen.

Wer für die Genesung eines Angehörigen in der Kirche eine Kerze entzündet, wird wohl nicht glauben, sich damit göttlichen Beistand gesichert zu haben, aber er hat das beruhigende Gefühl, etwas getan zu haben. Viele Menschen verlassen das Haus nicht ohne Regenschirm, auch dann, wenn es nicht regnet und nur wenige Wolken zu sehen sind. Sie behaupten, dass es immer nur zu regnen beginnt, wenn sie einmal ohne Schirm unterwegs sind. Natürlich glauben sie das nicht wirklich, weil sie als aufgeklärte Menschen wissen, dass das Wetter nicht magisch zu beeinflussen ist, aber, so sagen sie, *man kann ja nie wissen*. Dieser Halbglaube ist das charakteristische Merkmal magischer Gelegenheitsrituale. Letztlich beschwören sie mit geringem Aufwand einen glücklichen Verlauf in ungewisser Lage.

Anders sieht es bei Ritualen aus, die einen *bestimmten* magischen Zweck erfüllen sollen. Diese Rituale stellen ein Paradox dar: Sie sollen ein unmögliches Ziel erreichen, das aber wiederum von der Einhaltung der vorgeschriebenen Handlungen abhängt. Wie kann ein Ritual aber entstehen, wenn es keinerlei Wirkung gibt, an der man es prüfen kann? Während Gelegenheitsrituale wie bei Skinners Tauben durch entsprechende Belohnung konditioniert werden, können Zaubersprüche, Zauberrituale oder Fruchtbarkeitsrituale nicht auf diese Weise entstehen, weil eine Belohnung nicht in Sicht ist. Das Ergebnis eines Rituals zur Steigerung des Ernteertrages wird, wenn überhaupt, erst nach Monaten sichtbar. In der Zwischenzeit geschehen auch viele andere Dinge, die aber niemand mit einer ertragreichen Ernte in Verbindung bringt.

Warum aber entwickelt sich gerade eine bestimmte Zeremonie und keine andere? Alle Völker kennen traditionelle Rituale, die zum Zusammenhalt der Gemeinschaft beitragen sollen und die deshalb niemand in Frage stellt. Aber irgendwie müssen sie ja entstanden sein. Jeder kann ein magisches Ritual erfinden, aber es wird sich in einer Gemeinschaft kaum ausbreiten. In der Zeichentrickserie »Peanuts« sitzt der kleine Linus van Pelt jedes Jahr in der Halloween-Nacht einsam auf einem Kürbisfeld, weil er die Ankunft des Großen Kürbis erwartet, der – ähnlich wie der Weihnachtsmann – den Kindern Geschenke bringen soll. Außer ihm selbst mag aber niemand daran glauben, und alle seine Bekehrungsversuche gehen ins Leere.

Einige Studien zeigen, dass anerkannte Fachleute und Menschen mit einem hohen Rang in der Gesellschaft einen ungeheuren Einfluss auf die öffentliche Meinung ausüben. Wenn beispielsweise ein Pfarrer und ein Stadtrat zum Schutz vor der im Land wütenden Seuche eine Pestprozession vorschlugen, folgten ihnen die Menschen. In Bingen hat sich die 1666 erstmals abgehaltene Bittprozession zur Rochuskapelle zu einem alljährlichen Ritual entwickelt. Rochus von Montpellier gilt als Schutzpatron der Pestkranken.

Auch Magie verlangt Expertise, sonst wirkt sie nicht. Wenn Sie oder ich in eine Kristallkugel schauen, sehen wir allenfalls unser verzerrtes Spiegelbild. Wenn aber die Wahrsagerin in die Kugel blickt, weiß sie lauter interessante Dinge zu erzählen. Für mich ist Kaffesatz Kaffeesatz und sind Teeblätter Teeblätter. Der Experte aber liest daraus für seine Kunden eine schmeichelhafte Zukunft.

Ein magisches Ritual kann, muss aber nicht, Elemente der Ähnlichkeitsmagie oder der Übertragungsmagie enthalten. Ein Zauberkundiger kann bespielsweise für einen Liebeszauber eine Locke der Angebeteten verlangen – oder er greift in sein Regal und holt einen fertigen Trank hervor. Letztlich sind magische Rituale ganz banale Handlungsfolgen. Wichtig ist nur, was wir uns dabei denken.

Fremdartige Rituale

Religiöse und magische Rituale wechseln zuweilen ihre Bedeutung, während die Form erhalten bleibt. Sie nehmen neue Teile auf und vergessen dafür alte, so dass die Form und der Inhalt sich im Laufe der Zeit immer weiter voneinander entfernen. Irgendwann wissen selbst die Teilnehmer nicht mehr, warum sie bestimmte Dinge sagen oder tun und erfinden rückwirkend eine neue Bedeutung. So müssen wir uns nicht wundern, wenn Anthropologen von bizarren und unverständlichen Ritualen bei fremden Völkern berichten. Nehmen wir beispielsweise an, Ihnen fällt das folgende Fragment eines wissenschaftlichen Artikels in die Hände:

»... *Die Idee des getöteten und wiederauferstandenen Gottes ist aus der Zeit der Entstehung des Gründungsmythos für eine Reihe von Mysterienkulten belegt. Sie symbolisiert das Absterben der Natur im Winter und ihre triumphale Wiedergeburt im Frühling. In der hier beschriebenen Religion vermischt es sich mit dem ebenfalls gut belegten Sündenbockritus, bei dem einmal im Jahr ein Ziegenbock mit den Sünden der Menschen beladen in die Wüste gejagt wird. Die Schriften der Religion betonen allerdings, dass der Gott (der als vergöttlichter Prophet, bzw. als Gott in menschlicher Gestalt beschrieben wird) die Sünden freiwillig auf sich genommen habe. Mit seinem – sehr schmerzhaften – Opfertod und dem Wiedererstehen sind die Sünden getilgt. Die Verschmelzung dieser beiden Riten erklärt sich vermutlich aus der Herkunft des vergöttlichten Propheten aus einem Volk mit einem schriftlich niedergelegten und religiös begründeten rigorosen Moral- und Verhaltenskodex.*

Das Fest des Todes und der Neuerstehung wird am ersten geeigneten Tag nach dem ersten Vollmond im Frühling gefeiert, was auf eine Vereinigung eines frühen Mondkalenders mit dem für bäuerliche Kulturen bedeutenderen Sonnenkalender deutet. Der richtige Tag für die Feier wird nach einem fortlaufenden siebentägigen Rhythmus berechnet. Nur der erste – oder nach anderer Zählung siebente – Tag kommt für die Feier in Frage. Neben der jährlichen Zeremonie schreibt der Ritus auch eine Feier im siebentägigen Rhythmus vor. Dabei erscheint der Gott persönlich, herbeigerufen durch den Priester, dem mit der Priesterweihe außerordentliche Kräfte verliehen wurden. Genauer gesagt erscheint sein Leib und sein Blut, das jeweils den Platz eines dafür eigens vorgesehenen Brotes bzw. Weins einnimmt. Das Brot wird hinterher an die Gemeinde ausgeteilt und gegessen, den Wein trinkt der Priester (vereinzelt wird auch der Wein ausgeteilt). Die Verwand-

lung ist auf keine Weise nachweisbar, Aussehen und Struktur von Wein und Brot ändern sich nicht, doch das körperliche Erscheinen des Gottes gilt als Glaubenssatz. In den kommentierenden Schriften der Religionslehrer wird es unter anderem damit erklärt, dass alles, was existiert, aus einem inneren Wesen und einem auswechselbaren Äußeren besteht. Beim Erscheinen des Gottes verändert sich das Wesen von Brot und Wein, nicht aber das – dafür unerhebliche – Äußere. Offenbar ändert sich auch die alkoholische Wirkung des Weins auf den Priester nicht. Nach glaubhaften Äußerungen von Teilnehmern zeigt der Priester nach mehreren Ritualfeiern hintereinander deutliche Spuren des Weingenusses. Trotzdem wollen auch die meisten Teilnehmer der Riten von dem Glaubensgrundsatz der wirklichen Anwesenheit des Gottes nicht abrücken. […]«

Sie haben es wahrscheinlich erkannt: Der Text gibt eine Beschreibung des katholischen Gottesdienstes wieder. Die katholische Kirche nennt die Wandlung (Transsubstantiation) von Brot und Wein in den Leib und das Blut Christi ein *Mysterium Fidei*, ein Geheimnis des Glaubens. Verschiedene evangelikale Freikirchen und die orthodoxe Kirche glauben ebenfalls an diese Umwandlung. Faktisch agiert der Priester dabei als Magier: Er gibt vor, mittels eines Rituals die Wirklichkeit zu verändern.

Ich möchte mich an dieser Stelle nicht mit dem christlichen Glauben an sich auseinandersetzen, es geht nur um die vermeintlich magische Wirkung eines religiösen Rituals. Der moderne Mensch ist stolz darauf, nicht an Zauberei zu glauben. Das überlässt er den primitiven Völkern, die er natürlich nicht so nennt, er spricht von Naturvölkern oder, wenn er studiert hat, von *indigenen* (eingeborenen) Völkern. Das ändert nichts daran, dass er ihren Aberglauben mit einer gewissen Herablassung zur Kenntnis nimmt. Der Anthropologe Pascal Boyer erwähnte einmal bei einem Dinner in Cambridge, dass der Stamm der Fang in Kamerun glaube, Zauberer verfügten über ein besonderes Organ, mit dem sie nachts fliegen könnten und allerlei Schäden anrichteten. Ein christlicher

Theologe erwiderte sinngemäß: »Das Interessante an Ihrem Fach, der Anthropologie, ist, dass Sie erklären müssen, wie Menschen solchen Unsinn glauben können.« (Zitiert nach Dawkins, *The God Delusion*)

Offenbar glauben Menschen nicht an die magische Wirkung von Ritualen allgemein, sondern sie unterscheiden genau: Manche Rituale, durchgeführt von eigens dazu ermächtigten Personen, haben magische Wirkung. Alles andere ist bizarrer Unsinn und kann nicht funktionieren. Menschen erlauben die Überschreitung der Grenzen der alltäglichen Erfahrung nur in ganz bestimmten Bereichen. Das Heilige hat ebenso seine Regeln wie das Profane. Der polnische Anthropologe Borislaw Malinowski hat bei seinen Feldforschungen auf den Trobriand-Inseln in der Südsee verwundert und beeindruckt festgestellt, dass die Insulaner in einigen Lebensbereichen mit nüchterner, fast wissenschaftlicher Genauigkeit arbeiten, während es andererseits Sitten und Gebräuche gibt, »die den Eingeborenen heilig sind und die sie mit Ehrfurcht einhalten«. Er schrieb weiter:

> *»Solche Sitten und Gebräuche sind immer mit dem Glauben an übernatürliche Kräfte verbunden, vor allem an die Kräfte der Magie, oder mit Vorstellungen von Dämonen, Gespenstern, Geistern Verstorbener oder Gottheiten. Andererseits zeigt eine kurze Überlegung, dass keine auch noch so primitive Form von Jagd, Fischerei, Ackerbau oder Nahrungssuche ausgeübt werden konnte, ohne sorgfältige Beobachtung der Naturvorgänge und ohne festen Glauben an ihre Gesetzmäßigkeit, ohne die Fähigkeit, vernunftgemäß zu denken, und ohne Vertrauen in die Macht der Vernunft, das heißt, ohne die ersten Ansätze von Wissenschaft.«*

Das gilt auch in unserer modernen Gesellschaft, nur verlaufen die Grenzen bei uns anders als bei den Einwohnern der Trobriand-Inseln.

Ekstatische Rituale: Das Ritual als unmittelbares Erleben des Übernatürlichen

Rituale sollen bestimmte Gefühle hervorrufen, ein Gefühl der Gemeinsamkeit bei Dorffeiern, der Freude bei Hochzeiten, der Trauer bei Beerdigungen. Aber alle Teilnehmer sind stets bei vollem Bewusstsein, eingeschränkt allenfalls durch einen zunehmenden Alkoholrausch.

Ganz anders die *ekstatischen* Rituale, bei denen die Teilnehmer versuchen, einen veränderten Bewusstseinszustand zu erreichen. Dazu verwenden sie ganz unterschiedliche Methoden, wie zum Beispiel wochenlanges Fasten, rhythmische Tänze und rhythmische Gebete oder bewusstseinsverändernde Drogen. Die Teilnehmer wollen im Ritual ihren Glauben nicht nur bekräftigen, sie wollen ihn erleben, die Gegenwart eines höheren Wesens fühlen, ihr eigenes Ich hinter sich lassen und mit dem Universum verschmelzen.

Die Schamanen

Schamanismus im engeren Sinne ist bei den Völkern Sibiriens und Zentralasiens verbreitet und seit der Bronzezeit belegt. Möglicherweise zeigen bereits die Höhlenbilder der europäischen Steinzeit schamanische Rituale, aber darüber kann man heute nur noch spekulieren. Das schamanische Weltbild geht von einer Teilung der Welt in drei oder mehr Sphären aus, von denen die mittlere diejenige der alltäglichen Erfahrung ist. Darüber und darunter liegen die Oberwelt und die Unterwelt, die von Geistern bewohnt werden. Mit ihren tiergestaltigen Hilfsgeistern unternehmen die Schamanen in der Ekstase Seelenreisen in die Geisterwelten. Auf diese Weise erhalten sie die Macht der Heilung, der Wahrsagung und der Ausübung magischer Kräfte. Krankheiten, Konflikte oder Misserfolge bei Jagd und Ernte führt der Schamane auf eine

Störung in der Geisterwelt zurück, die er durch entsprechende Verhandlungen mit der zuständigen Wesenheit beheben kann.

Die Pfingstbewegung

Im Schamanismus nimmt nur der Schamane in seiner Ekstase die Geister unmittelbar wahr. Er spricht mit ihnen stellvertretend für seinen Stamm. In der christlichen Pfingstbewegung dagegen soll jeder Gläubige selbst Gott erfahren. Sie leitet ihren Namen vom Pfingstereignis ab, der Grundlage des Pfingstfestes. In der Apostelgeschichte wird das so geschildert:

> *»Und es erschienen ihnen [den Aposteln] Zungen wie von Feuer, die sich verteilten; auf jeden von ihnen ließ sich eine nieder. Alle wurden mit dem Heiligen Geist erfüllt und begannen, in fremden Sprachen zu reden, wie es der Geist ihnen eingab.« (Apostelgeschichte 2,3–2,4)*

Die Zuhörer sollen erstaunt gewesen sein, dass sie alle plötzlich die Apostel in ihrer jeweiligen Heimatsprache reden hörten. Petrus hielt eine feurige Rede und bekehrte gleich dreitausend Menschen. Später am Nachmittag heilte er einen Gelähmten und hielt eine weitere Rede vor dem Tempel und bekehrte weitere zweitausend Menschen. Das brachte die Priester und Schriftgelehrten gegen ihn auf, und so nahmen die Tempelwächter ihn und seinen Begleiter Johannes in Haft. Am nächsten Morgen mussten die Schriftgelehrten und Priester die beiden wieder ziehen lassen, weil ihnen eigentlich nichts vorzuwerfen war. Sie forderten lediglich, Petrus und Johannes sollten das Predigen unterlassen, was sie mit großer Geste ablehnten. Dann gingen sie zu ihren Leuten zurück und beteten zusammen.

> *»Als sie gebetet hatten, bebte der Ort, an dem sie versammelt waren, und alle wurden mit dem Heiligen Geist erfüllt, und sie verkündeten freimütig das Wort Gottes.« (Apostelgeschichte 4,31)*

Die Pfingstbewegung nimmt diese (und andere) Bibelzitate wörtlich: Sie feiert die Gottesdienste mit Gesängen und Tänzen, wobei ekstatische Zustände ausdrücklich erwünscht sind. Wenn jemand in Zungen redet und von Visionen überwältigt wird, so sieht die Gemeinde das als Zeichen, dass der Heilige Geist ihn erfüllt hat. Die Pfingstbewegung und verwandte Strömungen werden auch als charismatische Bewegung bezeichnet. Dabei steht der Begriff Charisma für die Gaben, die der Heilige Geist an fromme Christen verteilt. Dazu gehört eben das Zungenreden, aber auch Krankenheilungen, Erkenntnis, Wundertaten oder Zukunftswissen.

Was ist überhaupt Zungenreden oder, wie der Fachausdruck lautet: *Glossolalie*? Anders als die Apostelgeschichte nahelegt, handelt es sich nicht um die plötzliche Beherrschung von Fremdsprachen. Vielmehr stammeln die Zungenredner unverständliche Silben, die hinterher ausgelegt werden müssen. Die Wortfetzen sind Bestandteile ihrer eigenen Sprache, so dass Russen anders zungenreden als Amerikaner. Die Betroffenen haben stets das sichere Gefühl, die Laute stammten nicht von ihnen, sondern seien ihnen von außen eingegeben. Und sie sind überzeugt, dass die ihnen selbst unverständlichen Worte von großer Bedeutung sind. Das Phänomen ist aus den verschiedensten Religionen bekannt und keineswegs eine exklusive Leistung des Heiligen Geistes der Christen. Der Theologieprofessor Walter Hollweger spricht von einer atmosphärischen Sprache, »ähnlich wie Singen, Tanzen, Schweigen oder Träumen« und erklärt damit, dass die Zungenredner im Allgemeinen wenig Verständliches äußern. Er fährt fort: »Zungenreden ist ein linguistisches Symbol des Heiligen. Die Zungenrede sagt: Gott ist hier ...«

Hier verkörpert das Ritual bereits die Magie, es muss nicht ausgelegt werden, sondern zeigt direkt die Anwesenheit eines höheren Wesens. Die Pfingstbewegung und verwandte charismatische Bewegungen sind der am schnellsten wachsende Zweig des Christentums: Seit ihren Anfängen zu Beginn des zwanzigsten Jahrhunderts haben sie nach vorsichtigen Schätzungen ca. 400 Millionen Anhänger gefunden, viele davon in Afrika, wo die Pfingstbewegung sehr aggressiv missioniert. Ekstatische religiöse Erlebnisse waren dort nicht ungewöhnlich, afrikanische Götter pflegen des Öfteren von Gläubigen Besitz zu ergreifen. In Deutschland hat die Pfingstbewegung nicht mehr als ca. 300 000 Anhänger, also weniger als 0,5% der Bevölkerung. Viele Mitglieder der Gemeinden bestehen auf einer wörtlichen Auslegung der Bibel: Wenn das Pfingsterlebnis wörtlich zu nehmen ist, muss auch der übrige Text richtig sein, so argumentieren viele von ihnen. Das ist natürlich Unsinn, die Glossolalie beweist nicht die buchstäbliche Wahrheit des biblischen Pfingsterlebnisses. Und selbst wenn die Bibel es korrekt beschrieben hätte, müssten damit die übrigen Teile nicht unbedingt richtig sein.

Die Mehrzahl der Gemeinden oder Zusammenschlüsse glaubt trotzdem unbeirrt an die Schöpfungsgeschichte und lehnt die Evolutionstheorie ab. Durch und durch amerikanisch erscheint uns die Idee vieler Pfingstgemeinden, dass Reichtum und Gesundheit als Gottesgaben zu betrachten sind, die Gott seinen Auserwählten sozusagen als Vorgriff auf das Paradies schon im Diesseits zukommen lässt. Wer reich ist, hat Gottes Segen, und wer arm ist, von dem hat Gott sich abgewandt und lässt es ihn spüren. Eine ähnliche Auslegung findet sich schon im Calvinismus, der auf den französischen Reformator Johannes Calvin (1509-1564) zurückgeht.

Ekstase und Zungenreden aus medizinischer Sicht

Sind das Gefühl göttlicher Nähe, Glossolalie oder die wunderbare Krankenheilung tatsächlich sichere Zeichen für die allumfassende Anwesenheit eines Gottes, oder gibt es andere Erklärungen?

Der Radiologe Andrew Newberg wollte es genau wissen und überprüfte die Veränderungen in der Hirndurchblutung bei fünf Frauen mit Glossolalie aus einer Pfingstgemeinde. Er fand, dass der hinter der Stirn gelegene präfrontale Cortex während der Glossolalie deutlich schlechter durchblutet wird, also weniger aktiv ist. Genau dieser Bereich aber vermittelt dem Bewusstsein das Gefühl, die eigenen Handlungen zu kontrollieren. Offenbar schalten die Menschen beim Zungenreden diesen Bereich ab und überlassen das Reden den mehr oder weniger ungerichteten Impulsen des Unbewussten.

Mystiker aller Religionen vermögen das Gefühl göttlicher Nähe oder der Verschmelzung des Ich mit dem Universum nach jahrelanger Übung auch willentlich hervorzurufen. Das hat übrigens nichts mit Geisteskrankheiten zu tun, im Gegenteil, verschiedene Untersuchungen haben gezeigt, dass Menschen mit mystischen Erlebnissen und solche, die von Glossolalie heimgesucht werden, eher normaler reagieren als der Durchschnittsmensch.

Bei Patienten mit Epilepsien im rechten oder linken Schläfenlappen des Gehirns können ebenfalls Erscheinungen, Visionen und Gefühle auftreten, die an eine religiöse Ekstase erinnern. Die norwegischen Ärzte Bjørn Åsheim Hansen and Eylert Brodtkorb haben im Jahre 2003 elf Fälle mit eindrucksvollen Symptomen zusammengetragen. Eine Patientin berichtete, dass ihre Anfälle damit begannen, dass sie den Geruch von Sägemehl wahrnahm. Dann sah sie ein typisches, immer gleiches Bild von sich selbst als Kind in einer Überlagerung ihrer Wahrnehmung der Wirklichkeit. Ihr Großvater, den sie sehr mochte, kam auf sie zu und versuchte ihr eine Botschaft zu übermitteln, die sie aber niemals festhalten konnte. Die Szene war von einem intensiven Gefühl der Freude begleitet, dass sie so lange wie möglich erhalten wollte. Manchmal konnte sie den Anfall selbst hervorrufen, wenn sie sich an den Geruch von Sägemehl erinnerte. Die Erscheinungen verfolgten sie seit ihrer Kindheit, aber erst im Alter von 39 Jahren, als ein Krampfanfall hinzukam, wurde die Diagnose Epilepsie gestellt. Unter einer Therapie mit entsprechenden Medikamenten verschwanden Krampfanfälle und Erscheinungen.

Eine andere Patientin hatte während der Anfälle das Gefühl, in zwei Welten zu sein. Sie hörte eine fremdartige, unirdische Melodie, während sie gleichzeitig die normale Welt weiterhin wahrnahm. In ihrer Vorstellung begegnete sie einer weisen Frau, die ihr ohne Worte den höchsten Zweck ihres Daseins mitzuteilen versuchte. Sie bekam nie heraus, was es war, aber es hatte mit Kindern zu tun. Sie fühlte jedoch, dass die Botschaft von allerhöchster Bedeutung war. Manchmal setzte sie die Dosis ihrer Medikamente herab, um die Anfälle erneut ausbrechen zu lassen und die Botschaft endlich zu verstehen.

Die meisten der befragten Patienten bezeichneten die Erlebnisse während ihres Anfalls als »unbeschreibliches Wohlgefühl«. Sie seien im Grunde mit Worten überhaupt nicht zu fassen.

Das Phänomen der epileptischen Ekstase ist lange bekannt, und ebenso lange wird diskutiert, ob es nicht maßgeblich zum Entstehen der Religionen beigetragen hat. Epilepsien sind vergleichsweise häufig, etwa fünf Prozent aller Menschen erleiden im Laufe ihres Lebens wenigstens einen Anfall. Der berühmte griechische Arzt Hippokrates wandte sich schon vor 2500 Jahren scharf gegen die damals verbreitete Interpretation der Epilepsie als Besessenheit. Er schrieb sie stattdessen einem Schleimstau zu, der sich krampfartig zu entleeren suche. Im christlichen Mittelalter hingegen galt die Epilepsie nicht als Krankheit, sondern als übernatürliches Phänomen. In der ersten Hälfte des 14. Jahrhunderts gab John von Gaddesden, der Leibarzt des englischen Königs Edward II., folgende Therapieempfehlung: Man möge über einem Epileptiker die Evangelien zitieren und ihn dabei mit Pfingstrosen- und Chrysanthemenamuletten schmücken oder mit Haaren eines weißen Hundes versehen.

Auch das Damaskus-Erlebnis des Apostels Paulus kann durchaus als epileptischer Anfall interpretiert werden. In der Apostelgeschichte heißt es:

»Unterwegs aber, als er sich bereits Damaskus näherte, geschah es, dass ihn plötzlich ein Licht vom Himmel umstrahlte. Er stürzte zu Boden und hörte, wie eine Stimme zu ihm sagte: Saul, Saul,

warum verfolgst du mich? Er antwortete: Wer bist du, Herr? Dieser sagte: Ich bin Jesus, den du verfolgst. Steh auf und geh in die Stadt; dort wird dir gesagt werden, was du tun sollst. Seine Begleiter standen sprachlos da; sie hörten zwar die Stimme, sahen aber niemand. Saulus erhob sich vom Boden. Als er aber die Augen öffnete, sah er nichts. ... Und er war drei Tage blind und er aß nicht und trank nicht.«

Haben die zungenredenden Menschen in den Messen der Pfingstgemeinden epileptische Anfälle? Der amerikanische Psychologe Michael Persinger entwickelte in den achtziger Jahren des zwanzigsten Jahrhunderts die vielbeachtete Hypothese, religiöse Ekstase und mystische Vereinigungserlebnisse könnten durch eine Art Mikroepilepsie im Schläfenlappen ausgelöst werden. Weil manche Menschen dafür anfälliger sind als andere, kommen diese Erscheinungen nicht bei allen Menschen vor.

In jedem Fall können schnelle rhythmische Musik, rhythmisches Tanzen, aber auch exzessives Fasten und Meditieren das Gehirn aus dem Gleichgewicht bringen. Es produziert dann falsche Eindrücke, ähnlich einer Kamera, auf deren Linse direktes Sonnenlicht fällt. Ein ekstatischer Zustand ist also eine Fehlreaktion des Gehirns unter bestimmten künstlichen Bedingungen. Daraus lässt sich weder Wahrheit noch Unwahrheit schließen.

Ekstase ist eine provozierte kurzfristige Fehlfunktion des Gehirns. Sie unterstützt zwar magisches Denken, hat aber keinen nachweisbaren Einfluss auf die geistige Gesundheit. Überhaupt lässt sich bislang nicht nachweisen, dass magisches Denken eine Neigung zu psychischen Störungen oder Krankheiten fördert. Deshalb werde ich im folgenden Kapitel die Frage einmal umdrehen: Erzeugen oder verstärken bestimmte psychische Krankheiten das magische Denken? Oder haben die oft bizarren Ideen von psychisch Kranken mit magischem Denken im eigentlichen Sinne nichts zu tun?

4 Geisteskrankheit und magisches Denken

Wilhelm Steinitz (1836–1900) wird in den Annalen des Schachspiels als erster anerkannter Weltmeister geführt. Seine Karriere wurde ihm nicht in die Wiege gelegt, ebenso wenig sein Ende in einer Nervenheilanstalt in New York. Er wuchs in Prag als neuntes von dreizehn Kindern eines armen Schneiders auf. Schon als Kind galt er als einer der besten Schachspieler seiner Geburtsstadt, und während seines Studiums in Wien verdiente er gutes Geld als Kaffeehausspieler. Ab 1862 lebte er als Berufsschachspieler in London. Damals wollte das Publikum auf dem Brett Dramatik sehen, gewagte Figurenopfer, heldenhafte Verteidigungen und geniale Züge in höchster Bedrängnis. Steinitz beherrschte diese als »romantische Schule« bekannte Spielweise perfekt. Im Laufe der Zeit aber entwickelte er eine kühle und analytische Art des Schachspiels. Ohne Hast baute er seine Stellung aus, bevor er mit überlegenen Kräften den Angriff auf die schwächste Stelle des Gegners begann. Seine »moderne Schule« des Schachs setzte auf genaues Stellungsspiel und das Ausnutzen kleinster Schwächen. 1886 spielte er gegen den brillianten polnischen Schachspieler Johannes Hermann Zukertort um die erstmals ausgeschriebene Weltmeisterschaft. Zukertort unterlag deutlich. Erst elf Jahre später gelang es dem 25 Jahre alten Deutschen Emanuel Lasker, ihm den Titel wieder abzunehmen. Steinitz verlangte einen Rückkampf – und bekam ihn zwei Jahre später in Moskau. Der nunmehr 60-Jährige war aber den Strapazen nicht mehr gewachsen. Er unterlag deutlich. Direkt danach, noch in Moskau, erklärte er plötzlich, ein Verfahren erfunden zu haben, um allein durch Gedankenübertragung zu telefonieren. Man brachte ihn in eine Nervenheilanstalt, wo er einige Wochen bleiben musste. Bis zu seinem Tode erholte er sich nicht mehr vollständig. Seine Wahnvorstellungen gingen zurück, aber sie verschwanden nie ganz. Zeitweilig meinte er, elektrische Ströme auszustrahlen und allein auf diese Weise Schachfiguren bewegen zu können. Zum Schluss, so will es eine oft zitierte Legende, soll er Gott selbst zu einem Schachspiel herausgefordert haben. Sogar einen Bauern wollte er ihm vorgeben. Kurz darauf starb Steinitz in einer New Yorker Nervenheilanstalt.

Steinitz' Schachspiel war ein Muster an zurückhaltender Vernunft, er neigte kaum zu magischem Denken. Die Vorstellungen von übernatürlicher Telefonie oder von elektrischen Strömen in seinem Körper waren seinem Wesen eigentlich fremd. Sie entsprangen seiner Geisteskrankheit, vermutlich einer Schizophrenie. Im 19. Jahrhundert wurden die verschiedenen Arten psychischer Störungen nicht genau unterschieden, so dass die Mediziner heute nur vermuten können, unter welcher Krankheit Steinitz gelitten hat.

Das magische Denken bei Gesunden folgt den Regeln der Informationsverarbeitung im Gehirn. Es ist deshalb – im genauen Wortsinn – nachfühlbar. Die Ideen psychisch kranker Menschen hingegen sind bizarr und gehorchen keiner nachvollziehbaren Logik. Magisches Denken im eigentlichen Sinne wird bei zwei Gruppen von psychischen Störungen als Symptom genannt: Schizophrenien und Zwangserkrankungen. Streng genommen ist das aber nur bei einer der beiden Gruppen gerechtfertigt.

Magisches Denken und Schizophrenie

Über kaum eine Krankheit bestehen in der Öffentlichkeit so falsche Vorstellungen wie über die Schizophrenie. Der allgemeine Sprachgebrauch setzt *schizophren* mit *in sich widersprüchlich, inkonsequent, zwiespältig, gegensätzlich* oder *doppelzüngig* gleich. Zum Beispiel bezeichnete die Online-Ausgabe der *Welt* am 11.4.2008 die chinesische Tibet-Politik als schizophren. Der Autor wollte damit ausdrücken, dass die Pekinger Führung jede Tibet-Berichterstattung scharf zensierte, während sie zugleich andere Kritik durchaus zuließ. Viele Menschen kennen nur diese allgemeine Bedeutung und nehmen deshalb an, dass die Persönlichkeitsspaltung das entscheidende Merkmal der Krankheit Schizophrenie sei. In Wahrheit leitete der Schweizer Psychiater Bleuler im Jahre 1911 den Begriff von einer eigenartigen Spaltung der Wahrnehmung ab, die er als wichtiges Merkmal des Krankheitsverlaufes ansah. Die Schizophrenie kommt überall auf der Welt, in allen Rassen und Kulturen mit annähernd gleicher Häufigkeit vor, sie wird also nicht durch die Besonderheiten unserer westlichen Zivilisation ausgelöst. Die Krankheit ist alles andere als harmlos, ca. 10–15% der Kranken begehen Selbstmord, viele sind auf dauerhafte Pflege angewiesen. Im Vordergrund der Symptome steht ein Zerfall der Persönlichkeit, der Gefühle, des Sozialverhaltens. Wahnerlebnisse und Halluzinationen zersetzen die Realitätswahrnehmung. Die Symptome treten bei jedem Kranken in unterschiedlicher Stärke und wechselnden Kombinationen auf. Wahn und Halluzinationen zählen zu den sogenannten positiven Symptomen, Antriebsmangel bis zur völligen Teilnahmslosigkeit und die Verflachung der Gefühle betrachtet man als negative Symptome. Die Positivsymptome lassen sich mit Medikamenten recht gut lindern, die Negativsymptome sind hingegen schwer zu beeinflussen. Etwa ein Drittel der Patienten kann nach einem oder mehreren akuten Anfällen vollständig geheilt werden, etwa die Hälfte aber bleibt auf dauerhafte Hilfe angewiesen.

Die häufigste Verlaufsform beginnt schleichend mit einem diffusen Gefühl des Unheimlichen. Ein Spannungsgefühl setzt ein, eine Ahnung von kommenden großen und schrecklichen Dingen. Bald glaubt der Kranke, alle Ereignisse der Außenwelt geschähen nur seinetwegen, alle sprächen über ihn, diskutierten seine Fehler oder beleidigten ihn absichtlich. Er wird empfindlich, meidet andere Menschen, geht nur noch unregelmäßig zur Arbeit. Irgendwann rückt die ganze Welt bedrohlich nahe, Stimmen aus dem Radio sprechen speziell zu ihm, Schaufensterauslagen geben ihm Zeichen, der Schlag der Turmuhr dringt fühlbar in seinen Kopf ein.

Beim typischen Verlauf steht jetzt der Zusammenbruch bevor, der Kranke beginnt Stimmen zu hören, die sich über ihn unterhalten, ihn beschimpfen, ihm Befehle geben. Er sieht Dinge, die nicht existieren. Ein Gebäude beginnt vor seinen Augen zu pulsieren, die Uhren am Bahnhof verändern ihren Lauf. Seine Gedanken beginnen zu rasen, können nicht mehr zu Ende gedacht werden oder, im Gegenteil, verlangsamen sich derart, dass sich eine vollkommene Leere in seinem Kopf ausbreitet. Spätestens jetzt sucht der Kranke ärztliche Hilfe, oder er wird desorientiert und hilflos in die Psychiatrie eingewiesen. Dieser Verlauf ist zwar häufig, aber nicht der einzig mögliche. Es kann auch fast schlagartig das Vollbild des Wahns und der Halluzinationen einsetzen. Die Wahnideen sind oft von starken Gefühlen begleitet und von außen nicht nachvollziehbar.

Kennzeichnend für die Schizophrenie ist der Zerfall der geistigen Ordnung. In der akuten Phase löst sich der Zusammenhalt des Denkens mehr oder weniger auf. Die Kranken verlieren manchmal zwischen Anfang und Ende eines Satzes den Faden, im Extremfall können sie nicht einmal einzelne Worte zu Ende sprechen. Der österreichische Psychiater Leo Navratil hat viele Beispiele des Sinnverfalls bei Schizophrenie zusammengetragen und veröffentlicht. So schrieb einer seiner Patienten:

»Nächsterhaben vollendet ist irgendwie der Traumzustand das gegebene welches noch als Einsatz ins Hasardwirken geboten wird – Es ist wahrscheinlich anzunehmen das der Traum das eigentliche Planwirken des Menschen ist.«

In der Schizophrenie zerfallen die Bedeutungen und Begriffe, alles zerfließt und verfestigt sich auf unvorhersehbare Weise. Dabei entsteht oft ein *Scheintiefsinn*, wie Navratil es nennt. Ein Beispiel:

»Die Sprache ist der mutterhafte Urgrund der Seele und die jenseitige Abgründigkeit des Geistes, die ihm den ewigen Abschied gibt.«

Erst nach mehrfachem Lesen merkt man, dass dieser eindrucksvolle Satz keinen nachvollziehbaren Inhalt hat. Mit den Ideen Schizophrener verhält es sich ähnlich wie mit der Sprache: Sie erscheinen auf den ersten Blick neuartig und kreativ, tatsächlich aber geben sie nur zufällige Assoziationen wieder. Für den Kranken sind seine Vorstellungen Realität, er spielt nicht etwa mit kreativen Konzepten, er erlebt vielmehr eine unheimlich und bedrohlich verzerrte Außenwelt. Ein Gesunder kann beispielsweise daran glauben, dass im Himalaya ein Schneemensch lebt; ein Schizophrener aber *weiß*, dass es ihn gibt und dass er sich im Keller verbirgt, wo er die Heizung sabotiert, weshalb der Kranke ständig friert.

Magisches Denken sieht anders aus. Es folgt bestimmten Regeln, die sich aus der Struktur des menschlichen Gehirns ergeben. Die Welt des Schizophrenen aber besteht aus zusammengewürfelten Versatzstücken der Wahrnehmung und des Gedächtnisses, die wie in einem langsam rotierenden Kaleidoskop immer neue schillernde Formen bilden. Bei länger bestehender Schizophrenie kann sich der Wahn verfestigen, das Kaleidoskop also zum Stillstand kommen. Die Kranken schreiben dann z.B. lange Traktate darüber, dass sie in der Anstalt von gesichtslosen Männern oder von nächtlichen Besuchern verfolgt werden. Der Wahn kann auch religiöse Züge annehmen. So können Schizophrene zu der Überzeugung gelangen, dass Gott ihnen die Erlösung der Welt aufgetragen habe oder der Teufel ihnen Gedanken einimpft oder gar durch ihren Mund spricht. Mit dem magischen Denken, wie es dieses Buch erklärt und beschreibt, hat das nichts zu tun. Dessen Gesetze leiten sich aus dem ungestörten Ablauf normaler Denkprozesse ab, die aber in der Schizophrenie schwer gestört sind.

In der Antike betrachtete man Geisteskranke als von den Göttern erleuchtet oder gestraft, wenn sie bizarre Visionen herausschrien oder mit aller Überzeugung tiefsinnig erscheinenden Unsinn predigten. Die Menschen vermuteten in den gelehrt, mystisch oder prophetisch klingenden Sätzen der Kranken geheime Weisheiten der Götter, was ihnen die selbsternannten Propheten auch gerne bestätigten. Das wiederum stützte den allgemeinen Glauben an unsichtbare Mächte, die in das Leben der Menschen eingreifen und zuweilen einige davon zu ihrem Sprachrohr machen.

Auch unsere aufgeklärte Zeit hat ihre geisteskranken Propheten. Im November 2007 zog sich in der Nähe des russischen Dorfs Nikolskoje eine Gruppe von religiösen Fanatikern in ein selbstgegrabenes Höhlensystem zurück, um dort den Weltuntergang zu erwarten. Ihr Anführer war der schizophrene Prediger Pjotr Kusnezow, der es allerdings vorzog, nicht mit seinen Schäfchen unter die Erde zu kriechen. Etwa vier Jahre zuvor hatte er begonnen, wirre religiöse Traktate zu schreiben. Er soll seine Frau und seinen Sohn gezwungen haben, seine Schriften im Chor aufzusagen, bis sie schließlich flüchteten.

Er begann Anhänger um sich zu scharen und sagte schließlich für Mai 2008 den Weltuntergang voraus. 35 seiner Anhänger verbargen sich unter der Erde, um dieses einschneidende Ereignis zu überleben. Monatelang ließen sie sich nicht überreden, aus ihrem Versteck herauszukommen. Derweil brachten die Behörden den Sektengründer Kusnezow in eine Anstalt. Dort pflegte er das Personal und die Patienten mit nächtlichen Gesängen in einer »heiligen, geheimen« Sprache zu traktieren, bis er im Januar von anderen Insassen Prügel bezog. Später wurde er mit der Auflage, seine Gemeinde zur Aufgabe zu überreden, zeitweilig entlassen. In das Höhlensystem war Wasser eingebrochen, und die Menschen waren in Gefahr zu ersticken oder zu ertrinken. Anfang April hielten noch elf von 35 die Stellung, die anderen hatten den ungesunden Erdbunker verlassen. Anfang April meldeten die Agenturen dann, dass Pjtor Kusnezow versucht hatte, sich umzubringen. Er habe, so hieß es, seinen Kopf auf einen Baumstumpf gelegt und dann mit einem Holzscheit darauf eingeschlagen. Er soll jedoch überlebt haben. Eine Anhängerin sprach daraufhin von der »Auferstehung des Propheten«. Erst im Mai verließen die letzten Gläubigen ihr Versteck.

Zwangserkrankungen und magisches Denken

Es war einmal ein Bankangestellter, wir wollen ihn B. nennen. Schon als Kind liebte B. den Umgang mit Zahlen, und so führte ihn sein Berufsweg fast notwendig zu einer Bank in die Lehre. Es machte ihm Freude, die Zahlen in Kolonnen antreten zu lassen, sie zu addieren, zu subtrahieren oder zu multiplizieren und dann zu entlassen. Er zählte gerne, denn was sich zählen lässt, muss man nicht verstehen. Er irrte sich nie – Rechnung und Gegenrechnung ergaben immer den gleichen Wert, und das war für ihn eine Quelle tiefer Befriedigung. Die Bank beförderte ihn zum Kassierer, und zu seiner Zeit, in den achtziger Jahren des letzten Jahrhunderts, war das ein verantwortungsvoller Posten. Er heiratete, und bald hatte er zwei Kinder und ein Reihenhaus. Der Geldautomat und die chipbestückte EC-Karte hatten sich noch nicht durchgesetzt, man zahlte in bar. Zweimal täglich brachten die Lehrjungen der Einzelhändler das eingenommene Geld zur Bank, und B. zählte es nach. Und wenn der Betrag nicht mit dem auf dem Zettel des Lehrjungen übereinstimmte, zählte er erneut, langsam und genau, und nie lag der Fehler bei ihm. Dann korrigierte er höflich den Betrag auf dem Zettel und reichte ihn tief befriedigt an den Jungen zurück.

So hätte er alt werden können, aber dann kam der Tag, als sein Paradies zerbrach. Zuerst war es nur ein feiner Riss. Eines Abends, bevor er die Kasse schloss, sah er ein Geldbündel, das ihm zu dünn erschien. Waren etwa zu wenig Scheine darin? Er erschrak und zählte nach: Nein, der Betrag stimmte.

In den nächsten Wochen misstraute er seiner Wahrnehmung und begann des öfteren, Geldbündel zu überprüfen. Während seiner ganzen Zeit als Kassierer hatte es nie eine Differenz gegeben, und so sollte es auch bleiben. Was würde man von ihm denken? In den folgenden Monaten stieg seine Anspannung, er zählte konzentriert wie nie, aber die Angst vor einer Kassendifferenz blieb, nein, sie stieg an, obwohl er nie einen Fehler machte. Dann kam der Tag, als er den Kassenschluss nachzählen musste; er traute sich nicht aus der Bank, ehe er jeden Pfennig neu erfasst hatte. Man würde ihn entlassen, wenn er sich verzählte. Und was sollte dann aus seiner Familie werden? Sein Haus war nicht abbezahlt, seine Kinder noch in der Schule. Der Druck schlug ihm auf den Magen und engte ihm die Brust ein. Sein Arzt verschrieb ihm Valium, aber das half nur kurze Zeit, dann war die Angst wieder da. Ab und zu meldete sich die Stimme der Vernunft und sagte ihm, er möge seinen Chef um Versetzung bitten, und schließlich entließ die Bank niemanden wegen einer einzigen Differenz im Kassenabschluss. Er nahm mehrere Anläufe, aber er traute sich nicht. Würde sein Chef ihn mitleidig ansehen und sagen: »Lieber Herr B., wenn Sie Ihrem Job nicht gewachsen sind, können wir Sie nicht gebrauchen.«

So sagte er nichts, brauchte aber mehr Valium. Der Arzt redete ihm ins Gewissen, B. hörte nicht zu, er ließ die Predigt stumm über sich ergehen, damit er nur bald sein Rezept bekam. Dann erklärte seine Frau, sie ertrage sein Jammern nicht mehr. Über nichts als Hirngespinste von Fehlern und Ruin könne er reden – er, der sich nie verrechnete, der alles stets an seinen Platz legte und die Preise im Supermarkt besser kannte als sie.

B. ging zu seinem Arzt und erklärte ihm, dass er keinen Ausweg mehr wisse. Der Arzt erschrak, denn ein Patient, der sich umbrachte, war schlecht fürs Geschäft und eine Belastung fürs Gewissen. B. wollte sich ihm nicht anvertrauen, und so überwies er ihn in die Neurologie des Stadtkrankenhauses, denn in eine Psychiatrie wollte B. unter keinen Umständen.

Erst im Krankenhaus, weit weg von seiner Arbeit und seinen Sorgen, erzählte er einer jungen Ärztin zum ersten Mal sein ganzes Elend. Und erst dort erfuhr er, dass sein Leiden einen Namen hat: Zwangsstörung. Und dass allein in Deutschland mehr als eine Million Menschen darunter leiden. Vier Wochen blieb er im Krankenhaus und begann eine Therapie. Nach seiner Entlassung ging B. zu seinem Vorgesetzten und beichtete sein Problem. Er wurde in die Kundenberatung versetzt, geräuschlos und selbstverständlich, man wollte auf den verdienten Mitarbeiter nicht verzichten. Seine Ehe hielt, und seine Ängste ließen nach. Bis er aber wieder unbeschwert zur Arbeit gehen konnte, sollten noch Monate vergehen.

Herrn B. gibt es nicht wirklich, seine Krankengeschichte habe ich aus mehreren echten Verläufen zusammengestellt. Sie ist typisch für die sogenannten Zwangsstörungen. Die Kranken kämpfen mit ständig wiederkehrenden Gedanken, die sie nicht denken wollen, oder mit dem Zwang, ständig die gleichen rituellen Handlungen auszuführen. Dabei ist ihnen die Sinnlosigkeit ihres Tuns schmerzhaft bewusst, aber jeder Versuch, ihr Ritual zu unterdrücken, führt zu unkontrollierbarer Angst. Anders als Suchtkranke, denen ihre Sucht eine gewisse Befriedigung verschafft, lindern Zwangskranke mit dem Ritual nur für kurze Zeit ihr Angstgefühl. Zum Beispiel kann eine Mutter die irrationale Idee entwickeln, ihr Kind werde auf dem Schulweg verunglücken, wenn sie nicht alle zehn Minuten mit stets gleichen Bewegungen den Küchentisch abwischt. Ein Arzt fürchtet vielleicht, von Bakterien und Viren überwältigt zu werden, wenn er nicht nach jedem Patienten längere Zeit seine Hände schrubbt.

Er weiß, wie unsinnig das ist, er sieht – und fühlt –, wie die Haut seiner Hände rauer wird und aufspringt, aber er kann nicht damit aufhören. Eine Frau kann ihre Wohnung nicht verlassen, ohne von der Angst geplagt zu werden, den Gasherd oder ein Elektrogerät angelassen zu haben. Obwohl sie die Regler und Schalter stets aufs Neue kontrolliert, wird sie von Panik überwältigt, sobald sie auch nur zum Einkaufen fährt. Wenn nun durch ihre Schuld das Haus abbrennt und sie für den Tod von Menschen verantwortlich ist? Oder wenn ihre Versicherung wegen grober Fahrlässigkeit die Zahlung verweigert und sie finanziell ruiniert wird? Sie muss diese Gedanken mit enormer Anstrengung zurückdrängen, damit sie wenigstens das Nötigste erledigen kann, bevor sie wieder nach Hause eilt.

Diese sogenannten *Zwangshandlungen* sind der eine Teilaspekt der Erkrankung, der andere sind die *Zwangsgedanken*. Der deutsche Physiker und Naturphilosoph Gustav Theodor Fechner

(1801-1887) hat zeitweilig darunter gelitten und den Verlauf der Krankheit eindrucksvoll in seinem Tagebuch festgehalten:

»Es schied sich mein Inneres gewissermaßen in zwei Teile, in mein Ich und in die Gedanken. Beide kämpften miteinander; die Gedanken suchten mein Ich zu überwältigen ... und mein Ich strengte die ganze Kraft seines Willens an, hinwiederum der Gedanken Herr zu werden, und, so wie ein Gedanke sich festsetzen und fortspinnen wollte, ihn zu verbannen und einen anderen entfernt liegenden dafür herbeizuziehen. ... Ich kam mir dabei manchmal vor wie ein Reiter, der ein wild gewordenes Ross, das mit ihm durchgegangen, wieder zu bändigen versucht oder wie ein Prinz, gegen den sein Volk sich empört und der allmählich Kräfte und Leute zu sammeln sucht, sein Reich wieder zu erobern.«

Wenn es erst soweit gekommen ist, dass die Zwangshandlungen und -gedanken den gesamten Alltag eines Kranken bestimmen, kommt er ohne professionelle Hilfe nur sehr mühsam oder überhaupt nicht davon los.

Können Gedanken sich tatsächlich vom Denker loslösen und sich ihm immer wieder aufdrängen? Wäre das nicht so, als ob unser Fernseher ein Programm nach eigener Wahl einstellt und es immer wieder zurückholt, ganz gleich wie oft wir ein anderes wählen? Wie ist es möglich, dass Menschen unter einem inneren Zwang sinnlose Dinge tun, selbst wenn ihr ganzes Leben dabei zerfällt? Die Wissenschaft hat darauf noch keine schlüssigen Antworten. Die gängigste Theorie geht davon aus, dass eine Zwangskrankheit vorwiegend Menschen befällt, die vor abwegigen Gedanken Angst haben und dazu neigen, sie mit Neutralisierungsstrategien zu bekämpfen. Dadurch werden diese Gedanken aber aufgewertet und halten sich umso hartnäckiger. So kann eine verhängnisvolle Spirale beginnen, die immer tiefer in die Verstrickung führt. Die Fehleinschätzung unerwünschter Gedanken baut auf einem bestimmten System von Grundüberzeugungen auf, das für Zwangserkrankungen besonders anfällig macht. Dazu gehören:

- Überschätzung der Verantwortung für die eigene Sicherheit und die anderer Menschen.
- Die Idee der unmittelbaren Gedankenwirkung (engl. »thought-action-fusion«), also die Überzeugung, dass eine bloße Vorstellung bereits die Außenwelt beeinflusst. Ein böser Gedanke könnte dann direkten Schaden anrichten.
- Die übertriebene Sorge um die eigene »Gedankenhygiene« und ein starkes Bedürfnis, die eigenen Gedanken zu kontrollieren.
- Die Überschätzung der Wahrscheinlichkeit von Unfällen oder der Schwere von Schadensereignissen.
- Angst vor Ungewissheit
- Perfektionismus

In diesem Modell wären die Zwangshandlungen als Neutralisierungsversuche zu verstehen. Das Zwangsritual dient der symbolischen Gefahrenabwehr oder der Ablenkung. Gedanken sind wie Erinnerungen über Verknüpfungen zugänglich. Ein Gedanke, der ständig bekämpft wird, verbindet sich dadurch mit allen Situationen, in denen er bereits aufgetaucht ist. Das gilt besonders dann, wenn er mit starken Gefühlen wie Angst oder Entsetzen assoziiert ist. So bindet er sich bald unlösbar an sein Bannritual. Deshalb neigen solche Zwangshandlungen dazu, immer komplizierter und zeitraubender zu werden. Sie fressen sich buchstäblich in das Leben der Betroffenen hinein.

Neutralisierungsstrategien, Rituale, belastende Gedanken oder Ansteckungsangst sind normale Bestandteile menschlicher Wahrnehmung oder menschlichen Verhaltens. Warum sie sich bei der Zwangsstörung aufschaukeln, bis sie das normale Denken fast überwältigen, ist bisher nicht befriedigend geklärt. Rituale zur Abwehr von Angst sind in gefährlichen Berufen weit verbreitet. Fischer, Bergleute oder Jäger gelten als besonders abergläubisch, haben aber keine auffällige Neigung zu Zwangserkrankungen.

Bei einem Versuch an der Universität von Southampton (2007) gaben die Psychologen Laura Bocci und Kenneth Gordon 49 Versuchspersonen auf einem Bogen Papier folgenden Satz vor: »Ich hoffe, _______ hat einen Autounfall.« Die Versuchspersonen waren angewiesen, den Namen einer ihnen nahestehenden Person einzutragen und den Satz in dieser Form abzuschreiben. Wenn sie damit fertig waren, sollten sie sich den Unfall 30 Sekunden lang klar und lebhaft bildlich vorstellen. Danach hatten sie zwei Minuten zur freien Verfügung und durften tun, was immer sie wollten, auch mit dem Bogen Papier, auf dem der ominöse Satz geschrieben stand. In dieser Situation zeigten fast alle (48 von 49) Versuchspersonen ein Neutralisierungsverhalten. 26 löschten den Satz aus, 13 veränderten ihn zum Besseren, 20 stellten sich vor, dass der Person, dessen Name sie eingetragen hatten, nichts geschehen würde. Insgesamt zählten die Autoren der Studie 129 verschiedene Strategien zur Neutralisierung oder zur Bewältigung, also zwei bis drei pro Versuchsperson. Daran lässt sich erkennen, wie tief die Idee einer Verbindung zwischen Symbol und Wirklichkeit, zwischen Verwünschung und tatsächlichem Schaden auch in modernen Menschen verankert ist.

Offenbar war den Wissenschaftlern das Experiment selbst nicht recht geheuer, denn sie vermerkten ausdrücklich, dass sie die Versuchspersonen hinterher ausführlich über den Zweck des Versuchs aufgeklärt und ihnen psychologische Hilfe angeboten haben, falls sie sich durch das Experiment zu sehr belastet fühlten. Es habe sich aber niemand gemeldet. Gesunde Menschen werden, so darf man annehmen, mit solchen Belastungen gut fertig. Warum sich in einigen Fällen daraus eine Krankheit entwickelt, muss noch weiter untersucht werden.

5 Fallstudien: Magier, Hellseher und Finanzzauberer

Setzt die Anwendung von Magie besondere Fähigkeiten voraus? Eignet sich jeder zum Magier, Hellseher oder Telepathen? Oder teilt sich die Welt, wie bei Harry Potter, in Zauberer und normale Menschen, die »Muggles«? Jeder kann bespielsweise eine gelbe Pflanze gegen Gelbsucht einsetzen oder ein Amulett mit der Darstellung eines Auges zum Schutz gegen den bösen Blick herstellen und bei sich tragen. Aber wirkt die Magie dann überhaupt? Magier sind Spezialisten auf dem Gebiet übernatürlicher Wirkungen, und mit dem Beginn der Arbeitsteilung unter den Menschen wird sich auch der Beruf des Magiers ausgebildet haben. Die meisten Naturvölker haben jedenfalls einen Medizinmann, Schamanen oder Zauberer. Aber auch in der westlichen Welt ist die Vorstellung weit verbreitet, Menschen könnten übernatürliche Kräfte entwickeln. Eine Umfrage des Magazins *Chrismon* im Jahre 2001 ergab, dass 57% der befragten Deutschen der Aussage zustimmten, es gebe Menschen mit hellseherischen Fähigkeiten, und 42% meinten, es gebe »geheime, magische Kräfte, die auf den Menschen wirken«. Damit sind die Deutschen in guter Gesellschaft, Umfragen in den USA ergaben vergleichbare Werte. So meint seit Jahren eine deutliche Mehrheit der Amerikaner, dass es außersinnliche Wahrnehmung gebe, und immerhin jeder sechste Befragte hat bereits telepathische Botschaften empfangen oder vergleichbare Phänomene erlebt (CBS-Umfrage, April 2002). Wenn sich das ausbreitet, könnten Handys bald überflüssig werden.

Das Wort *Magier* stammt von einem medischen Volksstamm mit Priesteraufgaben (Magus) und hat sich dann über das Griechische (Magos) und das lateinische (Magus) ins Deutsche teleportiert. Magier sind also ursprünglich Priester, aber schon das lateinische Wort hat die abwertende Bedeutung »Gaukler« oder »Betrüger«. Das Wort *Hexe* lässt sich nicht zuverlässig zurückverfolgen, das althochdeutsche Wort lautet hagzissa und hagazussa. Der erste Bestandteil davon ist Hag und bezeichnet eine Hecke, einen Zaun oder den damit abgeteilten Bezirk, das Gehege. Der zweite Bestandteil ist unklar. Zussa könnte mit sitzen zu tun haben, aber auch mit einem nordischen Wort für Elfe oder »weiblicher Geist«. Die Erklärung schwankt deshalb zwischen »Ortsgeist« im Sinne eines an den umfriedeten, eventuell heiligen Bezirk gebundenen Geistes oder einer »Heckenreiterin«. Das wäre ein Geist, der sich auf der Umrandung eines eingezäunten Bezirks herumtreibt. Das Wort ist ausschließlich im Westgermanischen belegt und kommt sonst nicht vor. Die Herkunft des Wortes *Zauberer* ist völlig unklar.

Die Nähe zu unsichtbaren Akteuren scheint ein wichtiger Faktor für die Kontrolle übernatürlicher Ereignisse zu sein, so dass die Grenze zwischen Priester und Magier nicht klar gezogen werden kann. Der Volksglaube hat auch große Herrscher mit übernatürlichen Fähigkeiten ausgestattet: Dietrich von Bern wurde im hohen Alter entrückt und führt seitdem die Wilde Jagd an, ein nächtliches Gespensterspektakel. Friedrich Barbarossa soll mit seinem Heer in einer Höhle im Kyffhäuser ruhen, bis er eines Tages aufwacht und das deutsche Reich zu neuer Größe führen wird. Der sagenhafte englische König Artus wurde in das Anderweltreich Avalon entrückt. Glaubt man der Überlieferung, hielt auch er sich die Option offen, bei Bedarf zurückzukommen.

Nicht nur Herrscher, auch Heilige leisten – per definitionem – Übernatürliches. Die katholische Kirche spricht nur solche Gläubige selig oder heilig, die entweder ein Martyrium erlitten haben, oder mindestens ein Wunder – besser natürlich gleich mehrere – vollbracht haben. Papst Johannes Paul II. sprach während seiner Amtszeit 482 Menschen heilig, davon 402 Märtyrer. Die übrigen achtzig müssen demnach kirchenamtlich anerkannte Wundertaten bewirkt haben. Das macht sie aus kirchlicher Sicht nicht zu

Magiern, denn strenggenommen vollbringen nicht die Heiligen das Wunder, sondern Gott. Die christliche Lehre gesteht Menschen keine übernatürlichen Fähigkeiten zu. Nach Thomas von Aquin geschehen Wunder ausschließlich durch göttliches Eingreifen und durchbrechen die normalerweise beobachtete Ordnung der Dinge. Der skeptische Philosoph David Hume definierte Wunder so: »Eine Überschreitung eines Naturgesetzes durch einen bestimmten Willensakt einer Gottheit oder durch die Einschaltung eines unsichtbaren Akteurs.« Hume glaubte nicht an Wunder, weil er die Verletzung von Naturgesetzen für unmöglich hielt.

In diesem Kapitel möchte ich die Lebensläufe einiger Menschen nachzeichnen, die von sich selbst behauptet haben, magische Kräfte zu besitzen, oder denen von ihren Mitmenschen magische Kräfte zugeschrieben wurden.

Der Seher: Nostradamus

Der wohl berühmteste Prophet außerhalb der Bibel wurde am 24. Dezember 1503 unter dem Namen Michel de Nostredame in Saint-Rémy-de-Provence geboren. Nach einer guten Schulbildung wurde er zunächst Apotheker und schrieb sich 1529 zum Studium der Medizin in Montpellier ein. Allerdings setzte ihn die Universität bereits kurze Zeit später vor die Tür, der Grund ist nicht überliefert. Eventuell hatte er sich als Apotheker ungebührlich über Ärzte geäußert. Ob er jemals einen Abschluss in Medizin erworben hat, ist unklar, obwohl er später als Arzt praktiziert hat.

In jedem Fall zog er auf Einladung des bekannten Humanisten Jules-César Scalinger nach Agen. Dort eröffnete er eine Praxis, heiratete und forschte. Die Allianz mit dem persönlich recht unangenehmen Scalinger zerbrach aber bereits nach kurzer Zeit. Im Jahre 1537 verlor Nostradamus seine Frau und seine beiden Kinder. Sie starben an einer Infektionskrankheit, möglicherweise an der damals grassierenden Beulenpest oder an Diphterie. Sein

Ruf als Arzt litt darunter, und er gab seine Praxis auf. Obendrein erhielt er aus nicht ganz geklärten Gründen eine Vorladung der Inquisition. So war es kein Wunder, dass er die nächsten Jahre auf Reisen verbrachte. Er arbeitete zeitweilig als Pestarzt und ließ sich 1546 in Salon-de-Provence nieder, wo er den Rest seines Lebens verbrachte. Dort erfand er auch eine Pestmedizin. Obwohl sie keine Wirkung zeigte, war er bald als erfolgreicher Mediziner bekannt. Er heiratete ein zweites Mal, eine reiche Witwe, mit der er sechs Kinder hatte. Immer seltener betätigte er sich als Arzt und entwickelte stattdessen Salben und Kosmetika.

Ab 1550 begann er sogenannte Almanache zu veröffentlichen, Jahrbücher mit astronomischen Daten wie Mondphasen, aber auch astrologischen Prophezeiungen. Sie waren ausreichend dunkel, um die Phantasie anzuregen, und so genoss Nostradamus bald einen gewissen Ruf als Seher und Wahrsager. Im Jahre 1555 gab er unter dem Titel *Les Propheties de M. Michel Nostradamus* (Die Prophezeiungen des Herrn Michel Nostradamus) ein Buch mit vierzeiligen gereimten Prophezeiungen (Quatrains) heraus. Sie waren zu je Hundert angeordnet, sogenannten Centurien, von denen die vierte aber nur 53 Quatrains umfasste.

Er schrieb auf Französisch, aber er verwendete auch provençalische und lateinische Worte. Hinzu kamen Anagramme (z.B. Rapis für Paris), Anspielungen auf Personennamen und altertümliche Bezeichnungen für Flüsse und Städte. Aus diesen Quatrains ließ sich nahezu alles herauslesen, und so erkannten viele Zeitgenossen darin Hinweise auf damalige Herrscherhäuser und deren Schicksal. Ein Beispiel:

»Im Jahr neunzehnhundertneunundneunzig, im siebten Monat,
wird vom Himmel ein großer König des Schreckens kommen,
um den großen König von Angolmois wiederauferstehen zu lassen.
Vor und nach Mars wird er erfolgreich regieren.«

Diese Quatrain enthält sogar ein Datum, was untypisch ist. Es lag allerdings damals so weit in der Zukunft, dass niemand die

Vorhersage überprüfen konnte. Inzwischen ist das Jahr 1999 gekommen und gegangen, und der große König des Schreckens ist ausgeblieben. Oder ist 1999 vielleicht eine symbolische Zahl?

Das Buch machte Nostradamus zur nationalen Berühmtheit. Die französische Königin Katharina von Medici ließ ihn an den Hof einladen, wo er offenbar einen guten Eindruck hinterließ und reich beschenkt wurde, vermutlich im Austausch für günstige Prophezeiungen und Horoskope. Für hohe Herrschaften stehen die Sterne immer günstig, denn ein Unglück zu prophezeien könnte für den Astrologen böse Folgen haben.

1557 und 1558 erschienen weitere Centurien, was die Gesamtzahl auf zehn brachte. Die erst nach Nostradamus' Tod erschienene Gesamtausgabe enthielt 942 einzelne Prophezeiungen, weil in der 7. Centurie 58 Quatrains fehlten und nie ergänzt wurden. Wie schon bei seinen Almanachen bediente er sich für die Centurien großzügig bei anderen Schriften, die er oft nur leicht veränderte. Die genaue Zahl der Quatrains ist etwas umstritten, weil schon zu Nostradamus' Lebzeiten Fälschungen auftauchten und die verschiedenen Ausgaben seiner Werke kleinere Unterschiede aufweisen.

Nostradamus' Prophezeiungen erschienen in einer unruhigen Zeit: Die Pest hatte Frankreich heimgesucht und große Verwüstungen hinterlassen. Der französische König Heinrich II. starb im Jahre 1559 qualvoll, als ihm bei einem Ritterturnier ein Splitter aus der Lanze seines Gegners über dem Auge in den Kopf drang. Königin Katharina übernahm die Regentschaft für ihren 16-jährigen Sohn Franz. Dieser starb aber bereits ein Jahr später, und nun wurde der erst achtjährige zweite Sohn als Karl IX. König von Frankreich, ebenfalls unter der Regentschaft seiner Mutter.

Nostradamus litt im höheren Alter schwer unter Gicht, und keine seiner Wunderarzneien wollte ihm helfen. Finanziell ging es ihm gut, aber er mochte die ungebildeten Menschen in der Kleinstadt Salon nicht besonders. Das beruhte auf Gegenseitigkeit: Nostradamus stand im Verdacht, schwarze Magie anzuwenden oder gar mit den Protestanten zu sympathisieren! Dennoch sonnten sich die Einwohner von Salon auch gerne in seinem Ruhm. Im Jahre 1564 machten Katharina und Karl IX. auf einer Rundreise durch Frankreich in Salon Station, um Nostradamus zu besuchen. Er wurde zum Berater und Leibarzt des Königs ernannt und erhielt eine weitere großzügige Zuwendung. Jetzt war er auf dem Höhepunkt seines Ruhmes, mit seiner Gesundheit aber ging es weiter bergab, und am 2. Juli 1566 starb er in seinem Haus, vermutlich infolge eines Nierenversagens.

Seine Prophezeiungen haben ihn überlebt, sie gelten bei seinen Anhängern bis heute als präzise Vorhersagen aller wichtigen Kriege und Katastrophen der Weltgeschichte – wenn man sie nur zu lesen weiß. Also wird fleißig interpretiert. In der letzten Zeile des Beispiels (»vor und nach Mars«) könnte Nostradamus auf eine Planetenkonstellation angespielt haben, schließlich war er Astrologe. Mars ist aber auch der römische Kriegsgott, deshalb kann man auch lesen: »Vor und nach dem Krieg.« Statt »Krieg« vielleicht auch »Waffengang«, »Schlacht«, »Überfall«, »Belagerung«. Oder hat Nostradamus den Monat März (Französisch »Mars«) gemeint?

Viele der modernen Exegeten verstehen zu wenig Altfranzösisch oder Latein, von Provençalisch ganz zu schweigen. Sie interpretieren also munter die englischen oder deutschen Versionen. Jede Übersetzung aber verbiegt die Bedeutung der Quatrains, weil sie eine Festlegung erzwingt, wo Nostradamus sich mehrdeutig ausdrückt. Andererseits öffnet sie auch die Tür zu weiteren Auslegungsvarianten. Das führt zu der kuriosen Situation, dass Nostradamus-Experten nach jedem Unheil auf eine Quatrain verweisen, in der es genau vorhergesagt wurde. Vielleicht legen sie nur eine einzige Zeile neu aus, oder sie verweisen darauf, dass jetzt eine ganze Gruppe von Quatrains einen gemeinsamen Sinn ergibt. Bei 942 Quatrains mit 3768 beliebig interpretierbaren Zeilen findet sich immer ein passender Vers.

Nostradamus zeigt uns, wie man das magische Denken der Menschen nutzen kann: Seine Verse enthalten keine Vorhersagen, sie rufen lediglich schlaglichtartige Bilder von Kriegen und Schlachten, von Feuer und Tod im Hirn ihrer Leser hervor. Wer nach Zusammenhängen mit aktuellen Ereignissen sucht, wird sie unweigerlich finden. Nostradamus hat die wichtigsten Regeln der Wahrsagung beinahe perfekt umgesetzt. Hier sind sie:

1. Machen Sie nur vage Vorhersagen. Also nicht: *Deutschland wird 2010 Fußballweltmeister!*, sondern: *Kämpfer eines großen Landes, mit dem Monument des Triumphs in der Mitte der Hauptstadt, werden im Wettstreit nicht weichen. Die Wege ihrer Rückkehr werden von Purpur gesäumt sein.*

   Das Zweite passt immer: Jedes Land hält sich für groß, Monumente des Triumphs finden sich in fast jeder Hauptstadt, und Purpur steht für Sieger. Und schließlich: »Nicht weichen« muss nicht bedeuten, dass sie Weltmeister werden.

2. Produzieren Sie viele Vorhersagen! Am besten Hunderte, die jeden Aspekt abdecken! Sorgen Sie dafür, dass jede einigermaßen passende Vorhersage bekannt wird!

3. Nutzen Sie Symbole, Anspielungen, Mehrdeutigkeiten! Beispiel:

   Der aufsteigende Mars kreuzt den Weg des Großen, er weicht nicht, standfest stets, sein fernes Ziel im Blick!

   Mars – das könnte einen Krieg bedeuten. Aber auch den Planeten Mars. Will der »Große« also Krieg, oder will er ihn »standfest« vermeiden? Alles passt!

4. Halten Sie sich nicht mit Alltäglichem auf. Prophezeien Sie Kriege, Katastrophen, Seuchen, Erdbeben, Kometen! Das wollen die Menschen lesen. Also nicht: *XY wird die nächste Wahl knapp verlieren*, sondern:

   Unübersehbar viele werden marschieren, nicht achtend die Grenzen, Blut wird fließen, rot färbt sich die Erde, tief getroffen wankt das alte und neue Imperium.

oder:

Am Himmel scheint Feuer, es lodert die Stadt des Bundes, unendliches Leid befällt die Menschen, die Fahne des Königs behauptet die Festung.

Die Grundregel jedes erfolgreichen Hellsehers und Wahrsagers lautet: Der Kunde macht sich seine Prophezeiung selber! Er wird sich die dunklen Worte schon zurechtbiegen. Probieren Sie es aus!

Der Nostradamus-Generator

Damit Sie sich nicht alles selbst ausdenken müssen, habe ich einen Nostradamus-Generator entworfen. In den eckigen Klammern stehen die Auswahlmöglichkeiten. Die Reihenfolge der Zeilen ist natürlich beliebig.

[70, 7, 13, 3] Jahre [vor, nach], [im Jahre] dem Jahr
[2345, des Löwen, des Drachen, der [kalten, dunklen] Sonne, des neuen Babylons]
[schlägt, trifft, bekämpft, tötet, rettet, verschont] der [alte, junge, neue, todwunde, große, schnelle] [Löwe, Stier, Gewaltige, Eine, Herrscher, Auserwählte, Erkorene, Gewählte] das [große, schreckliche, westliche, nördliche, östliche, südliche, blühende, geschundene][Land, Feld, Gebirge], seinen [alten, neuen, schrecklichen, doppelten] [Widersacher, Freund, Gegner, Kampfgenossen], seinen [überraschten, gerüsteten, verachteten] Nachbarn.

Einen [blutigen, schrecklichen, gewaltigen, unheilvollen] [Krieg, Regen, Fluch, Unheil] [bringt, holt, zieht, beschwört] er [auf das Land, auf die Menschen, auf den Gegner].

[Da, schon, deshalb, kaum, doch] [trifft, bedroht, erschlägt, tötet] ihn [das Unglück, das Schicksal, der Fluch] [des Löwen, des Drachen, des Tigers, der Schlange, der Alten, des Großen, der unteren Welt, der Krone] und/doch/aber

ein/e [neue[r/s], erneuerter], von/aus [Osten, Westen, den Sternen, Norden] [kommende/r, herabstürzende/r, herbeieilende/r] [Retter, Sturmwind, dunkle Gewalt] [zerschmettert, wirft-nieder, hält-zurück, drängt-zurück, vernichtet] den/das/die [Sieger, Bedrohung, schwarze Wolke, schreckliche Gefahr, das [alte, baumbestandene, grüne, dürre] Land].

Jetzt nehmen Sie einen Würfel und würfeln jeweils die Zeilen aus. Dabei kommen eindrucksvolle Dinge heraus, z.B.:

> Der todwunde Auserwählte schlägt das östliche Land,
> einen blutigen Regen zieht er auf den Gegner,
> da erschlägt ihn der Fluch des Drachen, und
> ein von den Sternen kommender Sturmwind zerschmettert den Sieger.

Auf Lateinisch klingt es gleich noch geheimnisvoller:

> Terram orientem electus moriturus superat,
> pluviam cruentam in adversarium trahit,
> tum caedit eum draconis exsecratio,
> et tempestas ex astris orta victorem contundit.

Vielleicht ist der Text ja nicht ausgewürfelt, sondern auf einem uralten Manuskript zufällig entdeckt worden, wer weiß?

Jetzt müssen wir nur noch nach einer passenden Interpretation Ausschau halten. Fangen wir an: Der todwunde Auserwählte – suchen wir nach einem gewählten Repräsentanten, der im Amt gestorben ist. In Frage käme Theodore Roosevelt, der 32. Präsident der Vereinigten Staaten. Er starb am 12. April 1945 im Amt, nachdem er vorher schon deutlich von Krankheit gezeichnet war. Dann wäre der blutige Regen die Atombombe und das östliche Land

Japan! Einen »Regen der Zerstörung« hat der amerikanische Präsident den Japanern angedroht, nachdem die Atombombe in Hiroshima gefallen war. Allerdings hieß dieser Präsident Harry S. Truman und war Roosevelts Nachfolger, aber unsere Vorhersagen müssen ja schließlich nicht ganz genau passen.

Unser Nostradamus-Generator hat also den Atombombenabwurf vorausgesagt! Na ja, nicht direkt, schließlich ist das Ereignis ja schon einige Zeit her. Was ist mit den übrigen Zeilen? »Der Fluch des Drachen« könnte sich auf China beziehen, auf den Sieg von Maos Truppen gegen die Nationalchinesen. Der hat schließlich die Macht der Amerikaner in China gebrochen. Und die letzte Zeile? Wind von den Sternen, vielleicht ein göttlicher Wind? Die letzten Monate des Pazifik-Krieges waren von sogannten Kamikaze-Angriffen der Japaner gekennzeichnet. Dabei stürzten sich japanische Flugzeuge auf gegnerische Schiffe, um sie zu beschädigen oder zu versenken. Das Wort Kamikaze heißt übersetzt »göttlicher Wind« und bezeichnet ursprünglich zwei Taifune, die Japan im 13. Jahrhundert vor einer Invasionsflotte des Mongolenherrschers Kublai Khan retteten. In der Tat wurde der schwere Kreuzer »Indianapolis«, der die Hiroshima-Bombe von Amerika auf die Insel Tinian brachte, von einem japanischen U-Boot versenkt, ja buchstäblich zerschmettert, weil eine seiner Munitionskammern bei dem Angriff explodierte.

Das passt zwar alles nicht genau, aber es ist ja auch nur ausgewürfelt. Die meisten Nostradamus-Interpretationen verzerren die Texte der originalen Quatrains noch weitaus schlimmer.

Hier ist noch eine weitere Strophe zum Üben:

> Im Jahre der kalten Sonne rettet der neue Eine das geschundene Land,
> einen unheilvollen Fluch beschwört er auf die Menschen,
> schon bedroht ihn das Unglück der Schlange,
> aber ein erneuerter Retter von Norden hält die Bedrohung zurück.

Und, weil's so schön ist, in Latein:

Anno solis frigidi novus homo supremus terram devastatam salvat.
exsecrationem ominosam incantat in homines.
Iam imminet serpens fatalis,
salvator autem borealis renovatus periculum inhibit.

Ich weiß auch nicht, was das bedeuten soll. Schreiben Sie mir, wenn Sie eine gute Idee haben.

Der Geheimnisvolle: Graf Cagliostro

Giuseppe Balsamo, der sich später Alessandro Graf Cagliostro nannte, wurde im Juni 1743 in ärmlichen Verhältnissen in Palermo auf Sizilien geboren. Er interessierte sich schon früh für Chemie und Pharmazie, und genauso früh fiel er durch seine Disziplinlosigkeit auf. Mit fünfzehn Jahren war er bereits aus einer Schule und einem Kloster geworfen worden und verdiente sein Geld in Palermo mit kleinen Betrügereien. Bald aber wurde ihm der Boden dort zu heiß, und er begab sich auf eine längere Reise ins östliche Mittelmeer. Ob er dabei wirklich, wie er später behauptete, geheime Weisheiten des Orients lernte, darf getrost bezweifelt werden. 1768 kam er nach Rom, wo er die außergewöhnlich schöne Lorenza Feliciani heiratete, die ihm in Zukunft bei seinen Betrügereien helfen sollte.

Die beiden reisten in der zweiten Hälfte des achtzehnten Jahrhunderts durch ganz Europa. Lorenza nannte sich Serafina und aus Giuseppe Balsamo wurde Alessandro Conte di Cagliostro. Er gab sich als Arzt, Alchemist und Gründer eines geheimen Freimaurerordens aus und verkaufte unter anderem Schönheitsmittel, Elixiere für ewige Jugend und die Nummern der Lotterielose, die bei der nächsten Ziehung gewinnen sollten. Die Aufenthalte des Ehepaars waren durch plötzliche Abreisen gekennzeichnet, denn irgendwann kamen ihre Opfer doch darauf, dass Cagliostro kein Gold machen, keine Edelsteine vergrößern und keine Losnummern vorhersagen konnte. Seine einzige wirkliche Kunst bestand darin, beliebig große Mengen Geld spurlos verschwinden zu lassen.

Trotzdem gelang es Cagliostro immer wieder, Mitglieder für seine angebliche Freimaurerloge zu gewinnen. Die Freimaurerei war damals gerade en vogue. Junge Adelige und reiche Bürgersöhne traten den überall entstehenden Logen bei und hofften auf die Teilhabe an uralten Geheimnissen. Cagliostro deutete oft und gerne an, er sei auf seinen Reisen nach Ägypten, Griechenland und Malta in okkultes Wissen von ungeheurer Bedeutung eingeweiht worden. Die Mitglieder seiner Loge hofften darauf, er werde zu gegebener Zeit seine Geheimnisse mit ihnen teilen. Cagliostros Charme, seine unglaubliche Dreistigkeit und die Verführungskünste seiner Frau halfen ihm dabei, auch hochgestellte und intelligente Zeitgenossen zu überzeugen.

Nach Reisen durch ganz Europa kam er 1780 nach Straßburg. Er stellte sich dort als Arzt, Wunderheiler und Wohltäter vor, der mittellose Patienten kostenlos behandeln wolle (was er anfangs auch tat). Damit erregte er das gewünschte Aufsehen bei der Presse und den Honoratioren. Ob Cagliostro über nennenswerte medizinische Kenntnisse verfügte und ob er tatsächlich Menschen heilte, ist heute nicht mehr festzustellen. Die zeitgenössische Literatur über ihn stammt entweder von glühenden Anhängern oder von erbitterten Gegnern. Beide Gruppen zeichneten ein grotesk überzogenes Bild, hinter dem die historische Person vollkommen verschwindet. In Straßburg machte er die Bekanntschaft des Fürstbischofs Louis-René Edouard Rohan-Guéménée. Dieser Spross uralten Hochadels war ein Mann nach Cagliostros Herzen: Er besaß unermessliche materielle Güter, dabei aber nur bescheidene Geistesgaben. Zudem war er eitel, ehrgeizig und leichtgläubig. Er nannte Cagliostro »jenen großartigen, jenen außerordentlichen Mann«, machte ihn zu seinem Berater und führte ihn in die vornehme Gesellschaft von Paris ein.

Cagliostro blieb jahrelang Rohans Schützling und verlor dessen Wohlwollen erst, als er in den Jahren 1784 und '85 der Hochstaplerin Jeanne de la Motte half, den Fürsten um viel Geld zu bringen. Rohan stand zu dieser Zeit wegen seines ausschweifenden Lebenswandels bei Hofe in Ungnade. Er wollte sein Ansehen verbessern und zwar buchstäblich um jeden Preis. Jeanne de la Motte, inzwischen zur Mätresse des Kardinals aufgestiegen, behauptete, eine Vertraute der Königin zu sein und belegte das mit gefälschten Briefen, möglicherweise von Cagliostros kundiger Hand geschrieben. Nach anfänglichem Misstrauen ließ sich der Kardinal schließlich überreden, die Bürgschaft für den Kauf eines unglaublich teuren, diamantenbesetzten Halsbandes zu übernehmen, das die Königin angeblich erwerben wollte, ohne dabei selbst in Erscheinung zu treten. Madame de la Motte holte es mit gefälschten Legitimationen bei den Juwelieren ab. Ihr Ehemann reiste kurze Zeit später nach London, brach die Diamanten heraus und verkaufte sie. Die düpierten Pariser Juweliere verlangten unterdessen bei der Königin die Bezahlung des teuren Schmucks. Damit flog der Betrug auf. Marie Antoinette war tief gekränkt und verlangte wider alle politische Vernunft eine offizielle Bestrafung der Schuldigen. Kardinal Rohan wurde verhaftet und in die Bastille gebracht. Auch Jeanne de la Motte und Cagliostro wanderten ins Gefängnis. Der Kriminalfall weitete sich unter dem Namen »Halsbandaffäre der Königin« zur Staatskrise aus. Der Hochadel und der Vatikan waren empört, dass mit dem Kardinal einer der Ihren wie ein Verbrecher eingesperrt wurde. Das Volk dagegen war überzeugt, dass die äußerst unbeliebte Königin keineswegs so unschuldig war, wie sie behauptete.

Cagliostro wurde 1785 freigesprochen und des Landes verwiesen. Letztlich ist es für einen Betrüger nie gut, sich in die Machtpolitik eines Staates einzumischen. Durch seine Mitwirkung hatte der ohnehin ramponierte Ruf des ehrenwerten Kardinals Rohan weiteren Schaden genommen, und das konnten ihm dessen Standesgenosssen niemals verzeihen.

Cagliostros zahlreiche Anhänger gestalteten seine Abreise aus Paris als Triumphzug. Es sollte sein Letzter werden, denn sein Nimbus war gebrochen. Die folgenden Aufenthalte in England und der Schweiz verliefen eher unerfreulich. Man kannte ihn und glaubte ihm kein Wort mehr. 1789 ging er, wohl auf Wunsch seiner Frau, nach Rom. Dort verließ ihn sein Glück endgültig: Er hatte unterschätzt, wie verhasst dem Vatikan die Freimaurerei war. So wurde er am 29. Dezember 1789 auf Anweisung des Papstes unter dem Vorwurf verhaftet, eine Freimaurerloge gegründet zu haben. Er entging nur knapp der Todesstrafe und starb 1795 im Gefängnis.

Im Rückblick lässt sich leicht darüber spotten, dass ein Betrüger länger als ein Jahrzehnt beträchtliche Teile der vornehmen Gesellschaft von ganz Europa dermaßen vorführen konnte. Goethe und andere Zeitgenossen betrachteten dies als Zeichen des Verfalls der Adelsgesellschaft, die lediglich leere Unterhaltung und sinnfreie Zerstreuung suchte. Andererseits diente sich Cagliostro mit seiner Travestie der Freimaurerei auch den Liberalen an. Er folgte dem ewig gültigen Rezept des erfolgreichen Betrügers: Versprich allen genau das, was sie unbedingt haben wollen, und lass sie dafür bezahlen. Halte sie hin, so lange es geht, und mach dich rechtzeitig aus dem Staub.

Das Letzte dieser Gebote ist das schwierigste, und deshalb scheitern die meisten Hochstapler daran zuerst. Cagliostro aber fand über lange Zeit immer den richtigen Moment, und selbst mehrere Gefängnisaufenthalte konnten seinen Aufstieg nicht bremsen. Er versprach den Royalisten das Geheimnis erfolgreicher Herrschaft, kündigte den Liberalen das Ende der Monarchie an, verkaufte alternden Hofdamen das Elixier ewiger Jugend und klammen Adeligen das Rezept zum Goldmachen. Seine Frau gab den Lebemännern der besseren Gesellschaft das Gefühl, auch eine junge und schöne Frau unwiderstehlich anzuziehen.

Cagliostro lebte in einer Zeit, in der die Philosophen der Aufklärung die Religion und ihre Versprechungen radikal in Frage stellten. Die Chemie trennte sich von der Alchemie, die Astronomie von der Astrologie, und die Naturwissenschaften begannen ihren steilen Aufstieg. Viele der alten Vorstellungen, wie man reich, gesund oder jung werden konnte, wurden widerlegt. Die Astrologie war in Verruf geraten, denn Newton hatte die Bewegungen der Planeten durch sein Gravitationsgesetz zutreffend erklärt. Einfache Heilmittel für alle Gebrechen, die Umwandlung von unedlem Metall zu Gold oder Wahrsagungen aus dem Stand der Gestirne waren nach dem damaligen Stand der abendländischen Wissenschaft nahezu ausgeschlossen. Sie hatte den Stein der Weisen und das Panazee, das geheimnisvolle Mittel zur Behandlung aller Krankheiten, längst ins Reich der Mythen verdrängt.

Cagliostro behauptete geschickt, er habe sein geheimes Wissen um Heilmittel und Reichtümer im Orient gewonnen. Damit bediente er die Sehnsüchte seiner Kunden und entzog sich zugleich der Kontrolle durch die abendländische Wissenschaft. War Cagliostros Erfolg Symptom des Verfalls der dekadenten Adelsgesellschaft am Vorabend der Französischen Revolution? Beutete er deren geistige Leere und Gier nach Zerstreuung aus, um sein einträgliches Mysterienspiel aufzuziehen? War er also ein heimlicher Revolutionär? Nein, das wäre zu einfach. Als Cagliostro in Europa Aufsehen erregte, lag die Französische Revolution noch in der Zukunft, die Erschütterung der alten Machtstrukturen war noch nicht absehbar. Vielmehr bediente er, wie endlos viele vor und nach ihm, die immer gleichen Sehnsüchte der Menschen: nach Reichtum, Schönheit, ewiger Jugend, gesellschaftlichem Ansehen und Erfolg beim anderen Geschlecht. Bemerkenswert waren nur seine Dreistigkeit und sein Charme. Die vielen Werbemails, die tagtäglich den Eingang unserer E-Mail-Programme verstopfen, versprechen noch immer die gleichen Illusionen wie seinerzeit Cagliostro. Und noch immer haben sie Erfolg.

Der Medienmagier: Uri Geller

Wer heutzutage behauptet, über besondere psychische Fähigkeiten zu verfügen, riskiert den jähen Absturz in die Lächerlichkeit. Skeptiker-Organisationen und professionelle Bühnenzauberer verstehen sich hervorragend darauf, die Tricks von angeblichen Telepathen und Hellsehern zu enttarnen. Trotzdem finden sich immer wieder Abenteurer und Gaukler, die es darauf ankommen lassen. Der wohl Berühmteste aus dieser heterogenen Gruppe ist der israelische Bühnenzauberer Uri Geller. Er behauptet von sich, über telepathische und telekinetische Kräfte zu verfügen, also Gedanken lesen und mit geistiger Kraft Dinge bewegen zu können. So verbog er in Fernsehshows Gabeln und Löffel, angeblich durch rein geistige Kräfte, und ließ stehengebliebene mechanische Uhren wieder anlaufen.

Wenn ihm professionelle Zauberkünstler genau auf die Finger sahen, ließen ihn seine Fähigkeiten allerdings regelmäßig im Stich. Seine Vorführungen gingen nie über das Repertoire von Bühnenzauberern hinaus, und so erntete er in der Presse zunehmend Spott für seine Behauptung, übersinnliche Kräfte zu besitzen. Er selbst hielt allerdings stets daran fest und sparte nicht mit Schadenersatzklagen gegen Kritiker. Mir ist allerdings kein einziger Fall bekannt, in dem er recht bekommen hätte.

Uri Geller versuchte sich außerdem als Wahrsager, aber auch in dieser Sparte des Übersinnlichen war er nicht sonderlich erfolgreich. So prophezeite er der englischen Nationalmannschaft bei der Fußball-EM 1996 im Halbfinale einen Sieg gegen Deutschland. England verlor 6:7 nach Elfmeterschießen. Aber seine Erzählungen über seinen Einfluss auf die Weltpolitik und die Hochfinanz sind ähnlich unterhaltsam wie die besten Geschichten von Cagliostro.

Offenbar hat er seine Kunst gewinnbringend vermarktet: Ein Zeitungsbericht aus dem Jahre 2004 gab sein Vermögen mit 50 Millionen US-Dollar an. Diese Angabe stammt allerdings von Geller selbst. Ob er sie gegenüber dem Finanzamt wiederholt hat, ist nicht bekannt. Anders als Cagliostro hat er vorsichtshalber darauf verzichtet, Geheimgesellschaften zu gründen oder Edelsteine vergrößern zu wollen.

Goldmacher und Finanzmagier: Robert L. Vesco

Wer wirklich Geld verdienen will, sollte seine Kräfte nicht mit Telepathie vergeuden, sondern seine geistigen Fähigkeiten dem Erfinden von Finanzderivaten widmen, der modernen Variante der Goldmacherei.

Die Alchemisten vergangener Zeiten ließen nichts unversucht, um unedle Metalle in Gold zu verwandeln. Die Alchemie sah tatsächlich einen theoretischen Weg dafür vor, und es gingen Gerüchte um, dass es dem einen oder anderen Meister schon gelungen sei, große Mengen des edlen Metalls herzustellen. Die Betrüger unter den Alchemisten wollten natürlich nicht riskieren, mit jahrelangen Experimenten in schlecht belüfteten Kellern ihre Gesundheit zu ruinieren, sie zogen einen einfacheren Weg vor: Sie wandten sich zunächst an Fürsten, Herzöge und Könige, um ihre Dienste anzubieten. Den oft chronisch klammen Herrschern erschien dies als ideales Mittel, ihre Finanzen aufzubessern. Aber zunächst mussten sie investieren: Die Goldmacher brauchten ein perfekt eingerichtetes Labor, sonst ließ sich das scheue Edelmetall nicht hervorlocken, jedenfalls nicht in der versprochenen Menge. Mit einigen Taschenspielertricks spiegelte der Betrüger seinem Auftraggeber vor, dass er tatsächlich Gold erzeugen könne, mit seinen bescheidenen Mitteln aber leider nur grammweise. Wenn er Glück hatte, vertraute ihm der Herrscher daraufhin viel Geld an, um seine Ausrüstung zu vervollständigen. Das war dann ein guter Zeitpunkt, um sich aus dem Staub zu machen. Der Goldmacher Michael Polhaimer hatte dabei allerdings wenig Glück: Unmittelbar nachdem er 1595 auf Schloss Weikersheim den begeisterten Hobby-Alchemisten Graf Wolfgang von Hohenlohe überzeugt hatte, dass er tatsächlich Gold herstellen konnte, setzte er sich mit dem Vorschuss nach Würzburg ab. Der Graf spürte ihn auf, ließ ihn verhaften und sperrte ihn zwei Jahre ins Gefängnis. Dann stellte er ihn als Schreiber ein, damit er seine Schulden abarbeiten konnte. Schon nach weniger als einem Jahr aber wurde der verhinderte Alchemist bei einem Streit erstochen.

Fatalerweise glaubten viele Goldmacher selber an ihre Kunst und endeten nach vielen Fehlschlägen wegen Betrugs am Galgen. Sie sahen sich ständig kurz vor dem endgültigen Durchbruch und merkten nicht, dass ihre Auftraggeber angesichts des ausbleibenden Erfolgs und der stetig steigenden Kosten immer misstrauischer wurden.

Die Anlagejongleure von heute brauchen ebenfalls das Geld anderer Leute, um hohe Gewinne zu erzielen. Eigenes Kapital vermehrt sich eben nicht so gut wie fremdes. Und wie die alten Goldmacher glauben viele von ihnen wirklich an die wunderbare Geldvermehrung.

Eine der dreistesten Gestalten dieser undurchsichtigen Szene heißt – oder hieß – Robert L. Vesco. Bereits in jungen Jahren begann er eine steile Karriere: Im Jahre 1965, mit erst 29 Jahren, hatte er eine Reihe von Beteiligungen an Maschinenteile-Herstellern zusammengekauft und fasste sie unter dem Dach einer Konstruktion namens International Controls Corporation zusammen. Die Firma war hoch verschuldet, aber ihr Chef leistete sich eine eigene Boeing 707 mit Diskothek und Sauna. 1972 übernahm Vesco den notleidenden Finanzkonzern IOS des umstrittenen Geschäftsmanns Bernie Cornfeld. Vesco hatte keineswegs vor, den angeschlagenen Konzern zu retten, sondern begann auf der Stelle, die Anlagegelder in eine eigens gegründete Briefkastenfirma umzuleiten. Ende 1972 klagte die amerikanische Börsenaufsicht Vesco und weitere Personen an, 224 Millionen US-Dollar IOS-Gelder veruntreut zu haben. Die ausgeplünderte IOS musste Konkurs anmelden. Robert Vesco siedelte hastig nach Costa Rica um, vergaß aber nicht, seine Familie, seine Yacht und seine Privatflugzeuge mitzunehmen. Die amerikanische Staatsbürgerschaft gab er auf, was seine Auslieferung an die USA erst einmal verzögerte. Kaum angekommen, investierte er großzügig in eine Firma des damaligen costa-ricanischen Präsidenten José Figueres Ferrer. Der zeigte sich erkenntlich, indem er ein Gesetz erließ, dass eine Auslieferung Vescos an die USA dauerhaft unmöglich machte. Im Jahre 1973 fügte die US-Justiz den bisherigen Anklagepunkten einen weiteren hinzu: illegale Wahlkampffinanzierung. Vesco hatte die Wiederwahl des US-Präsidenten Richard Nixon mit 200 000 US-Dollar in bar unterstützt, offenbar in der Hoffnung, die Regierung werde im Gegenzug die Börsenaufsicht etwas milder stimmen. Das Geld soll unter anderem für die Bezahlung der Watergate-Einbrecher verwandt worden sein. 1977 flog ein Versuch Vescos auf, Angestellte der US-Regierung zu bestechen, damit sie dem Verkauf von Militärflugzeugen nach Libyen zustimmten. 1978 sah sich das Finanzgenie gezwungen, seinen Wohnsitz auf die Bahamas zu verlegen, denn in Costa Rica war ein neuer Präsident an die Macht gelangt. Drei Jahre später entkam er knapp dem Zugriff der Behörden, verschwand mit unbekanntem Ziel und tauchte in Antigua wieder auf. Dort scheiterte er mit dem Plan, auf einer kleinen Insel einen eigenen Staat zu gründen. Sein weiterer Weg führte ihn nach Nicaragua und endlich nach Kuba. Zeitungsberichten zufolge lebte er dort eine Zeitlang recht komfortabel im Vorort Atabey der Hauptstadt Havanna und pflegte gute Beziehungen zur kommunistischen Staatsspitze.

1983 beschlagnahmten US-Behörden eine Lieferung von Maschinenteilen, die Vesco offenbar nach Kuba schmuggeln wollte. Zu dieser Zeit war in den USA aber jeder Handel mit Kuba verboten und wurde streng bestraft. Dann wurde es still um den Finanzmagier, erst im Jahre 1989 geriet er wieder in die Schlagzeilen. Diesmal hieß es, er habe sich mit einem kolumbianischen Drogenkartell zusammengetan. Das in Kolumbien massenhaft produzierte Kokain wird auf verschiedenen Routen in die USA geschmuggelt, unter anderem per Flugzeug. Vesco wurde vorgeworfen, er habe den Schmugglern den kubanischen Luftraum geöffnet.

1995 kam dann das Aus: Die kubanischen Behörden verhafteten Vesco unter dem Vorwurf, eine staatseigene Pharmafirma unter Leitung eines Neffen von Fidel Castro, Antonio Fraga Castro, betrogen zu haben. Laut Anklage hatte er versucht, die Firma zur Produktion eines angeblichen Wundermittels gegen AIDS, Krebs, Arthritis und Erkältungen zu bewegen.

1996 verurteilte ihn ein kubanisches Gericht zu 13 Jahren Gefängnis, von denen er knapp zehn Jahre absaß. Die *New York Times* fand heraus, dass es ihm 2006 irgendwie gelungen war, italienischer Staatsbürger zu werden, was seine noch immer drohende Auslieferung in die USA weiter erschwert hätte. Der Reporter berichtete, ein Freund habe ihm die Kopie eines entsprechenden Reisepasses mit Vescos Namen und Foto vorgelegt. Im November 2007 soll Robert L. Vesco in Kuba gestorben sein. Bis zum Mai 2008 hatte die amerikanische Justiz seine Akte jedoch nicht geschlossen. Niemand wollte darauf wetten, dass die Todesmeldung nicht ein weiterer Trick war.

6 Hexen und ihre Jäger

Wenn Betrüger oder Hochstapler sich selbst magische Kräfte zuschreiben, nehmen sie auch in Kauf, dafür angefeindet oder bestraft zu werden. Viel schlimmer aber trifft es Menschen, denen andere vorwerfen, mit zauberischen Mitteln Schaden anzurichten. Eines der sicherlich finstersten Beispiele dafür ist die organisierte Hexenverfolgung im Europa der frühen Neuzeit.

Bereits in den frühesten schriftlichen Kulturen finden sich Hinweise auf Hexen. Die Märchen aller europäischen Länder sind voll davon. Die meisten Hexen darin sind weiblich, alt, hässlich. Ausnahmsweise können sie auch jung und außergewöhnlich schön sein (wie Schneewittchens Stiefmutter), aber sie sind grundsätzlich böse. Gute Zauberinnen kommen auch vor, aber sie heißen nicht Hexen, sondern Feen. Im Märchen werden die Hexen, sehr zur Befriedigung der Kinder, meist von ihren bösen Taten eingeholt. Die böse Hexe bei Hänsel und Gretel endet im Backofen.

Aber nicht nur in Märchen erleiden Hexer und Hexen ein grausames Schicksal. In der dritten Maiwoche des Jahres 2008 verbrannte ein entfesselter Mob in dem Dorf Nyakeo in Kenia acht Frauen und drei Männer wegen angeblicher Hexerei. Anfang Juni 2008 steinigten Dorfbewohner in Assam in Indien vier Mitglieder einer Familie und begruben sie dann noch lebend. Man warf ihnen vor, einen Dorfbewohner durch Zaubersprüche getötet zu haben. Die Polizei teilte ergänzend mit, dass im indischen Bundesstaat Assam in den Jahren zuvor mehr als 500 Menschen unter dem Vorwurf der Hexerei getötet worden waren. In Nepal wurde ein achtzehnjähriges Mädchen von seinen Nachbarn gewaltsam nackt ausgezogen und durchs Dorf getrieben, weil sie angeblich eine Hexe war. Zuvor hatten die Dorfbewohner sie der Hexerei beschuldigt und 300 000 Rupien von ihr gefordert.

Diese Beispiele stammen von einer einzigen Suche in *Google News* am 25.6.2008 zum Stichwort »Witchcraft« bzw. »Hexerei«. Auch größere Hexenjagden sind keineswegs aus der Mode: Das tansanische Familienministerium schätzt, dass zwischen 1994 und 1998 in Tansania mehr als 5000 Menschen unter dem Vorwurf der Hexerei umgebracht wurden. Hexenverfolgungen in Afrika richten sich gleichermaßen gegen Außenseiter wie gegen besonders erfolgreiche Menschen. Das liegt an einer spezifisch afrikanischen Form des Sozialneids: Wer reich oder mächtig geworden ist, gerät schnell in den Verdacht, mit dunklen Mächten im Bunde sein.

Aber auch in Europa wurden mehr als 200 Jahre lang Hexen und Zauberer verbrannt. Die Ursachen dieser vielfachen Justizmorde sind das Thema dieses Kapitels. Denn sie sind historisch und pychologisch eine Anomalie, ein sperrig herausstehendes Mahnmal für eine gesellschaftliche Fehlentwicklung. Die Hexenmorde in der heutigen Zeit werden fast ausschließlich von Lynchmobs verübt, im Europa der frühen Neuzeit aber verurteilten reguläre Gerichte die Hexen zum Tod durch Verbrennen. Während die Staaten Afrikas, Asiens und Südamerikas sich heute fast durchgehend bemühen, Lynchmorde an Hexen zu verhindern, machte in Europa die offizielle Justiz Jagd auf vermeintliche Hexen. Dies war keine überlieferte Tradition, sondern begann recht plötzlich um 1470 und fand sein Ende gegen 1750. Die hohe Zeit der Hexenverfolgung lag etwa zwischen 1490 und 1700. Aber auch in dieser Zeit fanden Hexenverfolgungen nicht überall und ständig statt. Sie hatten vielmehr den Charakter von Epidemien, plötzlich auftretenden, regional begrenzten oder sich ausbreitenden Ausbrüchen hysterischer Hexenfurcht. Das damalige Deutsche Reich nördlich der Alpen war sicherlich eines der Zentren, etwa die Hälfte der verbürgten Hinrichtungen verteilte sich auf dieses Gebiet.

Diese grausamen Konsequenzen fordern einen genaueren Blick auf die Hintergründe. Kann es sein, dass magisches Denken ganze Staaten und ihre Justiz überwältigt? Oder haben die Hexenverbrennungen in Europa eventuell ganz andere Ursachen?

Der Glaube an Zauberei

Zu allen Zeiten und in allen Kulturen hat es Menschen gegeben, die sich selbst übernatürliche Kräfte zuschrieben. Darunter waren Geisteskranke, Epileptiker, Wunderheiler, Kräuterweibchen, Geschäftemacher, Priester, Schamanen, Wahrsager, Wichtigtuer und andere bunte Gestalten. Dazu kamen solche Menschen, denen ihre Mitmenschen Kontakte mit dunklen Mächten, die Fähigkeit zur Verwandlung in Tiere oder die Beherrschung schwarzer Magie nachsagten. Der grundsätzliche Glaube an Hexen ist so alt wie die Menschheit und lässt sich auch in der Antike bereits nachweisen, ohne dass es damals jedoch zu Pogromen oder massenhaften Prozessen gekommen wäre.

Im Rom der Kaiserzeit beispielsweise war jede private Wahrsagung verboten. Die Kaiser hatten jedes Zukunftswissen zum Staatsmonopol gemacht. Das war verständlich, denn ein Kaiser konnte das Vertrauen des Volkes verlieren, wenn ihm ein Wahrsager sein baldiges Ende prophezeite, ja, allein ein Gerücht darüber mochte seine Gegner zum Aufstand anstacheln. Die immer neuen Ausweisungsverfügungen gegen Astrologen und Wahrsager zeigten aber, in welcher Blüte das Gewerbe stand und wie wenig die kaiserlichen Edikte bewirkten.

Zu allen Zeiten sind auch Prozesse gegen angebliche Schadenszauberer verbürgt. Aber nur in der frühen Neuzeit waren Gerichte und Obrigkeit von dem Wahn befallen, dass jeder Hexer und jede Hexe (man sprach damals von Unholden oder Unholdinnen) einer europaweiten Sekte von Teufelsanbetern angehören müsse. Eine Besonderheit der damaligen Prozesswellen sind auch die außerordentlich harten Strafen. In den Jahrhunderten zuvor endeten Hexenprozesse nur selten mit der Hinrichtung, in der frühen Neuzeit hingegen stand auf Hexereidelikte fast überall die Todesstrafe. Diese deutliche Verschärfung der Strafen fällt etwa in die Zeit zwischen 1450 und 1500. Warum hat die Obrigkeit aber genau in dieser Zeit begonnen, die Hexereidelikte als todeswürdige Verbrechen anzusehen? Es lohnt sich, zunächst einmal einen Blick auf das Bild der Magie und der Hexerei des Mittelalters zu werfen, also die Zeit vor Beginn der großen Verfolgungen.

Bis zum Siegeszug der Naturwissenschaften blieb in der Vorstellung der Menschen die Grenze zwischen Natürlichem und Übernatürlichem verschwommen. Wer im Ruf stand, Menschen oder Vieh heilen zu können, konnte dafür Geld verlangen. Niemand kümmerte sich um die Frage, ob er Schulmedizin oder Magie praktizierte, allein das Ergebnis zählte. Amulette sollten vor Schaden schützen, sie hatten also eine praktische und weltliche Funktion. Ob sie das Bild eines Heiligen oder ein magisches Zeichen enthielten, war unwichtig. Obwohl die Kirche offiziell jede Magie ablehnte, betätigten sich Kirchenmänner oft genug zugleich als Zauberer, und alles Heilige galt auch als wirkmächtige Magie. Die Kirche erlaubte ausdrücklich Amulette mit Bibelsprüchen oder mit dem Agnus, einem kleinen Wachssiegel mit der Abbildung eines Lamms und der Flagge des römischen Kaisers Konstantin, des ersten Kaisers, der sich zum Christentum bekannt hatte.

In der Volkskirche des Mittelalters waren Gebete, Segen, Heiligenverehrung und Magie eine innige Verbindung eingegangen. Weihwasser trieb angeblich Dämonen aus, und Hostien galten als machtvolle Zaubergegenstände. Sie wurden derart oft gestohlen, dass die Kirche Anweisung gab, sie in abschließbaren Tabernakeln aufzubewahren. Oft genug handelten Priester selbst mit geweihten Gegenständen. Im Anhang finden Sie einige Beispiele für Zaubersprüche und -rituale, die damals tatsächlich verwendet wurden.

In der Überlieferung des Mittelalters galten sogar einzelne Kirchenfürsten als Zauberer. Von Gerbert von Aurillac, dem späteren Papst Sylvester II., hieß es beispielsweise, er sei mit dem Teufel im Bunde gewesen. Dieser universell gebildete Mann war eine der herausragenden Gestalten Europas am Ende des ersten Jahrtausends. Er erwarb sich auf seinen vielen Reisen eine umfassende Bildung. Im damals maurischen Spanien eignete er sich naturwissenschaftliche Kenntnisse an, die im christlichen Abendland zu diesem Zeitpunkt unbekannt waren. Er war ein glänzender Rhetoriker und befasste sich nicht nur mit Religion, sondern auch mit Astronomie und Mathematik. Er beteiligte sich unter anderem an der Entwicklung eines Abakus, einer mechanischen Rechenhilfe. Paradoxerweise waren es gerade die naturwissenschaftlichen Studien, die ihm den Ruf eines Zauberers einbrachten. Mit seinem Abakus löste er schwierige Rechenaufgaben mit einer unmöglich erscheinenden Geschwindigkeit, so dass einige Zeitgenossen ihn für einen Magier hielten. 999 wurde er zum Papst gewählt und regierte bis zu seinem Tod im Jahre 1003. Bald schon gab es Gerüchte, dass bei seinen Künsten Zauberei im Spiel war und er sich mit übernatürlichen Mitteln die Zuneigung der Fürsten verschafft habe. Ca. 100 Jahre nach seinem Pontifikat kursierten immer mehr Schauergeschichten über seine angebliche Zauberei und einen grausigen Tod, bis er schließlich als Prototyp des Teufelsdieners auf dem Stuhle Petri galt. Das Volk hielt außergewöhnliche Männer für Wundertäter oder Magier, wobei die Unterschiede eher fließend waren. Auch die Päpste Gregor XII. und Benedikt XIII. mussten sich im Jahre 1409 vor dem Konzil von Pisa wegen angeblicher Zauberei verantworten.

Die Kirche unterschied sorgfältig zwischen Wunder und Magie. Die frühen Kirchenväter bestanden darauf, dass Jesus Wunder gewirkt, aber keinesfalls Zauberei benutzt habe. In der Spätphase des Römischen Reichs hatten Kritiker des Christentums Jesus mit Zauberern und Gauklern verglichen, was die Kirche vehement verurteilte. Die Kirche trennte strikt zwischen übernatürlichen Ereignissen göttlicher Art (Wunder) und teuflischer Art (Zauberei). Aber wenn Gott allmächtig war, wieso konnte der Teufel dann die Menschen mit übernatürlichen Kräften für sich einnehmen?

Der Kirchenvater Augustinus (354–430) löste das Problem, indem er festlegte, dass Gott selbst dem Teufel die ausdrückliche Erlaubnis dazu gegeben haben müsse. Menschen, so sagte er, hätten keine übernatürlichen Kräfte. Wer zaubern wolle, müsse einen Vertrag mit einem geeigneten Dämon schließen.

Der Philosoph, Theologe und Kirchenmann Wilhelm von Auvergne (1180–1249) dagegen hielt die Vorstellung von einer wirksamen Magie für lächerlich. Wenn ein Zauberer wirklich die ihm zugeschriebene Macht hätte, so argumentierte er, könnte er ohne weiteres die Welt beherrschen.

Der Dominikanermönch und Kirchenlehrer Thomas von Aquin (1225–1274) sprach Dämonen jegliche übernatürliche Kraft ab. Wer mit ihnen einen Pakt schließe, werde betrogen, so lehrte er. Dämonen beherrschten nur Tricks, in Wahrheit bewirkten sie nichts. Trotzdem seien Magier als Verbrecher anzusehen. Diese theologischen Spitzfindigkeiten blieben den Akademikern vorbehalten, die Bürger und Bauern wussten nichts davon. Ihre Vorstellung von Magie orientierte sich, wie eh und je, ausschließlich am Ergebnis.

Gegen Ende des Mittelalters wurde die Kirche empfindlicher gegen Magie, die Strafen wurden härter, der Ton schriller. Das lag aber nicht an einer Ausbreitung magischer Geschäftemacherei, sondern hatte ganz andere Ursachen.

Hexen, Häretiker und Teufel

Man darf sich die katholische Kirche des Mittelalters nicht als einen unangreifbaren Felsen in den zahlreichen Fehden und Kriegen vorstellen, in denen die europäische Staatenwelt geboren wurde. Im Gegenteil: Die Amtskirche war ständigen Angriffen ausgesetzt. Immer neue Bewegungen warfen der Kirche Verrat an den Idealen des Christentums vor und kritisierten das pompöse Auftreten der Bischöfe und Päpste. Die Katharer (von griechisch »die Reinen«) sahen die materielle Welt als grundsätzlich böse an. Nur die Befreiung von weltlichen Gütern verspreche die Erlösung, so glaubten sie. Die katholische Kirche galt ihnen als Hort des Bösen, weil sie materielle Güter anhäufte und ihre Vertreter wie weltliche Fürsten lebten. Bald fanden die Katharer in ganz Europa immer mehr Anhänger. Sie gewannen die Fürsten in Okzitanien (Südfrankreich) für sich und bauten dort ab etwa 1140 eine Gegenkirche mit eigenen Bischöfen auf.

Fast gleichzeitig, ab 1175, bildete sich die Gemeinschaft der Waldenser, benannt nach ihrem Gründer, dem reichen Kaufmann Petrus Waldes aus Lyon. Er verschenkte seine gesamte Habe, zog mit einer ständig wachsenden Gefolgschaft durchs Land und predigte Buße. Die Kirche aber beanspruchte das alleinige Recht zu predigen und erklärte die Bewegung zur Häresie (Abweichung vom Glauben). Die Waldenser verurteilten im Gegenzug Ablass, Fegefeuer, Fürbitten für Verstorbene, Besitz- und Pfründewesen der Kirche, Eid und Kriegsdienst. Die Gemeinschaft hatte ihren Schwerpunkt in Norditalien und Südfrankreich, breitete sich aber schnell über ganz Europa aus.

Die Kirche schlug hart zurück: Sie verlangte, dass Häresie als Beleidigung der Majestät Gottes anzusehen und genauso hart zu bestrafen sei wie weltliche Majestätsbeleidigung. Sie brauchte die weltlichen Herrscher nicht lange zu überzeugen: Weil die Gemeinschaften auch den Prunk der weltlichen Herrscher anprangerten, beteiligten sich Kaiser und Könige aus eigenem Interesse an der Jagd auf Katharer und Waldenser. In Köln wurden 1143 und 1162 Katharer als unbelehrbare Häretiker auf dem Scheiterhaufen verbrannt. Gegen die Katharer in Südfrankreich rief Papst Innozenz III. einen Kreuzzug aus, der von 1209 bis 1229 dauerte, die Katharer in Südfrankreich weitgehend ausrottete und weite Landstriche verwüstete. Der französische König verschaffte sich mit dem Kreuzzug zugleich die Oberhoheit über das vorher unabhängige Okzitanien.

Zur selben Zeit entfachte die Kirche eine wüste Verleumdungskampagne gegen die Abweichler. Das heutige Wort *Ketzer* leitet sich über Ketter oder Kether von *Katharer* ab. Man warf den Abweichlern unterschiedslos vor, sie beteten den Teufel an, schändeten Hostien und feierten wilde sexuelle Orgien als Perversion der christlichen Liturgie. Ferner töteten sie angeblich Kinder und

Säuglinge, um ihre Asche als Zaubermittel zu verwenden. Bei der Initiation, so hieß es, erschien ihnen der Teufel als riesiger Kater, den die Novizen unter den Schwanz küssen mussten. Das alles hatte mit der tatsächlichen Lehre der Häretiker nichts zu tun, es war eine Art Standardvorwurf gegen alle Gegner der Kirche. Er tauchte in genau dieser Form bei den Hexenprozessen wieder auf.

Die Heilige Inquisition

Gegen heimliche Abweichler in christlichen Gemeinden ging ab Mitte des dreizehnten Jahrhunderts die kirchliche Inquisition (= Befragung, Untersuchung) vor. Wann immer der Verdacht bestand, dass sich irgendwo eine ketzerische Gemeinde gebildet hatte, schickte die Kirche einen Inquisitor los, der den Fall überprüfen und die Ketzer auf den Weg des Glaubens zurückführen sollte. Er predigte Umkehr und nahm Denunziationen entgegen. Jeder Verdacht musste gemeldet werden, sonst drohten der Stadt oder der Gemeinde hohe Geldstrafen. Bei der Befragung war auch Folter erlaubt, ihr Einsatz lag im Ermessen des Inquisitors. Der jeweilige Landesherr war zur Mitarbeit verpflichtet.

Die Inquisitoren hatten weitgehende Handlungsfreiheit. Der fanatische Inquisitor Konrad von Marburg ging beispielsweise dermaßen grausam vor, dass er 1233 von seinen Gegnern erschlagen wurde. Anders als in historischen Romanen oft dargestellt, durfte die Inquisition die Angeklagten zwar befragen und foltern, aber nicht hinrichten. Diese Strafe behielten sich die weltlichen Autoritäten ausdrücklich vor. So verurteilten die Inquisitionsgerichte die Angeklagten im Allgemeinen zu Bußen, Wallfahrten oder dazu, öffentlich ein Kreuz durch die Straßen ihrer Stadt zu tragen. Ein Todesurteil war eher selten, und die Verurteilten mussten den weltlichen Gerichten zur Exekution überstellt werden.

Die Inquisitoren verwendeten Fragenkataloge, damit sie ja keine Häresie vergaßen. Darin wurde auch nach Zaubereidelikten gefragt.

Hier zeigt sich der Beginn der späteren Gleichsetzung von Hexerei und Häresie. Noch vor Beginn der Hexenverfolgung begann aber im Deutschen Reich die Macht der Inquisition bereits zu schwinden. In Italien hielt sie sich länger, ging aber kaum gegen Hexereibeschuldigungen vor. Die berüchtigte spanische Inquisition unterstand nicht dem Papst, sondern dem spanischen König und war ein staatliches, kein kirchliches Zwangsinstrument. Sie befasste sich im Wesentlichen mit dem Aufspüren und Verurteilen von Conversos, also Juden, die nach der staatlichen Zwangstaufe zwar nach außen hin Katholiken geworden waren, heimlich aber am jüdischen Glauben festhielten. Hexenverfolgungen lehnte die spanische Inquisition ausdrücklich ab.

Ab dem 16. Jahrhundert hatten Inquisitoren im Deutschen Reich nördlich der Alpen keinerlei Befugnisse mehr, ausgenommen bei Häresievergehen von Personen geistlichen Standes. Alle Hexenprozesse dieser Zeit fanden ausschließlich vor weltlichen Gerichten statt. Die protestantischen Reichsgebiete waren daran genauso beteiligt wie die katholischen. Martin Luther hatte an der katholischen Kirche vieles auszusetzen, aber das harte Vorgehen gegen Hexen gehörte nicht dazu. Im Jahre 1526 predigte er in Wittenberg:

> *»Es ist ein überaus gerechtes Gesetz, dass die Zauberinnen getötet werden, denn sie richten viel Schaden an ... Sie können ein Kind verzaubern, dass es ständig schreit und nicht isst, nicht schläft etc. Auch können sie geheimnisvolle Krankheiten im menschlichen Knie erzeugen, dass der Körper verzehrt wird. Wenn du solche Frauen siehst, sie haben teuflische Gestalten, ich habe einige gesehen. Deswegen sind sie zu töten.«*

Anders als in vielen historischen Romanen behauptet, fanden die Hexenjagden des sechzehnten und siebzehnten Jahrhunderts in Deutschland gleichermaßen in katholischen und protestantischen Gegenden statt, und zwar ausschließlich vor weltlichen Gerichten. Dennoch hat die Inquisition die Form und den Inhalt des Hexenprozesses vorgeformt.

Modernes Recht

Die Einführung eines modernen Prozessrechts zu Beginn der Neuzeit erleichterte paradoxerweise die Hexenprozesse. Die Grenze zwischen Mittelalter und Neuzeit ist eine künstliche Trennlinie. Sie ist definiert durch drei wesentliche Ereignisse: Die Erfindung des Buchdrucks mit beweglichen Lettern, die Entdeckung Amerikas und den Beginn der Reformation. Ganz grob setzt man deshalb das Jahr 1500 als Beginn der Neuzeit an.

Dazu passt auch die Einführung eines einheitlichen, vergleichsweise modernen Strafrechts, der »Constitutio Criminalis Carolina«. Nach jahrzehntelanger Vorbereitung wurde sie auf dem Reichstag in Regensburg 1532 als Reichsgesetz beschlossen. Zuvor hatte es im Reich kein einheitliches Rechtswesen gegeben. In einigen Gebieten galt noch das alte germanisch-fränkische Recht, nach dem eine Sippe gegen die andere Klage führte und alle Beweise selbst vorlegen musste, sogar bei schweren Verbrechen wie Raub oder Mord. Man spricht hier von einem sogenannten Akkusationsverfahren (von lateinisch accusare = anklagen). Eine Ausnahme gab es allein für Verbrechen gegen den König oder den Landesherren, also zum Beispiel Hochverrat, Majestätsbeleidung oder Mordversuche am König. Diese Verbrechen untersuchte der König oder sein Vertreter von Amts wegen.

Im normalen Verfahren aber mussten die Kläger mit einer empfindlichen Strafe rechnen, wenn sie ihre Vorwürfe nicht ausreichend beweisen konnten. Dabei waren ursprünglich auch Eidesleistungen oder Gottesurteile zur Rechtsfindung erlaubt. Kläger und Angeklagte konnten z.B. je einen Vertreter benennen, die dann einen Zweikampf ausfochten. Der Sieger hatte Gottes Unterstützung und somit das Recht auf seiner Seite. Ein Eid galt als so heilig, dass er unbedingt wahr sein musste. Schäden durch Zauberei waren kaum zu beweisen, weshalb sich Anklagen wegen dieses Delikts in engen Grenzen hielten. Doch im ausgehenden Mittelalter verloren die alten Rechtsinstrumente immer mehr an Wirkung. Viele Städte und Herrschaften führten in der einen oder anderen Form das Römische Recht ein. Es sah vor, dass die Obrigkeit die Rechtslage selbst aufzuklären hatte. Man sprach dabei von einem *Inquisitionsprozess*. Die Bezeichnung leitet sich vom lateinischen Wort Inquisitio (die gerichtliche Untersuchung) ab und hat nichts mit der Heiligen Inquisition der katholischen Kirche zu tun. Zugleich kam die Folter als Mittel der Rechtsfindung auf, denn ohne Geständnis war eine Verurteilung fast unmöglich. Wenn der Richter von der Schuld des Angeklagten überzeugt war, dann ließ er so lange foltern, bis er ein Geständnis bekam. Anders als heute mussten die Richter damals keine studierten Juristen sein, sie waren oft genug einfach Honoratioren oder vom Landesherrn ernannte Beamte. Das führte zu einer Verwilderung des Rechtswesens und zu allgemeiner Unzufriedenheit.

Die »Carolina« erhob den Inquisitionsprozess zum Standardverfahren für schwere Verbrechen und legte genaue Regeln dafür fest. Das Hauptproblem aber blieb: Noch immer musste der Richter kein Rechtsgelehrter sein, und es gab auch keinen eigenen Ankläger. Allein der Richter hatte festzustellen, was dem Angeklagten vorzuwerfen war. Der Richter urteilte also über Beweise, die er selbst zusammengetragen hatte, was den Beschuldigten von vorneherein in eine schwache Position brachte. Gottesurteile als Beweise waren ausdrücklich unzulässig, vielmehr mussten mindestens zwei unbescholtene Männer die Tat bezeugen, sofern der Angeklagte nicht gestand. Weil aber die wenigsten Verbrechen in Anwesenheit brauchbarer Zeugen verübt wurden, galt ein Geständnis in der Regel als unabdingbar. Wenn der Angeklagte die Tat standhaft leugnete, war eine Verurteilung nahezu unmöglich. Hielt der Richter nach sorgfältiger Berücksichtigung aller Umstände und ausführlicher Anhörung aller Zeugen die Schuld des Angeklagten für wahrscheinlich, durfte er eine Befragung unter der Folter (*peinliche* oder *scharfe* Befragung) anordnen. Auch damals war den Menschen natürlich bewusst, dass Folter auf die Dauer jedes beliebige Geständnis hervorbringt, und so galt die Regel, dass der Angeklagte die Aussage später wiederholen musste, ohne dass ihm erneute Folter angedroht wurde. Im Zweifel waren auch unabhängige Gutachter anzuhören. Soweit die Theorie. In der Praxis hatte ein Angeklagter keine Chance, wenn der Richter entschlossen war, ihn zu verurteilen. Die Einschränkung der Folter wurde oft genug umgangen, bei den Hexenprozessen sogar regelmäßig. Die »Carolina« schuf eine gewisse Rechtssicherheit, die aber in der Praxis wenig half, denn Fehlurteile waren kaum korrigierbar, weil nur die großen Reichsterritorien Obergerichte unterhielten.

Das oberste Gericht des Reichs, das Reichskammergericht, hatte keinerlei exekutive Macht. Ein fanatischer Hexenrichter konnte in einem kleinen Territorium ganze Dörfer ausrotten, wenn ihn der Landesherr nicht absetzte. Im zentralistisch regierten Frankreich dagegen unterbanden die Obergerichte relativ schnell die schlimmsten Auswüchse der Hexenprozesse, so dass die hysterischen Hexenjagden dort recht bald ein Ende fanden.

Die »Carolina« ließ keinen Zusammenhang zwischen Zauberei und Häresie zu. Zauberei galt nur dann als strafbar, wenn dabei nachweislich Menschen zu Schaden gekommen waren, und an die Folter zur Erzwingung von Geständnissen waren strenge Voraussetzungen geknüpft. Gegen diese Vorschrift verstießen nahezu alle Hexenprozesse, so dass die Urteile nach damaligem Recht fast durchweg unrechtmäßig zustande kamen. Man kann tatsächlich von massenhaften Justizmorden sprechen.

Zwei Tatsachen begünstigten also die Hexenprozesse: Die über Jahrhunderte wiederholten Propagandalügen der Kirche gegen abtrünnige Gemeinschaften und die modernisierte, aber unzureichend kontrollierte Rechtsordnung. Nun bedurfte es nur noch eines Zündfunkens, damit die Prozesse in Gang kommen konnten.

In den Jahren vor dem Baseler Konzil 1431-1437 kam es in der Westschweiz zu Prozessen gegen Menschen, die ausdrücklich als Hexen bezeichnet wurden. Vermutlich waren es Waldenser, gegen die die üblichen Vorwürfe aus dem Arsenal der Kirchenpropaganda erhoben wurden. Bei diesen Prozessen vereinigten sich zum ersten

Mal die Vorstellungen des Volkes vom Schadenszauber mit denen der gelehrten Theologen von einer diabolischen Sekte.

Man kann sich die Kluft zwischen den Gelehrten und dem einfachen Volk zur damaligen Zeit kaum tief genug vorstellen. Die Akademiker lasen, schrieben und debattierten in ganz Europa auf Lateinisch. Zwischen Edinburgh und Palermo bestand eine erstaunlich einheitliche Wissenschaftskultur, deren Exponenten sich immer wieder trafen und gelehrte Dispute führten. Ihr Latein und ihre Ideen waren für das einfache Volk aber vollkommen unverständlich, zumal die meisten Menschen damals nicht einmal ihre eigene Sprache lesen konnten. Die einzigen Vermittler der akademischen Vorstellungen waren der Ortspfarrer, der Apotheker oder der Arzt. So sickerte die Idee von der Hexensekte nur sehr langsam in die Begriffswelt der Menschen ein, reduziert auf die einfachsten Ideen. Von dem akademischen Disput über eine Sekte von zauberischen Teufelsanbetern blieb kaum mehr als die Vorstellung, dass Hexerei Teufelswerk war und dass Hexen nicht alleine, sondern immer in Gruppen erschienen. Natürlich fanden auch die Schauergeschichten über Kindesmord, sexuelle Orgien und Teufelskuss ihren Weg ins Volk.

Ab Ende des 15. Jahrhunderts griffen gelehrte Fanatiker diese Geschichten ihrerseits auf, um die Existenz einer neuen Hexensekte zu belegen. Damit war der Boden bereitet für die massenhaften Justizmorde an unschuldigen Frauen und Männern in ganz Europa.

Verfolgung und Hexentheorie

Jede Verfolgungswelle des 15. bis 17. Jahrhunderts war mit dem Namen eines Dämonologen verbunden. Der Dominikanermönch Heinrich Kramer war maßgeblich an der ersten Welle (ca. 1470–1530) beteiligt, der Trierer Weihbischof Peter Binsfeld, der Calvinist Lambertus Danaeus und der katholische französische

Jurist Jean Bodin an der zweiten (ca. 1585–1630). Für den weiteren Verlauf war das verhängnisvolle Werk des spanischen Jesuiten Martin Delrio von großer Bedeutung.

Der Dominikanerpater Heinrich Kramer entspricht am ehesten dem heutigen Klischee vom frauenfeindlichen, fanatischen Inquisitor. Er rühmte sich ausdrücklich, in den Jahren 1481-1485 an 48 Hexenverbrennungen in der Diözese Konstanz beteiligt gewesen zu sein. Aber schon damals galt er als verrückter Fanatiker und stieß immer wieder auf Widerstand. 1484 reiste er nach Rom, um für seine Hexenjagden die Unterstützung des Papstes zu gewinnen. Tatsächlich bewegte er Papst Innozenz III. dazu, die Bulle »Summis desiderantes affectibus« zu veröffentlichen, in der das Kirchenoberhaupt seine Sorge über das Hexenwesen in Deutschland ausdrückt und die Inquisitoren Heinrich Kramer und Jacob Sprenger ermächtigt, gerichtlich dagegen vorzugehen. Diese sogenannte »Hexenbulle« sicherte der Hexenverfolgung zum ersten Mal die Rückendeckung der Amtskirche. Kramer hatte das Dokument übrigens selbst formuliert, die päpstliche Kanzlei hatte es lediglich in eine passende Form gebracht.

Mit der frisch erworbenen allerhöchsten Rückendeckung versuchte Kramer, in Innsbruck eine Hexenverfolgung in Gang zu bringen. Der entschlossene Widerstand des Landesherrn Erzherzog Siegmund von Österreich und des Bischofs von Brixen, zu dessen Diözese Innsbruck gehörte, trug Kramer jedoch eine demütigende Niederlage ein. Um der Rache der Familien von sieben zu Unrecht angeklagten Frauen zu entgehen, musste er Innsbruck überstürzt verlassen.

Wenige Monate später, und wohl als Reaktion darauf, veröffentlichte Kramer eine Dämonologie, den *Hexenhammer*, ein zu Recht als Auswuchs gelehrten Schwachsinns bezeichnetes Werk. Es erweiterte die Idee des Dämonenpaktes und forderte, dass schon der Versuch der Hexerei automatisch als Vertrag mit dem Bösen zu betrachten sei, ebenso alle Gegen- und Schutzzauberei. Kramer berief sich dabei auf Thomas von Aquin, dessen Argumente er aber sehr weit überdehnen musste, damit sie zu seinen Thesen passten. Hexen und Zauberer, so schrieb er, verdienten ausnahmslos die Todesstrafe, weil sie sich mit dem Teufel eingelassen hatten. Kramer verstieg sich sogar zu der Aussage, es sei Ketzerei, nicht an die Realität von Hexen zu glauben, eine zu seiner Zeit ausgesprochen extreme Position. Ferner behauptete er, Frauen seien sehr viel anfälliger für teuflische Einflüsse, weil ihr Glaube schwächer sei. Deshalb seien fast alle Zauberer weiblichen Geschlechts. In der Tat richtet sich das Buch praktisch ausschließlich gegen Frauen, und die Beschreibung von Impotenzzaubern nimmt einen breiten Raum ein.

Kramer führte mehr als 250 Beispiele an, viele aus seiner eigenen Praxis. Er berichtete allerdings nicht wahrheitsgetreu, sondern verdrehte die Fälle bis zur Unkenntlichkeit. Er hatte keine Skrupel, die fehlende Unterstützung für sein Werk mit Fälschungen auszugleichen: So fabrizierte er ein positives Gutachten der Universität Köln und setzte es seinem Werk voran.

Trotz aller Unzulänglichkeiten erlebte das Werk innerhalb von 37 Jahren 13 Auflagen. Es traf offenbar genau den Nerv der damaligen religiösen und weltlichen Elite, die ein Erstarken des Bösen fürchtete. Die Kirche war von inneren Streitereien und den Kämpfen gegen Waldenser, Katharer und Hussiten so angeschlagen, dass viele Zeitgenossen bereits die Endzeit heraufdämmern sahen und das baldige Erscheinen des Antichrist erwarteten. Kramer verließ mit seinem Werk den rein akademischen Disput darüber, wie denn Zauberei mit der christlichen Vorstellung von Gottes Allmacht vereinbar sei. Vielmehr reflektiert es seine persönliche Vorstellung vom Kampf mit den Mächten der Finsternis. Er wollte Hexen nicht bekehren, sondern vernichten. Möglicherweise sah er sie als Vorhut der höllischen Heerscharen einer apokalyptischen Endzeit. Seine Thesen waren schon damals sehr umstritten, denn zu keiner Zeit war der Dämonenpakt oder die Existenz von Hexerei allgemein anerkannt. Der angesehene Jurist Ulrich Molitor bestritt 1489 ausdrücklich, dass Hexen fliegen konnten und auch, dass sie im Pakt mit dem Teufel stünden. Der Universalgelehrte Agrippa von Nettesheim verteidigte 1519 in Metz eine Frau erfolgreich gegen eine Anklage wegen Hexerei (weshalb er aus der Stadt fliehen musste). Nach 1530 flaute die erste Welle der Hexenverfolgung wieder ab, und der *Hexenhammer* wurde nach 1523 mehr als 50 Jahre nicht neu aufgelegt.

In den achtziger Jahren des sechzehnten Jahrhunderts, als die Angelegenheit schon fast vergessen schien, schwappte dann plötzlich eine neue Welle von Hexereiprozessen durch Deutschland. Dies war der Beginn der furchtbarsten Hexenverfolgung der Geschichte.

Im Jahre 1589, mehr als 100 Jahre nach Kramer, veröffentlichte der Trierer Weihbischof Peter Binsfeld einen *Tractatus de confessionibus maleficorum et sagarum* (Titel der deutschen Ausgabe von 1590: »Tractat von Bekanntnuß [Bekenntnis] der Zauberer und Hexen«). Wenn man den nachgelassenen Dokumenten glauben darf, war Binsfeld ein integrer und hochgebildeter Mann. Im Gegensatz zu Kramer veröffentlichte er auch Schriften zu anderen theologischen und juristischen Fragen. Er beherrschte die lateinische Sprache ausgezeichnet und argumentierte schlüssig. Gerade deswegen gehört der *Tractatus* zu den schlimmsten Auswüchsen der Hexenliteratur. Wie Kramer sieht Binsfeld in jeder Magie eine dämonische Einwirkung, also bedeutet jede Art von Hexerei einen Teufelspakt. Alles, was nicht offensichtlich natürliche Ursachen hat, steht für ihn im dringenden Verdacht der Hexerei. Staat und Kirche bekämpften die Teufelsbündler nur zögerlich und trügen daher die Schuld an der Ausbreitung des Hexenwesens. Hexenflug, Schadenszauber und Hexensabbat sieht Binsfeld als bewiesen an, weil sie in vielen Hexenprozessen immer wieder bestätigt worden seien. Hexerei, so erklärt er, sei äußerst schwer zu beweisen, also sei ein Geständnis unabdingbar. Er sieht Hexerei als *crimen exceptum*, als Ausnahmeverbrechen, und rechtfertigt damit die Anwendung »ungeregelter« Folter und die Einschränkung der Verteidigung im Prozess. Die Richter sollen die Angeklagten zur Denunziation anhalten. Bereits eine einzelne Namensnennung soll den Verdacht der Hexerei begründen dürfen und wiederum die Anwendung der Folter zum Erpressen weiterer Namen erlauben.

Da Menschen unter Folter alles zugeben, was von ihnen verlangt wird, baute Binsfeld in seine Argumentation eine perfide Rechtfertigung ein: Gott werde nicht zulassen, so schreibt er, dass Unschuldige im Hexenprozess verurteilt werden. Anders ausgedrückt: Wer immer als Hexe oder Zauberer verurteilt wird, ist schuldig, weil die Richter, durch Gottes Beistand geführt, stets richtig urteilen. Binsfelds eingängiges, in Latein und Deutsch erhältliches Werk hatte einen erheblichen Einfluss auf die brutalen und massiven Hexenverfolgungen der Jahre von 1590 bis 1630 in Deutschland.

Die offenkundige Unlogik von Binsfelds Argumentation deutet auf eine tief sitzende, irrationale Angst. In seinen Hexenschriften versuchte er, seinen inneren Dämonen eine äußere Gestalt zu geben. Seine politischen und theologischen Gegner bekämpfte er ebenfalls mit aller Brutalität. Den Theologen Cornelius Loos zwang er 1593, seiner Kritik an der Hexenverfolgung abzuschwören, und zwar hochoffiziell in Gegenwart des vatikanischen Nuntius. Die Kritiker der ungezügelten Hexenjadgen wurden daraufhin erst einmal vorsichtiger. Die Hexenverfolgungen in Churtrier, also Trier und Umgebung, waren zu dieser Zeit bereits in vollem Gange, mehrere hundert angebliche Hexen und Zauberer starben dabei den Flammentod. Binsfelds Schrift ist deshalb wohl als Rechtfertigung der nach damaligem Recht illegalen Hexenprozesse in seinem Bistum zu werten.

In den folgenden Jahrzehnten kam es überall dort zu Verfolgungswellen, wo die Landesherren an die Realität des Teufelspaktes glaubten. Das Volk sah sich bestätigt, wenn es glaubte, dass übles Wetter, krankes Vieh oder sonstiger Schaden von Hexen bewirkt wurde, und übte Druck auf die Obrigkeit aus, die schnell ausgemachten angeblichen Übeltäter zu verfolgen. Für die einfachen Bauern stand der praktische Schaden im Vordergrund, für weltliche und geistliche Machthaber der vermutete Angriff auf die

Religion und die Ordnung der Welt. Wo sich diese beiden Auffassungen potenzierten, schwemmte die Hexenhysterie jede Rechtsstaatlichkeit fort.

Der Hexenforscher Wolfgang Behringer schreibt dazu: »Bei den Verfolgungsbefürwortern finden wir häufig die Denkfigur der ›Vernichtung des Ungeziefers‹, ... keine Maßnahme, keine Folter und keine Hinrichtungsart erschien ihnen zu grausam gewesen zu sein, um rigide gegen den ›Feind‹ vorzugehen. Viele dieser Denkfiguren finden wir bei den extremen Konservativen des 19. und 20. Jahrhunderts wieder, nur dass die Feindbilder von Zeit zu Zeit modernisiert werden ...«. Auch im 21. Jahrhundert hat sich das offenbar nicht geändert.

Insgesamt fielen der Hexenverfolgung in Deutschland zwischen 22 500 und 30 000 Menschen zum Opfer, davon ca. 80% Frauen. Es lässt sich keine Bevorzugung einer bestimmten Berufsgruppe erkennen, und auch das angebliche Überwiegen von alten, mittellosen Witwen unter den Opfern ist nicht belegt.

Die Hexenjagden waren auch in der Zeit der schlimmsten Verfolgungen durchaus umstritten. Der Arzt Johannes Weyer verfasste 1563 das Werk *De praestigiis daemonum* [Von den Blendwerken der Dämonen], das umfassend und systematisch den Hexenwahn seiner Zeit zerpflückte. Die katholische Kirche setzte es auf den Index der verbotenen Bücher und die Hexenjäger Jean Bodin und Martin Delrio schrieben wütende Polemiken dagegen. Trotzdem wurde es in der Folgezeit immer wieder aufgelegt und in verschiedene Sprachen übersetzt.

Der Jesuit und Lyriker Friedrich Spee schrieb im Jahre 1631 das Buch *Cautio criminalis*, das sich äußerst kritisch mit der Praxis der Hexenprozesse auseinandersetzte. Er erklärte, unter der Folter gestehe jeder. Sie sei deshalb abzuschaffen. Auch dieses Buch wurde praktisch schlagartig bekannt und verbreitete sich über ganz Deutschland. Dennoch dauerte es bis zur Mitte des 18. Jahrhunderts, bis sich endgültig die Erkenntnis durchgesetzt hatte, dass es keine Hexen gab und die vielen Todesurteile im Grunde Justizmorde waren.

Die Hinrichtung der Dienstmagd Anna Göldi im Schweizer Kanton Glaris im Jahre 1782 wegen Hexerei löste denn auch europaweit Empörung aus. Sie hatte unter Folter gestanden, mit dem Teufel im Bunde zu sein. Ihre Hinrichtung war zugleich die Letzte wegen eines Hexereidelikts in Europa. Sie fiel mitten in die Debatte über die Abschaffung der Folter zur Erpressung von Geständnissen – Preußen hatte die Folter bereits 1740/1754 verboten, Baden sollte erst 1831 folgen. Infolge des Glarner Prozesses beschlossen viele Staaten, das Delikt der Hexerei aus den Strafgesetzbüchern zu streichen. Das Zeitalter der Hexenverfolgung war damit endgültig vorüber.

Es bleibt also festzuhalten, dass nicht allein magisches Denken für die Hexenjagden verantwortlich ist, sondern die unselige Verbindung des Hexenglaubens mit dem Vorgehen gegen häretische Sekten. Das Volk verlangte die Bestrafung vermeintlicher Hexen wegen der Schäden, die sie anrichteten, die akademische Welt sah die Chance, gegen die angebliche Sekte der Teufelsanbeter vorzugehen. War ein solches Verfahren einmal in Gang gekommen, entwickelte es sehr schnell ein unheimliches Eigenleben.

Interpretation der Hexenjagden in folgenden Jahrhunderten

Fast genauso interessant wie die Entstehung der Hexenjagden ist die spätere Interpretation. Gegen Ende der Hexenverfolgungen setzte sich um 1750 endgültig die Vorstellung durch, dass es einen Teufelskult nie gegeben hatte und die Hexenjäger ihren Opfern unter der Folter immer gleiche Geständnisse diktiert hatten. Die angeblichen Taten der Hexen, so nahm man an, waren den kranken Hirnen ihrer Verfolger entsprungen, in Wahrheit hatten sie niemals stattgefunden. Dabei sollte man aber nicht vergessen, dass Menschen zu allen Zeiten Schutz- und Schadenszauber einsetzten. Die Medizin des Mittelalters bestand zu einem beträchtlichen Teil aus Zaubersprüchen. Nur die Verbindung mit einer organisierten Sekte von Teufelsanbetern war eine Erfindung.

Im 19. Jahrhundert kam dann die Idee auf, hinter den Hexenverfolgungen stecke der Kampf der katholischen Kirche gegen die Reste einer vorchristlichen Religion. Schließlich sah der Teufel dem griechischen Gott Pan verdächtig ähnlich. Der deutsche Historiker Johannes Scherr schrieb 1882, die christliche Geistlichkeit habe aus dem griechischen Gott Pan den »großen Bock« gemacht. Waren Hexen also Anhänger des Gottes Pan oder eines über ganz Europa verbreiteten Vorläufers? Diese Idee bestritt Scherr ausdrücklich. »Der Hexenprozess«, so schreibt er, »war in der Zeit seiner Giftblüte und bis zuletzt sehr häufig eine auf die fromme Dummheit des Volkes basierte theologisch-juristische Spekulation.«

Die Darstellung des Teufels als Pan kam jedoch erst im 18. und 19. Jahrhundert auf, möglicherweise als Reaktion auf die erotischen »Schäferspiele«, die zu dieser Zeit sehr beliebt waren. Sie spielten in der lieblichen griechischen Landschaft »Arkadien«, der Heimat des Hirtengottes Pan, den man sich nicht nur als Flötenspieler, sondern auch als großen Verführer vorstellte. Scherr hat also wahrscheinlich die Darstellung des Teufels in seiner Zeit auf frühere Epochen projiziert und daraus einen falschen Schluss gezogen.

Der Germanist und Universitätsprofessor Jakob Grimm (einer der Brüder Grimm) glaubte, im Hexenwesen einen Zusammenhang mit »den Opfern und der Geisteswelt der alten Deutschen« zu erkennen. Den Nachweis blieb er schuldig. Bis heute ist über die »Geisteswelt der alten Deutschen« viel zu wenig bekannt, als dass sich daraus solche Schlüsse ableiten ließen, zumal der Hexenwahn auch Frankreich und Schottland erfasste, wo die »alten Deutschen« keinerlei Traditionen hinterlassen haben konnten.

Die englische Ägyptologin Margaret Alice Murray schrieb 1921 das Buch *Der Hexenkult in Westeuropa*, in dem sie behauptete, es habe eine einheitliche Hexenreligion in Europa gegeben. Der Kult sei in Hexenringen mit jeweils 13 Mitgliedern organisiert gewesen und Ausdruck eines alten Fruchtbarkeitskults. Sie hätten einen gehörnten Gott als Vertreter der fruchtbaren Natur angebetet. Murray beschrieb den angeblichen Kult in allen Einzelheiten und behauptete sogar, Johanna von Orléans und der berüchtigte französische Heerführer und sadistische Serienmörder Gilles de Rais seien Mitglieder dieses Kults gewesen.

Das Buch war in einer trockenen und wissenschaftlichen Sprache verfasst. Alle Behauptungen waren mit Literaturstellen belegt und mit umfangreichen Fußnoten versehen. Die akademische Gemeinde nahm es dennoch äußerst ungnädig auf, und es verkaufte sich schlecht. Einem zweiten, eher populärwissenschaftlichen Buch, *Der Gott der Hexen*, erging es auch nicht besser. Das änderte sich erst nach dem Zweiten Weltkrieg: Die Bücher erschienen plötzlich in immer neuen Auflagen, und die inzwischen über achtzigjährige Margaret Alice Murray galt plötzlich als führende Expertin für Hexen in England. Die *Encyclopædia Britannica* trug ihr die Ehre an, den Eintrag über Hexerei zu schreiben.

Aus wissenschaftlicher Sicht waren ihre Thesen von Anfang an unhaltbar. Sie stützte sich hauptsächlich auf die im 19. Jahrhundert gedruckten Protokolle von Hexenprozessen in Schottland sowie auf Sekundärliteratur aus anderen europäischen Ländern. Um ihre Ansichten zu stützen, ließ Murray alle widersprechenden Zeugnisse unter den Tisch fallen und zerhackte den Rest in kleine Versatzstücke, die sie nach Belieben in ihre Arbeiten einpasste. Das Verfahren ist unter Wissenschaftlern durchaus beliebt und führt immer wieder zu abstrusen Theorien. Die meisten entwickeln sich allerdings nur zu amüsanten Insider-Anekdoten und nicht, wie in diesem Fall, zu herrschenden Lehrmeinungen. Inzwischen gilt Murrays Theorie als endgültig widerlegt.

In den fünfziger Jahren hat sich unter dem Namen Wicca eine neue Hexenbewegung in England gebildet, die ihre Riten genau nach den Vorgaben von Margaret Alice Murray ausgerichtet hat. Während die Anhänger anfangs noch behaupteten, eine uralte Naturreligion wiederzubeleben, haben die meisten von ihnen inzwischen eingesehen, dass ihre Bewegung tatsächlich neu ist und auf keiner feststellbaren Tradition beruht.

In der feministischen Literatur des ausgehenden zwanzigsten Jahrhunderts werden Hexenverfolgungen gerne als drastisches Beispiel für die Unterdrückung der Frauen angeführt. Wer gegen die Männerherrschaft aufmuckte, so lautete die Argumentation, wurde zur Hexe erklärt und verbrannt. Auch das ist inzwischen widerlegt.

In neuerer Zeit vertritt Carlo Ginzburg die Meinung, dass die Hexenprozesse auf einen Diana-Kult und »die Existenz einer untergründigen eurasischen Einheit mythologischer Vorstellungen« hinweisen. Er stützt sich unter anderem auf solche Aussagen in Hexenprozessen, die aus Sicht der Ankläger wenig Sinn machten und den Angeklagten deshalb vermutlich nicht in den Mund gelegt wurden, wie beispielsweise Flug- oder Jenseitserfahrungen.

Seine Beweisführung scheint mir sehr schwach, denn die Idee von Hexenflug oder Reisen ins Jenseits kommt bei fast allen Völkern vor. Die Gesetze magischen Denkens und geistiger Illusionen sind für alle Kulturen ähnlich, wie die weltweite Ausbreitung der ekstatischen Pfingstbewegung sehr schön vorführt. Ebenso kennen fast alle Völker halluzinogene Rauschmittel, die jeweils typische Erlebnisse erzeugen. Ginzburg sagt dazu, dass die Hexenerlebnisse nicht durch giftige Pilze wie Mutterkorn oder Fliegenpilz erklärt werden können.

Damit hat er recht, nur sucht er im Hexenkräutergarten an der falschen Stelle. Für die typischen Flugerlebnisse, Jenseitserfahrungen und sexuell überlagerten Halluzinationen sind Nachtschattengewächse (Solanaceae) wie Tollkirsche, Engelstrompete, schwarzes Bilsenkraut und der weiße Stechapfel verantwortlich. Die Rauschwirkung dieser Gewächse ist lange bekannt, und sie waren auch ein beliebtes Mittel für Giftmorde. Bilsenkrautsamen wurden bis ins 17. Jahrhundert beim Bierbrauen verwendet, um die Rauschwirkung zu steigern. Der Stechapfel hingegen führt zu typischen Halluzinationen, zum Beispiel:

»Der Patient unterhielt sich angeregt mit einem Mann, der nur ihm sichtbar war, und er fühlte sich verfolgt von schwarzen und roten, kniehohen Spinnen.«

Diese Halluzinationen können tagelang anhalten. Von Selbstversuchen ist dringend abzuraten, weil die Konzentration der Gifte in den Pflanzen sehr stark schwankt und schon eine geringe Überdosierung tödlich wirkt. Selbst bei rechtzeitiger Behandlung kann eine Vergiftung dauerhafte Schäden hinterlassen.

Letzten Endes behandelten auch viele Wissenschaftler die Hexenverfolgung als eine Projektionsfläche für ihre eigenen Wünsche und Vorstellungen. Das Verhalten der Justizorgane und des Klerus erscheint aus heutiger Sicht so unverständlich, dass auch die Forscher nach außergewöhnlichen Erklärungen suchen, nach einer geheimen Verschwörung, die dem Ganzen zugrunde lag. Weil aber keine Beweise dafür zu finden sind, neigen sie dazu, die Verschwörung denjenigen Gruppen zuzuschreiben, denen sie selbst am meisten misstrauen. Auf diese Weise offenbaren einige Hexenforscher in ihren Theorien mehr über ihre eigenen Vorurteile als über die Realität der Hexenverfolgung.

7 Medizin und Magie

Wenn es um unser Befinden geht, um das Gefühl für den eigenen Körper, dann betreten wir einen Bereich, in dem Religion, Magie, Philosophie und Medizin einander seit Jahrtausenden die Vorherrschaft streitig machen. Ob ich einen hellen Schmerz in der Brust, einen dumpfen Druck im Bauch oder eine allgemeine Übelkeit verspüre, kann niemand sehen oder messen. Der Arzt wird meine Lunge und mein Herz abhören, vielleicht mein Blut untersuchen lassen, aber wie ich mich fühle, weiß er nur aus meiner Schilderung. Mein Blut kann alle Anzeichen einer Krankheit aufweisen, und doch geht es mir gut, oder umgekehrt, ich fühle mich elend, obwohl der Arzt in EKG, Blut und Urin keine Veränderungen erkennen kann. Die Medizin hat – auch heute noch – einen nicht messbaren Anteil, einen Bereich, der sich jeder Nachprüfung hartnäckig entzieht. Medizin, so sagen viele Ärzte, ist keine exakte Wissenschaft, und ein Patient ist mehr als die Summe seiner Befunde. Medizin ist eine alte Wissenschaft, der Schamane oder Medizinmann begegnet uns bereits in den Höhlengemälden der Steinzeit. Aber erst im letzten Jahrhundert haben Ärzte die Geheimnisse des menschlichen Körpers enträtseln können. Und erst seit wenigen Jahrzehnten haben wir die Mittel, auch den Geist des Menschen besser zu verstehen. Aber trotz allen Fortschritts ist magisches Denken in der Medizin noch immer weit verbreitet, nicht nur unter Patienten, sondern auch unter Ärzten. Was treibt Menschen dazu, bekannte Naturgesetze einfach zu vergessen und Heilern zu vertrauen, die Wunder versprechen? Warum arbeiten Ärzte mit Heilverfahren, die nur aus einer magischen Weltsicht heraus überhaupt Erfolg versprechen? Die Antwort finden wir am ehesten in der Entwicklung der Medizin, beginnend mit dem Ursprung aller Heilkunde.

Magie und Medizin der Naturvölker

Bei den meisten Naturvölkern sind die Heilkundigen zugleich Magier und Priester. Bei den sibirischen Völkern heißen sie Schamanen, bei den Indianern Medizinmänner, die Kelten nennen sie Druiden. Ihre Welt ist bevölkert von Geistwesen. Die Natur ist beseelt, nicht nur Tiere und Pflanzen, auch Flüsse, Seen, Hügel oder auffällige Steine leben und fordern Tribut oder wollen bei Laune gehalten werden. Die Geister der Vorfahren wachen über die Ordnung des Stammes, hüten die heiligen Stätten und verlangen die strikte Einhaltung alter Riten. Abweichler schlagen sie mit Krankheit. Vielleicht ergreift auch ein Dämon Besitz von einem Menschen und muss ausgetrieben werden. Der Schamane wird von seinem Lehrmeister darin ausgebildet, die geistige Natur einer Krankheit zu erkennen und dagegen vorzugehen. Damit kein falscher Eindruck entsteht: Alle diese Dinge erscheinen den Naturvölkern selbstverständlich und vernünftig. Die Jungen lernen sie von den Alten, und der Glaube an eine beseelte Natur steht nicht im Widerspruch zur alltäglichen Erfahrung. Der Schamane lernt von seinem Meister, welche Riten er auszuführen hat und welche Heilpflanzen seine Beschwörungen unterstützen. Er hat die Fähigkeit, sich in Trance zu versetzen, und ist davon überzeugt, dabei tatsächlich Geistern zu begegnen. Wenn er in seinem Beruf Erfolg haben will, muss er natürlich auch ein guter Menschenkenner sein und darf sich nicht allein auf die Hilfe der Geister verlassen. Schamanen müssen deshalb eine lange und harte Lehrzeit überstehen. Die Ausbildung eines keltischen Druiden soll beispielsweise 20 Jahre gedauert haben.

Das magische Denken eines Schamanen widerspricht weder seinem rationalen Denken noch seiner Erfahrung oder seinem erlernten Wissen. Im Zentrum seines Wirkens steht immer das Ritual, von dessen exakter Ausführung das Wohl seines Stammes abhängt. Das lässt wenig Raum für Neues. Trotzdem werden einige Schamanen neue Riten geschaffen oder neue Heilpflanzen eingeführt haben. Der Rahmen dafür war natürlich eng gesteckt. Ein Schamane lernt von genau einem Meister, und ihm stehen keine ergänzenden Aufzeichnungen zur Verfügung. Er hat vielleicht 200 bis 500 Patienten, sollte er außerordentlich berühmt sein, vielleicht einige Tausend. Die meisten Krankheiten sieht er selten und hat damit wenig Raum für Experimente. Trotzdem haben auch die vermeintlich primitiven Schamanen und Medizinmänner im Laufe von Jahrhunderten und Jahrtausenden ein beträchtliches Wissen angesammelt und tradiert.

Der keltische Druidenorden war vermutlich bereits überregional organisiert, und seine Mitglieder tauschten sich untereinander aus, so dass sie von Entdeckungen einzelner schneller profitieren konnten. Aber die Druiden schrieben ihre Weisheit nicht auf, und so ging sie bereits in der Antike vollständig verloren. Nicht eine Zeile ihrer Gesänge, Lehren und Beschwörungen ist erhalten geblieben. Nur ihr Ruf hat überlebt, diese seltsame Aura der Weisheit und der Geheimnisse.

Das Altertum

Wann immer Menschen größere Gemeinschaften bilden, wird ihr Götterbild abstrakter. Den Ahnen mag ein Schrein im Haus zustehen (wie noch heute in vielen chinesischen Häusern), und die Natur vor der Stadt hat noch immer ihre Schutzgeister. Aber Götter wie Herrscher verschwinden aus der unmittelbaren Sicht der Menschen und ziehen in Tempel und Paläste. Auch in der himmlischen Sphäre beginnt sich die Arbeitsteilung durchzusetzen, und die Götter spezialisieren sich. Heilkundige werden zu Priestern eines bestimmten Gottes und arbeiten nicht mehr allein, sondern in Gruppen. Tempelschulen entstehen, das Heilwissen gerinnt zu Schriftzeichen, und die Schüler nutzen das Wissen vieler Generationen.

In der Antike galt Ägypten als die Nation mit den besten Ärzten. Schon im achten Jahrhundert vor Christus erwähnte Homer den hohen Stand der dortigen Heilkunde. Nun ist Homer, der Autor der Ilias und der Odyssee, nicht unbedingt ein zuverlässiger Reporter, sondern ein wortgewaltiger Dichter epischer Erzählungen. Aber die Archäologen verfügen über sichere Beweise.

Im Jahre 1872 erwarb der deutsche Ägyptologe Georg Ebers einen 18 Meter langen Papyrus mit 108 Kolumnen Text. Beim genauen Hinsehen erwies er sich als echter Schatz: Er stammt aus dem 16. Jahrhundert vor Christus und enthält eine Art Lehrbuch der altägyptischen Heilkunde. Einen ähnlich alten, aber eher chirurgisch ausgerichteten Papyrus kaufte der amerikanische Händler Edwin Smith schon im Jahre 1862, scheiterte aber an der Übersetzung. Erst 68 Jahre später vollendete James Henry Breasted, Direktor des Orient-Instituts der Universität Chicago, die Entzifferung des Hieroglyphen-Textes. Der Inhalt mutet in vielen Teilen geradezu modern an. Sachlich und anschaulich erklärt der unbekannte Autor die Diagnose und Behandlung von Wunden und Knochenbrüchen. Daneben finden sich auch immer wieder Beschwörungen und Bannsprüche. So empfiehlt der Papyrus zur Verjüngung kein Heilmittel, sondern eine Zauberformel. Besseres hat die Medizin allerdings heute auch nicht zu bieten. Der Papyrus Ebers beginnt mit drei Beschwörungsformeln, die das Verabreichen von Arzneien und das Lösen von Verbänden begleiten sollen. Das dort ebenfalls aufgeführte Arsenal an Heilmitteln umfasst über 500 Zutaten für 876 Rezepte. Es erklärt verschiedene Krankheiten und gibt dem Arzt Tipps darüber, was er dem Patienten sagen soll.

Heiler bildeten im alten Ägypten drei Berufsgruppen: Zauberer, Priester des Sekhmet oder weltliche Ärzte. Schon damals, vor 3000 bis 4000 Jahren, gab es Spezialisten für Organsysteme oder Krankheitsgruppen. Mit kühler Beobachtung und rationalem Denken schlugen die frühen ägyptischen Ärzte eine tiefe Bresche in den magischen Überbau der Medizin. Auch bei ihnen blieb das Übernatürliche stets präsent, aber in die Behandlung von Krankheiten zog ein erster Hauch exakter Wissenschaft ein. Das war um diese Zeit geradezu sensationell. Im weiter östlich gelegenen Zweistromland (dem heutigen Irak) galten Krankheiten damals als Strafen der Götter. Wenn der Heiler den verantwortlichen Dämon anhand der Symptome (oder der vorangegangenen Verfehlung) nicht gleich erkannte, verlas er dem Kranken eine Liste der in Frage kommenden Sünden zur freien Auswahl. Jede Verfehlung lockte einen passenden Dämon an. Einige Keilschrifttafeln aus dem Palast von Ninive berichten aber auch von einem weltlichen Zweig der Medizin mit verschiedenen Tränken, Salben, Tinkturen, Inhalationen oder Dampfbädern. Dem Arzt wird eine genaue Untersuchung des Patienten vorgeschrieben, die schließlich zur Diagnose führt. Sühne- oder Reinigungsrituale gehörten jedoch in jedem Fall zur Behandlung.

Im klassischen Griechenland war der Gott Asklepios, besser bekannt unter dem römischen Namen Äskulap, für die Heilkunde zuständig. Äskulap war ursprünglich ein legendärer Arzt, wurde aber bald nach seinem Tod in den Rang eines Gottes erhoben. Kranke suchten seine Tempel auf, um dort eine Nacht zu verbringen. Der Gott erschien ihnen dann im Traum und gab ihnen die Behandlung ein. Das war für alle Seiten zeitsparend und praktisch. In Wahrheit behandelten natürlich medizinisch ausgebildete Priester die Kranken. Ihnen oblag die Diagnose und die Therapie. Sie deuteten auch die Traumorakel, wie wir wohl annehmen dürfen.

Im antiken Griechenland blühte aber auch die weltliche Medizin. Das Bild des Arztes, wie wir es heute kennen, begann sich dort zu formen. Der weltliche Heilkundige war Handwerker, nicht Zauberer. Die Schriften des Hippokrates und seiner Schüler (der so genannte Corpus Hippocraticum) beschreiben nüchtern die damals bekannten Krankheiten, ihre Anzeichen, ihre Behandlung und ihre Prognose. Der Arzt sollte den Patienten genau beobachten. Seine Krankengeschichte und sein Umfeld oder das Klima des Ortes waren sorgfältig zu erheben und zu berücksichtigen. Hippokrates verwarf die verbreitete Idee, dass Krankheiten auf übernatürliche Ursachen zurückgehen. Im Buch über die Epilepsie, die als Heilige Krankheit galt, lesen wir:

»Sie scheint mir in keiner Beziehung einen göttlicheren Ursprung zu haben als die übrigen Krankheiten.«

Die Grundidee des Hippokrates war die Heilung durch Wiederherstellung des natürlichen Gleichgewichts. Dabei half die Mäßigung in allen Dingen. Der Arzt unterstützte im Wesentlichen die Heilkraft der Physis, der Natur. Gesundheit resultierte aus der harmonischen Mischung der Säfte, eine Störung machte den Menschen krank. Gewaltsame Eingriffe konnten nur das letzte Mittel des Arztes sein. Hippokrates empfahl die Chirurgie nur dann, wenn alle anderen Methoden versagt hatten. Eine Störung der Säfte war kaum von einer Störung des *Pneuma* zu trennen. Die antike Vorstellung von dieser flüchtigen, aber lebenswichtigen Substanz lässt sich heute kaum fassen, sie liegt irgendwo zwischen »Luft« und »Seele«.

Während Hippokrates endgültig die Götter aus der Medizin verbannte, so entwickelte er doch magische Vorstellungen vom Geschehen im Körper. Eine Krankheit, so nahm er an, endete mit der Ausscheidung der Krankheitsstoffe. Trotz aller Erfahrung hatten antike Ärzte nur sehr nebelhafte Vorstellungen vom Aufbau und der Funktion der Organe. Das führte zu vielen verschiedenen Ansichten über die Grundlagen von Gesundheit und Krankheit. In den Jahrhunderten nach Hippokrates zerfaserte die griechische Heilkunde in unterschiedliche Schulen mit einander ausschließenden Ideen. Erst die überragende Figur des Arztes Galenos (Galen) von Pergamon (130–201) führte die Richtungen wieder zusammen. Sein äußerst umfangreiches Werk bestimmte die Medizin des Abendlandes für die nächsten 1500 Jahre. Galen war ein Mann der Praxis, kein Philosoph, er behandelte Gladiatoren und Kaiser. Sein Wissen holte er sich aus Tierexperimenten und Sektionen. Weil Menschen tabu waren, sezierte er Affen und Schweine und gewann so neue Einsichten über Aufbau und Funktion der Organe. Seine – falsche – Theorie der Blutbewegung hielt sich bis ins siebzehnte Jahrhundert. Galen war ein, vorsichtig ausgedrückt, sehr selbstbewusster Mensch und scheute sich nicht, die Grenzen seines Wissens durch Spekulationen zu ergänzen. So lehrte er, dass im Herzen aus der Luft ein »Lebensgeist« (Pneuma zootikon) entstand, der im Gehirn in den »Seelengeist« (Pneuma psychikon) verwandelt wurde. Galen schematisierte die Säftelehre der Hippokratiker, wodurch seine Medizin einen recht starren, dafür aber leicht erlernbaren Rahmen erhielt. Die Therapie einer Krankheit zielte auf die Wiederherstellung des Gleichgewichts der Hauptkörpersäfte Blut, Schleim, gelbe und schwarze Galle. Dabei sollte der Arzt auch die Eigenschaften der vier Elemente Luft (trocken), Wasser (feucht), Feuer (warm) und Erde (kalt) bedenken. Gegen eine heiße Krankheit waren kalte Mittel anzuwenden, gegen eine feuchte half Trockenheit. Galens Medizin setzte auf aktive Maßnahmen. Krankheitsstoffe sollten den Körper möglichst schnell verlassen. Er empfahl Aderlass, Brech- und Abführmittel, Schwitzen, Schröpfen oder – Niesen. Diätetische Maßnahmen zur Regulierung der Lebensführung ergänzten seine Therapien.

Galen hat über 300 Einzeltraktate geschrieben und das Lehrgebäude der Medizin in Europa über ein Jahrtausend lang bestimmt. Sein Denken ist logisch, nicht magisch. Seine anatomischen Beschreibungen sind bestechend genau, seine Tierversuche wegweisend. Die Chemie war zu seiner Zeit noch nicht erfunden, die Physik bestand aus den ersten Ansätzen der Mechanik. Mikroskope kannte man nicht einmal dem Namen nach. Galen hat die alte Säftelehre übernommen und standardisiert, denn andere Erklärungen standen ihm nicht zur Verfügung. Dabei griff er aber niemals auf magische Ideen zurück. Seine Bücher kennen keine unbekannten Kräfte oder unerklärlichen Erscheinungen. Selbst seine Ideen vom Pneuma erklären lediglich Umwandlungen, die er tatsächlich beobachtete. Erst unter seinen Nachfolgern verkam seine Lehre zu einem teilweise grotesk magischen Weltbild.

Von Galen zu Paracelsus

Galen lebte auf dem Höhepunkt der römischen Zivilisation. Schon 300 Jahre nach seinem Tod war das Imperium zerfallen, die Ordnung dahin, das Wissen verloren. Die eben erst vertriebenen Dämonen und Geister beanspruchten erneut ihren Platz in der Heilkunde des werdenden Europa. Wieder galt Krankheit als göttliche Strafe. Gebete und Beschwörungen begleiteten die Zubereitung und Einnahme von Arzneien. Nur in Alexandria und Konstantinopel fanden sich noch Gelehrte, die das Wissen Galens, Hippokrates' und anderer antiker Ärzte bewahrten und kommentierten. Von dort aus eroberten ihre Werke den arabischen Raum. In Europa hingegen waren sie vergessen.

Aber hatten die Menschen auch die Erinnerung daran verloren, dass ihre Krankheiten noch wenige hundert Jahre zuvor ohne Gebete geheilt wurden? Vermutlich war es ihnen egal: Wer krank ist, sucht Heilung, und zwar sofort. Was immer Hilfe verspricht, ist willkommen, sei es ein Heilmittel, ein Amulett oder ein Gebet. Jede Erklärung ist erst einmal zweitrangig. Gute Medizin beruht auf den gesammelten Erfahrungen und Aufzeichnungen von Hunderten von Ärzten. Wenn ihre Bücher verschollen sind, müssen die alten Volksrezepte reichen. Auch sie enthalten viel Erfahrung, aber leider ebensoviel Aberglauben.

Ab dem 11. Jahrhundert kamen die verzerrten Abbilder der antiken Medizinbücher nach Europa zurück – als lateinische Übersetzungen aus dem Arabischen. Nach der doppelten, oft stümperhaften Übersetzung waren sie aber nur noch ein Schatten ihrer selbst. Galen erhielt seinen Platz im Olymp der großen Ärzte zurück. Fast 500 Jahre lang galt er als unangreifbar. Erst ab dem 16. Jahrhundert trauten sich Gelehrte, Galen Fehler nachzuweisen. Die Säftelehre spukte, um astrologische und okkulte Elemente angereichert, noch bis ins 19. Jahrhundert durch die Hallen medizinischer Lehrstätten.

Einer ihrer bekanntesten Gegner war der deutsche Arzt Theophrast Bombast von Hohenheim (1493-1541), der sich Paracelsus nannte. Sein Leben ist derart von Anekdoten durchzogen, dass Wahrheit und Legende kaum zu trennen sind. So soll er Galens Bücher öffentlich verbrannt haben, um seine Ablehnung der alten Lehre zu demonstrieren. Das ist aber, wie vieles in seinem Leben, nicht sicher belegt. Wie und wo er studiert hat, weiß man nicht genau. Vermutlich hat er 1515 in Ferrara zum Doctor Medicinae promoviert. Die nächsten neun Jahre kennen wir nur aus seinen eigenen Angaben. Denen zufolge hat er ganz Europa durchwandert, von Portugal bis Schweden, von England bis in die Walachei.

1524 wirkte er in Salzburg und wurde in den Gewerken- und Knappenaufstand verwickelt. Danach wanderte er durch Süddeutschland und tauchte im Dezember 1526 in Straßburg auf. Offenbar erwarb er sich schnell einen ausgezeichneten Ruf, denn schon im nächsten Jahr wurde er zum Stadtarzt von Basel berufen. Mit seinen unorthodoxen Ansichten und Methoden scheint er zunächst gute Erfolge gehabt zu haben. *Experientia* und *Ratio*, Erfahrung und Vernunft, sollen das Handeln des Arztes beherrschen, nicht das überlieferte Bücherwissen, forderte er. Seine guten Kenntnisse der damals aufkommenden Chemie ließen ihn die Unhaltbarkeit von Galens Säftelehre erkennen. Sein außerordentlich streitbarer Charakter verdarb ihm aber jeden längeren Aufenthalt. Mit beißendem Spott kommentierte er die kritiklose Übernahme der nur fragmentarisch erhaltenen antiken Lehrmeinungen in den Medizinschulen seiner Zeit. Die medizinische Fakultät in Basel lehnte es ab, den frisch beamteten Stadtarzt in ihre Reihen aufzunehmen. Unverdrossen hielt Paracelsus dennoch Vorlesungen, zum Ärger seiner Kollegen nicht auf Lateinisch, sondern auf Deutsch. Seine Kritik erstreckte sich nicht nur auf die medizinische Theorie seiner Zeit, sondern auch auf die Praxis. Anders als seine Kollegen verfasste er seine medizinischen und alchemistischen Werke größtenteils ebenfalls in Deutsch. Ein Beispiel:

» ... groß ist die narrheit in doctoribus, ... geben inen [den Bauern] electuaria [Elixiere], syrupos [Sirup], pilulas [Pillen], unguenta

[Salben] und ist alles weder grund, noch arznei, noch verstand, noch wissen drin ...«

Als Stadtarzt in Basel bestand er darauf, Ärzten und Apothekern in der Stadt genauer auf die Finger zu sehen. Er ließ keinen Zweifel daran, dass er so verhindern wollte, dass sie ihren Patienten weiter Schaden zufügten. Offenbar ging er keinem Streit aus dem Wege, und bald hatte er nicht nur die Universität, sondern auch die meisten Kollegen gegen sich aufgebracht. Schon im Februar 1528 musste er aus Basel fliehen, um einem aussichtslosen Prozess zu entgehen. Er ging wieder auf Reisen und schrieb dabei ununterbrochen. Seine Werke befassten sich mit Medizin, Theologie, Alchemie und Philosophie. Die Säftelehre Galens war, wie er richtig erkannte, inzwischen zu einer Art Magie verkommen. Obwohl ihre Grundlagen widerlegt waren, wurde sie noch immer gelehrt, denn das Hinterfragen von Autoritäten galt zu dieser Zeit als Tabubruch. Auf der Grundlage eines Systems, das nach der doppelten Übersetzung aus dem Griechischen ins Arabische und aus dem Arabischen ins Lateinische verstümmelt und verfälscht war, wurden unwirksame und schädliche Therapien gelehrt. Nicht Erfahrung, sondern totes, unverstandenes Buchwissen beherrschte die medizinische Lehre. Dummheit und Aufgeblasenheit bestimmten die Praxis.

Paracelsus wütete so maßlos gegen seine Kollegen, dass die medizinische Fakultät in Leipzig 1530 ein Publikationsverbot seiner Bücher durchsetzte. Erst im Jahre 1536 durfte er in Augsburg sein Hauptwerk, die *Große Wundartzney*, veröffentlichen – und zog darin kräftig vom Leder. Im Vorwort ätzt er über die medizinischen Autoritäten:

»schreier und schwetzer warent sie in pracht und pomp und war in ihnen nichts als ein toten grab, das auswendig schön ist, inwendig ein stinkent fauls as voller würm.«

Paracelsus ersetzte die überholte Säftelehre durch ein nicht minder magisches System. Er betrachtete den menschlichen Körper durchaus zutreffend als eine Art chemischen (oder alchemischen) Reaktor, dem mit chemischen Mitteln zu helfen sei. Zugleich betonte er aber auch den Einfluss der Gestirne auf die Gesundheit und erfand eine mystische Lebenskraft, den »Archäus«. Gelbe Pflanzen, so lehrte er, halfen gegen Gelbsucht. Zugleich betonte er aber ganz vernünftig, dass Liebe und Barmherzigkeit das ärztliche Handeln bestimmen müssten.

Paracelsus vertrat seine mystischen Theorien ebenso entschieden und überheblich wie seine aus Erfahrung gewonnenen Erkenntnisse. Er griff nicht nur die medizinischen, sondern auch die kirchlichen und weltlichen Lehrmeinungen an. So lehnte er die Amtskirche ab und verwarf die Todesstrafe. Wenn man Ehre nach der Anzahl der Feinde misst, wäre sein Ruhm kaum zu ermessen gewesen. Tatsächlich aber war er kaum noch irgendwo gut gelitten. Nach langen rastlosen Wanderungen starb er am 24. September 1541 einsam und verarmt in Salzburg. Allein sein medizinisches Werk umfasst 14 Bände, sein theologisches und sozialethisches weitere acht.

Mit seiner radikalen Ablehnung überkommener Autoritäten erzwang er in Deutschland eine Prüfung der erstarrten medizinischen Lehrmeinungen. Seine medizinisch-mystischen Ansichten konnten sich aber nicht durchsetzen. Sie hätten wohl auf einigen Gebieten einen Fortschritt gebracht, auf anderen hingegen blieben sie eher hinter dem Stand der damaligen Wissenschaft zurück. Zeitlos gültig ist aber seine Forderung, den Patienten in den Mittelpunkt aller ärztlichen Bemühungen zu stellen.

Paracelsus war zwar immer umstritten, aber er geriet nie in Vergessenheit. Die höchste Auszeichnung der deutschen Ärzteschaft ist nach ihm benannt. In ihrem Statut heißt es: »Die Paracelsus-Medaille wird jährlich in der Regel an drei Ärzte verliehen, die sich durch vorbildliche ärztliche Haltung oder durch erfolgreiche berufsständische Arbeit oder hervorragende wissenschaftliche Leistungen besondere Verdienste um das Ansehen des Arztes erworben haben.« Paracelsus hätte sich wohl nicht träumen lassen, dass er, der unversöhnliche Kritiker ärztlichen Standesdünkels, einstmals einer Auszeichnung für »erfolgreiche berufsständische Arbeit« seinen Namen leihen würde.

Naturwissenschaft und Magie: Die Neuzeit

In den folgenden Jahrhunderten begann sich der Nebel der Magie in der Medizin weiter zu lüften. Die Anatomen begannen sich von den Vorgaben Galens zu lösen und wiesen ihm Fehler nach. William Harvey entdeckte 1618 den Blutkreislauf. Galen hatte gelehrt, dass die Leber ständig Blut produziert, das über die Arterien nach außen transportiert wird. Die Entdeckung des Malariamittels Chinin im Jahre 1620 erschütterte die Vier-Säfte-Lehre. Chinin senkt das Fieber, ohne irgendeinen Krankheitsstoff nach außen zu treiben, und es wirkt spezifisch gegen Malaria. Also ist Malaria nicht einfach eine Störung des Gleichgewichts der Säfte, sondern eine von anderen Fiebern unterscheidbare, spezifische Krankheit.

Francis Glisson (1597-1677) und Albrecht von Haller (1708-1777) legten die Grundsteine der modernen Physiologie, der Lehre von den Funktionen des Körpers. Sie und viele andere halfen mit, die moderne Medizin aufzubauen und die magischen Vorstellungen des ausgehenden Mittelalters zurückzudrängen. Aber der Glaube an geheimnisvolle Kräfte jenseits der Wahrnehmung blieb eine ständige Versuchung. Wenn die Forscher des 18. Jahrhunderts darangingen, die vielen neuen Erkenntnisse zu vereinen, scheiterten sie oft an den Wissenslücken der damaligen Zeit. Deshalb erfanden sie Kräfte, Felder und Systeme, um ihre neu entwickelten Theorien zu unterfüttern.

In den letzten Jahren des 18. Jahrhunderts entwickelte der deutsche Arzt Christoph Wilhelm Hufeland seine Lebenskraftlehre. Hufeland war damals der berühmteste deutsche Arzt. Zu seinen Patienten zählten Goethe, Schiller und Herder. 1801 wurde er Leibarzt der königlichen Familie in Berlin und leitender Arzt der

Charité. Er nahm an, dass eine allgemeine Lebenskraft, die *vis vitalis*, allen Lebensvorgängen zugrunde liegt. Darauf war er nicht als Erster gekommen, aber er entwickelte die Idee weiter und gliederte die Lebenskraft in verschiedene Unterkräfte auf. Die Natur und die Lebenskraft, lehrte er, reagierten selbstheilend auf krankmachende Reize. Der Arzt könne sie dabei nur unterstützen. Hufelands hohes Ansehen machte diese Theorie in Deutschland außerordentlich populär. Er veröffentlichte seine Ideen unter anderem in seinem Buch *Makrobiotik oder die Kunst das menschliche Leben zu verlängern.* Seine Prognose zur Obergrenze der menschlichen Lebenszeit war ausgesprochen großzügig: 200 Jahre hielt er für durchaus erreichbar. Das klang verheißungsvoll, zumal von einem angesehenen Arzt kommend. Das Buch verkaufte sich glänzend. Zur Lebenskraft schrieb Hufeland:

> *»Unstreitig gehört die Lebenskraft unter die allgemeinsten, unbegreiflichsten und gewaltigsten Kräfte der Natur ... Sie ist unerschöpflich, unendlich – ein wahrer, ewiger Hauch der Gottheit.«*

Die Lebenskraft sorgte nach seiner Auffassung dafür, dass Organismen nicht einfach auseinanderfielen oder zu faulen begannen. Es war die Zeit, als die Elektrizität und der Magnetismus entdeckt wurden. Warum sollte es nicht eine weitere unsichtbare Kraft geben? Hufeland hätte sich vermutlich dagegen verwahrt, seine Vorstellung von der Lebenskraft als Ausdruck magischen Denkens zu deuten. Aber ohne es zu merken, war er einem typischen geistigen Kurzschluss aufgesessen: Er fasste mehrere unerklärte Phänomene zusammen und schrieb sie einer neuartigen, nicht wahrnehmbaren Kraft zu, die er »die feinste, durchdringendste und unsichtbarste Kraft der Natur« nannte. Damit es besser passte, fächerte er die Lebenskraft auf in eine erhaltende, eine regenerierende, eine Kraft des Blutes, der Nerven, eine allgemeine und eine spezifische »reizende« Kraft.

„Reiz« war das medizinische Stichwort, um das sich die meisten Theorien des 18. Jahrhunderts rankten. Nerven und Muskeln ließen sich reizen, das war sicher nachgewiesen. Der ganze Organismus wurde deshalb als »reizgesteuert« interpretiert. Hufeland sah in einer Krankheit eine Störung der reizbaren Lebenskraft durch falsche Reize. Die Heilkraft der Natur und die Lebenskraft des Organismus versuchten dann, die Gesundheit wiederherzustellen. Wie aber konnte Hufeland seine Lebenskraft die »unbegreiflichste« und »unsichtbarste« nennen, wenn er ihr gleichzeitig sehr genaue Wirkungen unterstellte? Wie konnte er seine Kraft in Unterkräfte aufteilen, wenn nicht einmal das Grundkonzept bewiesen war? Bei genauer Betrachtung hatte er lediglich halb verstandene Ideen und Konzepte der beginnenden Naturwissenschaften zu einer Theorie zusammengeworfen, um seine eher intuitive Vorstellung von richtiger Medizin theoretisch zu untermauern.

Glücklicherweise war seine Behandlung eher defensiv und vertraute auf die von ihm behauptete Heilwirkung der Natur. Damit richtete sie vermutlich weniger Schaden an als die damals verbreiteten brachialen Therapiemethoden. Zwar war Galens Säftelehre etwas aus der Mode geraten, seine Idee der forcierten Ausscheidung schädlicher Stoffe aber hatte die Zeit überdauert. Aderlass, erzwungenes Schwitzen, Abführen, Schröpfen und Erbrechen galten noch immer als Therapie der Wahl, unterstützt von hohen Dosen oft giftiger Rezepturen. Als George Washington, der Gründungspräsident der USA, am 13. Dezember 1799 an einer Entzündung der Atemwege erkrankte, entschied sich sein Arzt für einen Aderlass und zapfte dem Siebenundsechzigjährigen mehr als eineinhalb Liter Blut ab. Diese Behandlung schwächte den alten Mann derart, dass er am folgenden Tag starb.

Vor diesem Hintergrund war Hufelands Idee von der vorsichtigen Unterstützung natürlicher Heilkräfte nicht unbedingt schlecht. Die Theorie dahinter hatte er aber so angelegt, dass sie sich jeder Überprüfung entzog und beliebige Schlüsse erlaubte – ein klassischer Fall magischen Denkens.

Hufelands Vorstellung von der heilenden Natur passte gut in die Naturromantik des 19. Jahrhunderts, und so wurde er bald zum

Schutzpatron der deutschen Naturheilkundigen. Die heutige Hufelandgesellschaft e.V. versteht sich als Dachverband der Ärztegesellschaften für Naturheilkunde und Komplementärmedizin. Hufeland konnte seine Theorie über die Verlängerung des Lebens übrigens nicht in die Praxis umsetzen: Keiner seiner Patienten wurde auch nur annähernd zweihundert Jahre alt, er selbst starb 1836 wenige Tage nach seinem vierundsiebzigsten Geburtstag.

Samuel Hahnemann, Erfinder der Homöopathie

Noch berühmter als Hufeland wurde sein Zeitgenosse Samuel Hahnemann (1755-1843), der Erfinder der Homöopathie. Er war ein ganz anderer Typ als Hufeland. Allen Theorien abhold, experimentierte er lieber und behandelte entsprechend seiner persönlichen Erfahrung. Seine Schlussfolgerungen zog er aus vielen Versuchen mit den verschiedensten Stoffen und Kräuterextrakten. Er nahm die Pulver oder Lösungen selbst ein, verabreichte sie seinen Schülern und seiner Familie. Unglücklicherweise neigte er dazu, seine Erkenntnisse unzulässig zu verallgemeinern. Er hatte einmal festgestellt, dass er von Chinarinde (dem Ausgangsstoff für Chinin) ein Malaria-ähnliches Fieber bekam. Genauer gesagt, er schloss aufgrund eines zeitweise beschleunigten Herzschlages darauf. Die Schwankungen seiner Pulsfrequenz betrachtete er als Zeichen eines an- und abschwellenden Fiebers, dem typischen Kennzeichen der Malaria. Allerdings sollte Chinarinde gerade gegen Malaria helfen. Daraus machte Hahnemann ein allgemeines Prinzip: Was beim Gesunden ein Symptom hervorruft, kann es beim Kranken, der bereits unter diesem Symptom leidet, zum Verschwinden bringen. Auf welchem Wege sollte das geschehen? Das kümmerte ihn zunächst wenig, er experimentierte fleißig und fand überreichlich weitere Arzneien, die seine Thesen bestätigten. Seine *Reine Arzneimittellehre* (ab 1811) umfasste schließlich sechs Bände. Nun beruhte sein Chinarinden-Versuch aber auf einem Fehler: Chinarinde ruft beim Gesunden kein Fieber hervor. Hahnemann mag dagegen allergisch gewesen sein, ein verunreinigtes Pulver geschluckt haben oder sich zufällig mit einer Grippe angesteckt haben. Oder er hatte gar kein Fieber, und sein schneller Pulsschlag hatte andere Gründe. Wie auch immer: Das einmal wahrgenommene Prinzip sah er nun überall. Gleiches heilt Gleiches – similia similibus curantur, so lautete sein Motto. Um das richtige Mittel zur Gesundung zu finden, forderte Hahnemann eine genaue Analyse des Umfelds, der Krankengeschichte, des Krankheitsgefühls und aller erkennbaren Symptome. Erst dann war eine Verordnung sinnvoll. Er veröffentlichte mehrere Zeitschriftenartikel und Bücher dazu. 1810 folgte dann sein Hauptwerk, das *Organon der rationellen Heilkunde* (ab der zweiten Auflage: *Organon der Heilkunst*). Es war geschrieben wie ein in Stein gemeißeltes Gesetzeswerk und wie ein solches in Paragraphen gegliedert. Hahnemann fasste seine Lehre in dogmatische, herrische, keinen Widerspruch duldende Sätze. Wie bei jedem Religionsstifter teilte sich das Publikum alsbald in Anhänger und Gegner, Gläubige und Ungläubige.

Hahnemann sah sich im Recht, schließlich hatte er seine Lehre durch Versuche selbst bewiesen. Und er machte weiter: 1828 bis 1830 erschien sein fünfteiliges Werk *Die chronischen Krankheiten*. Dazu zählte er die Geschlechtskrankheiten Syphilis und Gonorrhoe sowie ein Miasma (= die Ausdünstung, Verunreinigung) namens Psora, das er zur Mutter aller Krankheiten ernannte. Er hatte festgestellt, dass seine homöopathischen Mittel bei chronischen Krankheiten oft nur zeitweilig wirkten. Das war gut beobachtet, aber für Hahnemann offenbar kein Grund, seine Grundidee noch einmal selbstkritisch zu durchleuchten. Stattdessen nahm er an, dass alle chronischen Krankheiten nur sichtbare Erscheinungsformen des üblen Psora-Miasma waren. Psora war in seinen Augen eine Mangelkrankheit, ohne die beispielsweise eine Syphilis überhaupt nicht ausbrechen konnte. Die Behandlung des Psora-Miasma war schwierig, der Arzt musste nach Ansicht Hahnemanns die Behandlung genau auf den Einzelfall anpassen und die richtigen homöopathischen Medikamente durch Versuch und Irrtum herausfinden.

Zum ersten Mal erklärte Hahnemann, dass die Wirkung homöopathischer Arzneien sich durch Verdünnen steigern ließe, wenn man die Medikamente dabei auf richtige Weise schüttelte oder rieb. Die Nebenwirkungen sollten dabei abnehmen. Auf diese Weise ließen sich homöopathische Mittel besser auf die gewünschte Wirkung zuspitzen (Hahnemann sprach von »Potenzieren«). Wie das Mittel aber wusste, welche seiner Wirkungen der verordnende Arzt nun wünschte und welche nicht, ließ Hahnemann offen.

Ab der vierten Auflage des *Organon* befasste sich der Erfahrungsmediziner Hahnemann erstmals mit der Theorie seiner Heilkunde und zog dafür Hufelands Lebenskraftlehre heran. »Einzig die krankhaft gestimmte Lebenskraft bringt die Krankheiten hervor«, schrieb er in der sechsten und letzten Auflage.

Im Laufe seines Lebens hatte Hahnemann aus seiner ursprünglichen Erfahrungswissenschaft eine Weltanschauung gemacht. Dabei war er gleich mehreren klassischen Denkfehlern aufgesessen. Er hatte die Wirkungen der Rezepte seines Arzneimittelbuchs an Gesunden getestet, um die Symptome festzustellen, die sie hervorriefen. Dann aber ging er von der falschen Voraussetzung aus, dass er damit bei Kranken genau diese Symptome bekämpfen konnte. Er behandelte viele Patienten mit seiner Methode, und in der Tat erzielte er gute Erfolge, jedenfalls nach seiner eigenen Einschätzung. Jeder Arzt neigt dazu, die Genesung seiner Patienten auf seine Behandlung zurückzuführen. Eine Verschlechterung der Krankheit dagegen ist nicht seine Schuld, sondern hat immer andere Gründe.

Hahnemann war kein Mensch, der seinen Kollegen höflich seine Ergebnisse vorstellt und ihre Kritik als Anregung auffasst. Nein, er verlangte die bedingungslose Übernahme seiner Lehren. Mit zunehmendem Alter bestand er darauf, dass seine Anweisungen genauestens befolgt wurden. Ohne Diskussion, ohne Widerspruch, ohne Abweichungen.

So erstarrte seine Behandlung zum Ritual. Das Organon wurde zur Bibel einer fast religiösen Heilersekte. Noch heute findet man es im Internet ehrfürchtig zitiert.

Magisches Denken: 19. Jahrhundert und Gegenwart

Auch nach 200 Jahren ist die Wirkung der Homöopathie nicht erwiesen, aber der feste Glaube ihrer Anhänger hält sie am Leben. Kann sie aber überhaupt wirken? Ist es möglich, das die Wirkung einer Arznei stärker wird, wenn man immer weniger davon nimmt? Sogar dann, wenn kein Atom des Wirkstoffs mehr vorhanden ist? Der Physiker Martin Lambeck hat die Theorie der Homöopathie im Lichte physikalischer Gesetze untersucht und festgestellt, dass es eine geistartige Kraft geben müsse, welche die Wirkung vermittelt, denn nach physikalischen Gesetzen ist das leider unmöglich. Homöopathielösungen sollen sich in ihren Glasfläschchen übrigens fünf Jahre halten, dann ist der Flaschengeist offenbar müde. Womit wir wieder bei der Magie wären.

Und wenn es doch wirkt? Sorgfältig kontrollierte Studien haben bisher keine reproduzierbaren Effekte festgestellt. Aijing Shang und Matthias Eggers haben im Jahre 2005 eine Metastudie veröffentlicht, in der sie die Ergebnisse einer ganzen Reihe von früheren Studien kritisch untersucht und zusammengefasst haben. Ergebnis: keine nachweisbare Wirkung von homöopathischen Zubereitungen. Es gibt eine weltweit tätige Gruppe von Ärzten und Wissenschaftlern, die solche Metastudien zusammenstellen, um klinisch tätigen Medizinern ein Vorgehen nach dem neuesten Stand der Wissenschaft zu möglichen: die *Cochrane Collaboration*. Sie arbeitet nach strengen Regeln, um Ergebnisfehler und -verzerrungen möglichst auszuschließen. Cochrane-Studien zum Einsatz von homöopathischen Mitteln bei Demenz, Asthma und Hyperaktivität haben keine eindeutigen Wirkungen nachweisen können.

Trotzdem lebt in Deutschland eine ganze Industrie von homöopathischen Heilmitteln. Allein die zur Delton-Gruppe gehörende Firma Biologische Heilmittel Heel GmbH, der umsatzstärkste Hersteller in diesem Segment, setzte 2007 erstaunliche 165 Millionen Euro um, ein Drittel davon in Deutschland. Rechnet man Apotheken, Ärzte und Heilpraktiker hinzu, wird der Gesamtumsatz wohl die Milliardengrenze überschreiten. Bei der Frage der Wirksamkeit von Homöopathie geht es schon lange nicht mehr ums Prinzip, es geht um viel Geld.

Noch merkwürdiger als die Homöopathie ist die anthroposophische Medizin, die Rudolf Steiner (1861–1925) erfunden hat. Hier ist die Wiederherstellung des Gleichgewichts zwischen Äther- und Astralleib sowie zwischen dem Ich-Leib und dem physischen Leib das Ziel. Dazu empfiehlt Steiner ungewöhnliche Heilmittel. Die Kreuzspinne ist zum Beispiel in »kosmische Zusammenhänge außerirdischer Natur« eingesponnen. Sie hilft unfreiwillig, zerstampft und püriert, gegen Muskelerkrankungen. Das können Sie auch selber zubereiten, Kreuzspinnen gibt es zur Genüge. Blei korrespondiert mit Saturn, es hilft deshalb bei Milzerkrankungen. Das sollten Sie besser nicht selbst herstellen, Blei ist giftig.

Damit ist unser historischer Exkurs in der Gegenwart angelangt. Ca. 20 000 Ärzte schmücken ihr Arztschild derzeit mit der Zusatzbezeichnung »Naturheilkunde« oder »Homöopathie«, Tendenz steigend. Anthroposophische Medizin, Homöopathie und Phytotherapie (Pflanzenmedizin) gelten im deutschen Sozialgesetzbuch und im Arzneimittelgesetz als »besondere« Therapierichtungen. Allein in Deutschland gibt es fünf anthroposophische Krankenhäuser. In einer ganzen Reihe von Zeitschriften bestätigen sich die Anhänger der verschiedenen Richtungen gegenseitig die Wirksamkeit ihrer Behandlungen.

Kommen wir jetzt auf unsere Ausgangsfrage zurück: Wieso hat sich das magische Denken bei Patienten und Ärzten so lange gehalten, und warum breitet es sich bei den Ärzten wieder aus? Viele Stoffwechselwege sind entschlüsselt, viele Funktionen des Körpers enträtselt. Mehrere Generationen von Ärzten haben die Veränderungen der Körperfunktionen bei Krankheiten erforscht und aufgeschrieben. Das medizinische Wissen vervielfacht sich ständig. Die von der amerikanischen *National Library of Medicine* betriebene Datenbank *PubMed* enthält mehr als 17 Millionen Nachweise von Zeitschriftenartikeln. Die Cochrane-Library sammelt Übersichtsarbeiten, um gesicherte Therapierichtlinien für bestimmte Erkrankungen festlegen zu können. Bisher hat sie mehr als 2500 Veröffentlichungen erfasst, die sich auf rund eine halbe Million Einzelstudien stützen. Das Examenswissen der Medizinstudenten beläuft sich auf weit über 10 000 Buchseiten (2900 Seiten hat alleine Harrisons Lehrbuch der Inneren Medizin).

Dieser Segen ist zugleich ein Fluch: Kein niedergelassener Arzt kann auch nur annähernd auf dem Stand der Medizin bleiben. Das gilt insbesondere für Hausärzte und Allgemeinärzte, die von allen Fachgebieten wenigstens einen Überblick haben sollten.

Viele werden im Laufe der Zeit zu Polypragmatikern, oder anders ausgedrückt: Sie verschreiben das, was nach ihrer Erfahrung den Patienten am besten hilft. Ihre Kenntnisse der Stoffwechselvorgänge und der Körperfunktionen stammen aus dem Studium. Sie haben sie notgedrungen aktualisiert, solange sie in die Krankenhaushierarchie mit ihren täglichen Besprechungen und häufigen Konferenzen eingebunden waren. Aber wer nimmt schon nach einem 12-Stunden-Arbeitstag aktuelle Biochemie- oder Pharmakologie-Bücher zur Hand, um sich auf den neuesten Stand zu bringen? Kann es wirklich sein, dass ein durchschnittlich alter Hausarzt (51 Jahre) kaum noch aktuelles Grundlagenwissen hat? Vielfach ist es so. Wenn Sie sich trauen, fragen sie Ihren Arzt doch einmal, auf welchen Stoffwechselweg Acetylsalicylsäure (Aspirin) einwirkt und wie es die Blutgerinnung hemmt. Die meisten niedergelassenen Ärzte werden Ihnen das nicht auf Anhieb sagen können. Eine Weiterbildung ist zwar vorgeschrieben, die Inhalte sind aber freigestellt. Eine Ausbildung in Naturheilverfahren oder Traditioneller Chinesischer Medizin zählt dabei ebenso viel wie ein Seminar zur aktuellen Behandlung der koronaren Herzkrankheit. Für den von ständig wechselnden Therapieempfehlungen überforderten Arzt ist die Naturheilkunde ein sicherer Hafen. Akupunktur ist Handwerk, und der Homöopath kann Symptome und Heilmittel in umfangreichen Katalogen, sogenannten Repertorien, nachschlagen. Das vorgeschriebene, tiefschürfende Patientengespräch am Anfang einer homöopathischen Therapie beeindruckt die Patienten oft mehr als die verordneten Kügelchen und verbessert so den Ruf des Arztes. Die Renaissance der Naturheilkunde ist zum guten Teil durch das übermenschlich große Wissen bedingt, das den Ärzten heute abverlangt wird.

Warum verzweifeln die Ärzte dann nicht an ihrem Beruf? Einmal gibt es eine klare Trennung zwischen häufigen und seltenen Erkrankungen. Hausärzte kennen die Behandlung von häufigen Krankheiten recht gut; sie werden also beispielsweise eine Grippe, einen Heuschnupfen, einen Diabetes oder eine Herzkrankheit aus ihrer Erfahrung heraus auch recht gut behandeln. Patienten mit seltenen Erkrankungen hingegen müssen oft eine jahrelange Odyssee hinter sich bringen, bevor jemand die richtige Diagnose stellt. Vielfach sieht ein Hausarzt aber auch Patienten mit recht allgemeinen Beschwerden, wie z. B. Rückenschmerzen, Bauchschmerzen, Gliederschmerzen, Kopfschmerzen. Wenn die Symptome auf keine der häufigen Krankheiten passen, was soll er tun? Er sucht nach einer vorsichtigen, ungefähr passenden Therapie und wartet ab. Einfache Beschwerden verschwinden eventuell von selbst, wenn nicht, ist immer noch Zeit für eine weitergehende Diagnostik.

Die therapeutische Illusion

Der englische Arzt K. B. Thomas machte 1978 die Probe aufs Exempel: Er teilte Patienten mit unspezifischen, aber nicht allzu starken Beschwerden in zwei Gruppen ein: Die einen bekamen eine Diagnose (z. B. ihre Beschwerden auf Lateinisch) und eine

Therapie, den anderen wurde gesagt, der Arzt könne kein Anzeichen einer Krankheit finden. Einen Monat später ging es 55% in der therapierten Gruppe und 61% in der unbehandelten Gruppe so viel besser, dass sie keine Behandlung mehr brauchten und als geheilt gelten konnten! Was sagt uns das? Ein Arzt wird in jedem Fall gute Erfolge sehen, selbst wenn er nichts verschreibt, denn er selbst ist bereits ein mächtiges Heilmittel! In mehr als der Hälfte der Fälle wird *jede* seiner Therapien anschlagen. Der Arzt schwört dann auf seine Behandlung und der Patient auf den Arzt. Thomas spricht deshalb von der *therapeutischen Illusion*. Ein ähnliches Phänomen lässt sich bei wellenförmig verlaufenden Erkrankungen beobachten. Weil die Patienten über Jahre hinaus wechselnd starke Schmerzen haben, probieren sie die verschiedensten Methoden und Ärzte aus. Wenn eine Behandlung zufällig mit einem Rückgang der Schmerzen zusammenfällt, gilt sie als wirksam. So kommt jede noch so abwegige Therapie zu ihren Scheinerfolgen. Denn gerade bei der Behandlung von Schmerzen wirkten bereits der Glaube an die Behandlung und die Zuwendung des Arztes. Damit lässt sich das erstaunliche Ergebnis der deutschen GERAC-Studie zur Wirkung der Akupunktur bei Gonarthrose (Verschleiß des Kniegelenks mit Abbau und letztlich Zerstörung des Gelenkknorpels) erklären. Verschiedene Krankenkassen hatten diese Studie in Auftrag gegeben, um die Wirksamkeit der Akupunktur zur Schmerzbehandlung zu klären. Die Zerstörung der Knorpelschicht des Kniegelenks ist eine Alterserscheinung. Sie lässt sich derzeit nicht heilen, der Arzt kann nur den Schmerz lindern. Die GERAC-Studie zeigte, dass Akupunktur nach der Lehre der Traditionellen Chinesischen Medizin (TCM) die Schmerzen stärker bekämpfte als eine reine Schmerzmittelbehandlung. Wenn man aber die Nadeln an Punkte setzte, wo sie nach der Lehre der TCM keine Wirkung haben dürften (Sham-Akupunktur), ließ der Schmerz genauso stark nach. Ein Unterschied zur »echten« Akupunktur war nicht auszumachen. Reagierten die Patienten auf die Nadeln oder auf den Arzt, der sie setzte? Die Studie stellt lapidar fest, dass die beiden Akupunkturgruppen (TCM und Sham) mehr ärztliche Zuwendung bekamen als die Vergleichsgruppe. Damit ist die Studie als Wirknachweis der TCM-Akupunktur nicht zu gebrauchen. Die Ergebnisse weiterer GERAC-Studien zu Rückenschmerzen und Migräne zeigten ganz ähnliche Ergebnisse. Trotzdem übernehmen die gesetzlichen Kassen seit dem 1.1.2007 die Kosten für Akupunktur bei Gonarthrose und Schmerzen im unteren Rücken.

Placebo-Effekt und therapeutische Illusion

Die im Text beschriebene therapeutische Illusion ist nicht identisch mit dem sogenannten Placebo-Effekt. Beim Placebo-Effekt handelt es sich um eine Besserung von Beschwerden durch ein Scheinmedikament. Die Wirkung eines Medikaments wird in klinischen Studien daran gemessen, um wie viel es besser wirkt als das Scheinmedikament. Dabei dürfen weder Ärzte noch Patienten wissen, wer das Scheinmedikament (Placebo) und wer das echte Medikament (Verum) bekommt. Man spricht dann von einer Doppeltblindstudie. Der Placebo-Effekt ist erstaunlich ausgeprägt und vermittelt Ärzten und Patienten ein falsches Bild von der Wirkung der Heilmittel.

Auch die Person des Arztes und seine Beziehung zum Patienten beeinflussen den Verlauf einer Erkrankung. Zuwendung, Zeit, menschliche Wärme oder Vermittlung von Optimismus helfen ebenso bei der Behandlung wie alle Medikamente. Allein der Glaube des Arztes an ein Medikament verbessert seine Wirkung. Dazu kommt noch ein anderer Punkt: Je mehr sich der Arzt um den Patienten kümmert, desto weniger mag der Patient ihn enttäuschen. Er wird dem Arzt also sagen: »Ich glaube, das hat ein bisschen geholfen«, auch wenn er in Wirklichkeit keine Besserung verspürt.

Das Wort Placebo-Effekt deckt nicht alle diese Wirkungen ab, denn unter einem Placebo versteht man in erster Linie ein Medikament (auch wenn der Ausdruck immer allgemeiner verwendet wird). Der Placebo-Effekt lässt sich nur bei kontrollierten Studien nachweisen, also unter Bedingungen, die nicht dem Alltag von niedergelassenen Ärzten entsprechen. Die therapeutische Illusion deckt dagegen jede Situation ab, bei der der Arzt oder Patient den Eindruck bekommt, eine Behandlung habe gewirkt. Das wirkt sich besonders stark bei zwei Gruppen von Krankheitsbildern aus:

1. Krankheiten mit chronischen Schmerzen von unvorhersehbar wechselnder Stärke. Schmerzen im unteren Rückenbereich oder bei Kniegelenksverschleiß (Gonarthrose) beispielsweise verändern sich ständig und werden oft ohne erkennbare Ursache schlimmer oder besser. Die meisten Menschen gehen nur zum Arzt, wenn sie besonders starke Schmerzen haben. Im weiteren Verlauf würden die Schmerzen mit großer Wahrscheinlichkeit wieder nachlassen. Deshalb unterliegt der Arzt hier leicht der Illusion, seine Therapie habe gewirkt, auch wenn sie den normalen Verlauf des Leidens kaum beeinflusst hat.
2. Leichte Infektionskrankheiten. Erkältungskrankheiten oder unkomplizierte Durchfallerkrankungen bei ansonsten gesunden Menschen verschwinden normalerweise auch ohne Behandlung recht schnell. Deshalb scheint jede Therapie zu wirken.

Viele Ärzte (nach einer internationalen Metastudie aus dem Jahre 1998 mehr als die Hälfte) schwören auf alternative Therapien mit magischer Grundlage wie Homöopathie, Akupunktur oder Anthroposophie, sind aber in Wirklichkeit der therapeutischen Illusion erlegen.

Magie, Medizin und viel Geld

Magisches Denken in der Medizin wird in Deutschland gesetzlich gefördert. Vor die Zulassung neuer Medikamente hat der Gesetzgeber ein äußerst umfangreiches Zulassungsverfahren gesetzt.

Homöopathische und phytotherapeutische Heilmittel aber müssen laut Arzneimittelgesetz nicht zugelassen, sondern nur registriert werden. Wenn der Hersteller eine Registrierung zur Linderung einzelner Symptome oder zur Bekämpfung leichter und mittelschwerer Erkrankungen beantragt, reichen eventuell schon zwei Einzelfallberichte zum Nachweis der Wirksamkeit. Das gibt den Herstellern solcher Mittel einen enormen Marktvorteil. Auch für den Unbedenklichkeitsnachweis gibt es Erleichterungen. Im Arzneimittelgesetz steht dazu:

> *Die Unterlagen über die pharmakologisch-toxikologische Prüfung sind vorzulegen, soweit sich die Unbedenklichkeit des Arzneimittels nicht anderweitig, insbesondere durch einen angemessen hohen Verdünnungsgrad ergibt. AMG §38(2) Satz 3*

Anders als in der Homöopathielehre sieht das Arzneimittelgesetz also die fachgerechte Verdünnung homöopathischer Arzneimittel nicht als »Potenzierung« an, sondern als Indiz für zunehmende Unwirksamkeit. Warum aber zählt es sie dann zu den Heilmitteln?

»Homöopathie« oder »Naturheilverfahren« darf als Zusatzbezeichnung auf dem Arztschild geführt werden. Während ein ärztliches Gespräch und die Aufnahme der Krankengeschichte normalerweise kaum honoriert werden, bezahlen die Privatkrankenkassen die homöopathische Fallaufnahme deutlich höher. Homöopathen wird also zugestanden, sich mit den Patienten sehr viel ausführlicher zu unterhalten als andere Ärzte.

Es gibt einen ganzen Berufsstand, der hauptsächlich vom magischen Denken in der Medizin lebt: die Heilpraktiker. Die gesetzliche Grundlage ihres Berufs, das Heilpraktikergesetz, ist ein bemerkenswertes Dokument. Es stammt aus dem Jahr 1939 und besteht aus nur acht Paragraphen, von denen einer gänzlich wortlos ist und drei weitere jeweils nur einen Satz beitragen. Selbst die neueste Fassung vom 23.10.2001 verkündet in der Eingangsformel: »Die *Reichsregierung* hat beschlossen ...« Für die Durchführung soll nach §8 der *Reichsminister* des Inneren die notwendigen Rechts- und Verwaltungsvorschriften erlassen. Das Gesetz erlegt den Heilpraktikern keine besonderen Pflichten auf. Sie müssen ihre Leistungen nicht dokumentieren und unterliegen nicht der ärztlichen Schweigepflicht. Was Sie Ihrem Heilpraktiker berichten, ist rein rechtlich nicht vertraulicher als das, was Sie Ihrem Friseur erzählen. Auch die Ausbildung ist nicht geregelt. Ursprünglich ließ das Gesetz keine neuen Heilpraktiker zu, darum erübrigte sich die Ausbildung. Diese Einschränkung ist inzwischen aufgehoben, eine entsprechende rechtliche Anpassung aber fehlt. Vom handwerklichen Aspekt her macht das Gesetz den Eindruck einer abbruchreifen Ruine, ganz so, als ob es im Grunde nichts zu regeln gäbe. Inzwischen fühlen sich aber immer mehr Menschen fähig und berufen, ohne medizinische Ausbildung zu heilen. Verzeichnete das Statistische Bundesamt im Jahre 2000 noch dreizehntausend Heilpraktiker, waren es 2006 schon neunzehntausend. Vor der Anerkennung muss der Kandidat dem Gesundheitsamt nachweisen, dass er keine Gefahr für seine Patienten darstellt. Dafür müssen die Bewerber ein recht umfangreiches medizinisches Wissen vorweisen, und so fallen in der Prüfung bis zu 80% der Kandidaten durch. Abgesehen von der Prüfung sind die Voraussetzungen eher harmlos: Mindestalter 25 Jahre, Hauptschulabschluss, körperliche und seelische Eignung, nachzuweisen mit Attest und Führungszeugnis. Berufserfahrung oder Lehrzeit sind nicht notwendig. So tummeln sich einige abenteuerliche Gestalten mit abstrusen Heilmethoden in der Szene. Die Heilpraktikerverbände sind darüber nicht eben glücklich. Einige versuchen, ihre Mitglieder zu einem Mindeststandard zu verpflichten. Die in der Gemeinschaftsinitiative »Die Deutschen Heilpraktikerverbände – DDH« zusammengeschlossenen Berufsverbände haben ihre Berufsordnung erkennbar nach ärztlichem Vorbild gestaltet. Sie verlangen von ihren Mitgliedern die Einhaltung einer Schweigepflicht und bestehen auf einer Dokumentation der Behandlung. Wer sich nicht daran hält, muss seinen Berufsverband verlassen, Schlimmeres kann ihm aber nicht passieren. Er darf sich weiterhin Heilpraktiker nennen und auch seinen Beruf weiter ausüben.

Die DDH-Verbände bemühen sich um ein seriöses Berufsbild. In einem entsprechenden Beschluss führen sie aus:

> *»Die Selbstheilungskräfte sind [...] Ausdruck der allgemeinen Heilkraft der Natur, die in der Lebenskraft einer Persönlichkeit begründet sind.«*

> *»therapeutische Überlegungen [des Heilpraktikers] zielen auf das Begünstigen der Selbstheilungskräfte zu einem natürlichen Heilverlauf, ob es um eine Entlastung und Entgiftung des Organismus durch Aus- und Ableitungsmethoden geht, ob es durch Simulieren von Störungen [...] geschieht, wie in der Homöopathie oder Hydrotherapie, ob es durch gezielte Erregung von Kompensationssystemen geschieht, wie in der Humoralpathologie [Säftelehre]«*

und

> *»Der Heilpraktiker regt bei seiner Behandlung stets die natürlichen Selbstheilungskräfte an.«*

Das gibt recht gut den Stand der Medizin zu Beginn des 19. Jahrhunderts wieder und vereint großzügig die einander widersprechenden Strömungen der damaligen Zeit. Inzwischen schreiben wir aber das 21. Jahrhundert, und es ist doch fraglich, warum Patienten freiwillig auf den medizinischen Fortschritt der letzten zweihundert Jahre verzichten sollen. Aber vielleicht wird unsere Standardmedizin ja im 23. Jahrhundert auch als »Naturheilkunde« gelten, wer weiß?

Grenzen medizinischer Hilfe

Wie gesagt: Medizin ist keine exakte Wissenschaft. Sie hat sehr viel mit dem Verhältnis von Arzt und Patient zu tun. Die magischen

Therapien füllen die Lücken, welche die naturwissenschaftlich orientierte Medizin offengelassen hat. Kein verantwortungsvoller Arzt wird heutzutage Syphilis oder Cholera nach den Vorgaben Hahnemanns mit homöopathischen Mitteln behandeln. Wenn aber der Arzt nicht mehr weiter weiß, greift auch er eventuell zur Magie und versucht, die »Lebenskraft« zu korrigieren, den »Astralleib« zurechtzurücken oder den Fluss des »Qi« mit Akupunkturnadeln zu steuern. Deshalb sind die Domänen der magischen Heilverfahren langwierige, mit wiederkehrenden Schmerzen verbundene Erkrankungen, die mit der medizinischen Standardtherapie nicht geheilt und nur unzureichend gelindert werden können. Die Arthrose im Kniegelenk; die wiederkehrende Migräne; quälende, von Todesangst begleitete Asthmaanfälle, immer wieder auftretende Kreuzschmerzen: Das sind Beispiele für Krankheiten, bei denen die geplagten Patienten jede Behandlung ausprobieren, sei sie auch noch so ausgefallen. Die Theorie dahinter ist ihnen egal, wenn es nur hilft. Alle diese Krankheiten bessern oder verschlimmern sich nach einem unberechenbaren Muster. Fällt eine Therapie mit einer Phase der Besserung zusammen, so betrachten Patient und Therapeut sie als wirksam. Die Enttäuschung folgt regelmäßig bei der nächsten Schmerzattacke.

Ob allerdings die Krankenkassen die Anwendung magischer Heilverfahren bezahlen müssen, ist eine andere Frage. Spätestens wenn dadurch Geld für wirksame Therapien abgezogen wird, wird es bedenklich. Die magischen Heilverfahren sind Glaubenssache, das Heilmittel Arzt spielt dabei eine große Rolle, ebenso wie die Einhaltung feierlicher Rituale. Aber das sollte jedermanns Privatsache sein, die öffentliche Finanzierung der Auswüchse magischen Denkens passt nicht in unsere Zeit.

8 Die Verlockungen der Esoterik

Esoterik (vom Griechischen esoteros = innerlich, verborgen) wie auch Okkultismus (vom Lateinischen occultus = verborgen) bezeichnen ursprünglich eine Geheimlehre, deren Jünger nach außen striktes Stillschweigen zu wahren hatten. Davon ist heute nicht viel übriggeblieben. Im Gegenteil: Esoterische Bücher erreichen Millionenauflagen, ihre Lehren sind alles andere als geheim. Seltsamerweise scheinen weder die Verlage noch die Kunden diesen Widerspruch zu registrieren.

Die Bestseller unter den esoterischen Büchern geben meist leicht fassliche Anleitungen für einen spirituellen Weg zu Glück, Schönheit, Gesundheit, Ansehen, Reichtum und Erfolg beim anderen Geschlecht. Die Bücher verkaufen sich so gut, dass Deutschland inzwischen ein Staat sein müsste, in dem ausschließlich schöne und gesunde Menschen ein reiches und glückliches Leben führen – wenn die Anleitungen denn stimmen würden. Ein Heilsversprechen macht aber noch keine Esoterik. Auch die Fernsehwerbung suggeriert, man müsse nur das richtige Auto kaufen oder den richtigen Wein trinken, um Erfolg und Ansehen als Gratiszulagen zu bekommen. Trotzdem würde niemand eine Autowerbung als esoterisch bezeichnen. Tatsächlich ist die genaue Bedeutung des Begriffs schwer zu fassen.

Der Religionswissenschaftler Kocku von Stuckrad hat im Vorwort seines Buchs *Was ist Esoterik?* festgestellt, dass die Wissenschaft sich nicht auf eine einheitliche Definition von Esoterik geeinigt hat. Antoine Faivre, emeritierter Professor für Esoterik (das gibt es wirklich!) an der Pariser Universität Sorbonne, hat einige Kriterien herausgearbeitet, die auf die meisten esoterischen Lehren zutreffen:

1. Das Denken in Entsprechungen. Verschiedene Teile des Universums, Materielles und Geistiges, Großes und Kleines, können jeweils als Symbol für die anderen Teile verstanden werden und beeinflussen sich gegenseitig.
2. Die Vorstellung von der lebenden Natur. Die Natur, ja der gesamte Kosmos wird als lebendes, fühlendes, eventuell intelligentes Wesen verstanden.
3. Vorstellungskraft und die Notwendigkeit der Vermittlung durch Eingeweihte oder Erleuchtete. Das Verständnis und die Ausnutzung der Symbole und ihres Einflusses bedürfen der Anleitung durch Wissende oder der spirituellen Offenbarung durch Geistwesen.
4. Die Erfahrung der Transmutation (der inneren Wandlung). Das Geheimwissen soll eine Läuterung und Verwandlung des geistigen Erlebens und des Körpergefühls erzeugen.

Als weitere Punkte nennt er die Idee vom gemeinsamen Urgrund aller Geheimlehren und die Initiation durch Lehrer, Gurus oder »Erleuchtete«.

In seinem Buch *Irrt die Physik?* hat der Berliner Physiker Martin Lambeck den überzeugenden Beweis geführt, dass die Erkenntnisse der Physik falsch oder grob unvollständig sein müssen, wenn Homöopathie und andere esoterische Praktiken eine echte Wirkung zeigen sollen. »Die Physik erscheint im Blick auf die Freunde der alternativen Medizin und Esoterik wie eine belagerte Festung. Das ›mechanistisch-materialistische‹ Weltbild der Physik soll geschleift werden«, schreibt er im Vorwort. Diesen Pessimismus kann ich nicht teilen, denn die Vertreter und Anhänger der Esoterik kümmern sich nicht um naturwissenschaftliche Tatsachen. Der Erfolg reicht ihnen, Beweise interessieren sie nicht, Argumente ignorieren sie. Sie haben wirklich nichts gegen Physik, im Gegenteil: Auch in den Augen der Esoteriker schafft sie die Grundlagen für neue Fernseher und sparsamere Kühlschränke. Tatsächlich sind alle esoterischen Glaubensrichtungen durch das normale magische Denken zu erklären. Das wird gleich deutlich, wenn man die einzelnen Komponenten des magischen Denkens den entsprechenden esoterischen Systemen zuordnet:

Magisches Denken	**Esoterische Idee**
Die Vorstellung, dass Gegenstände die Eigenschaften ihrer Besitzer übertragen können.	Homöopathische Medizin (Übertragung von Eigenschaften durch eine Lösung, die so verdünnt ist, dass sie keine Wirkstoffmoleküle mehr enthält), Glaube an »energetisch aufgeladenes Wasser«, Frischzellentherapie.
Das Prinzip der *Homöopathie* oder *Imitation*. Dinge, die sich in einer Eigenschaft gleichen, sind sich auch in anderen ähnlich.	Homöopathische Medizin, anthroposophische Medizin, die Vorstellung von Feldern und Resonanzen.
Das Prinzip des Übergreifens von der inneren auf die äußere Welt, also die Beeinflussung der Außenwelt durch Worte, Formeln, Sprüche oder bloße Gedanken.	Grundlage nahezu aller esoterischen Richtungen, Geistheilung, Beeinflussung der Welt durch bloße Wünsche, sprituelle Energien oder Felder, Reiki, C.G. Jungs »Synchronizität«.
Der Glauben, dass die Zukunft vorhersehbar ist oder dass bestimmte Dinge oder Vorgänge eine Vorbedeutung haben, obwohl sie mit den zukünftigen Ereignissen keinerlei Verbindung haben (temporale Magie).	Astrologie, Wahrsagekunst, Omen, Medien, Orakel.
Die Annahme einer tatsächlichen und gegenseitigen Verbindung zwischen Symbol und Wirklichkeit, zum Beispiel die Schutzwirkung von Amuletten und Talismanen.	Fast alle esoterischen Richtungen, anthroposophische Medizin, Glaube an die Heilwirkung von Schmucksteinen oder Blüten.
Der Glaube, dass bestimmte Menschen übernatürliche Kräfte haben oder zumindest Wesen mit solchen Kräften in ihren Dienst zwingen können.	Glaube an Heiler, Wahrsager oder »Medien«, die mit Toten, Geistern oder Göttern kommunizieren (sog. »Channeling«).
Die Verbindung von getrennten Ereignissen oder Phänomenen über mächtige Akteure mit übermenschlichen Eigenschaften. Das können Geister, Götter oder Geheimgesellschaften sein.	Heilung durch Gesundbeten, Einflüsse durch die Geister Verstorbener, Engel oder Dämonen.

Esoterik appelliert an das Gefühl, nicht an den Verstand. Die vernunftgeführte Widerlegung von esoterischen Lehren führt schon deshalb nicht weiter, weil sie die Anhänger der Lehren nicht erreicht. Zudem unterliegen die Systeme einer schnell wechselnden

Mode, sie ändern sich ständig. Hat man eines widerlegt, ist es längst vergessen und ein anderes hat die Bestsellerlisten erklommen. Im Grunde befindet man sich ständig in einer Hase-Igel-Situation. Ausgenommen davon sind lediglich die »etablierten« medizinisch-esoterischen Systeme wie Homöopathie und anthroposophische Medizin, die nicht zuletzt durch ihre weite Verbreitung und die finanziellen Interessen der Beteiligten aufrecht erhalten werden (siehe Kapitel 7).

Ich werde deshalb davon absehen, mich mit den einzelnen Erscheinungen der Esoterik zu befassen, mögen sie nun New Age, Theosophie oder Geistheilung heißen. Statt ein System zu widerlegen, lade ich Sie ein, mit mir zusammen eine eigene esoterische Theorie zu entwickeln, um die gemeinsamen Grundlagen dieser Systeme besser kennenzulernen. Lassen Sie uns dazu die Definition von Antoine Faivre nutzen und ein freundliches, geistdurchpulstes Universum schaffen, das nur darauf wartet, uns liebevoll zu umfangen.

Wir erstellen eine esoterische Lehre

Das Grundprinzip ist ganz einfach: Die Natur ist belebt, und es gibt eine universelle Energie, die alles miteinander verbindet. Und natürlich gehören weise Männer aus dem Nirgendland dazu, die dieses Wissen über Tausende von Jahren ihren andächtig lauschenden Jüngern unter dem Siegel strikter Verschwiegenheit weitergegeben haben. Nutzen wir die Energie unseres Erfindungsgeistes, um spirituellen Reichtum in materiellen Wohlstand umzuwandeln.
Wir nehmen die folgenden Begriffe:

> Universum, Harmonie, Schwingung, Resonanz, Feld, Kraft, Nexus, Matrix, kosmisch, ganzheitlich, Bewusstsein, Seele, Gedächtnis, Herz, Liebe, Ruhe, Welt, Geist, Materie, Strahlung, Wahrnehmung, Prämonition, Telepathie, Streben, Einheit, fließen, Frieden

und setzen sie in eine passende Beziehung zueinander. Das sollte nicht schwerfallen, schließlich ist ja alles mit allem irgendwie verbunden. Damit das Ganze eindrucksvoll klingt, werden wir unser Konstrukt mit einigen Begriffen der Physik und der Kosmologie anreichern. Wenn Sie zunächst die gesamte Theorie auf sich wirken lassen möchten, lesen Sie nur den abgesetzten Text:

> Alles Leben konnte nur in Harmonie mit dem Kosmos entstehen und erblühen. Niemals hätten die ersten zarten Spuren des Lebens Bestand haben können, wenn sie nicht durch die Resonanz mit den alles durchdringenden Schwingungen des Kosmos Energie empfangen hätten. Doch woher kommen diese Schwingungen? Schon Pythagoras, der wohl berühmteste Mathematiker, Mystiker und Philosoph des Altertums, wusste um die Harmonie der Sphären. Seine Schule war so berühmt, dass sie Gelehrte aus aller Welt magisch anzog. Seine leider verlorenen mathematischen Berechnungen zeigten eindeutig, dass die Welt nach dem Prinzip der Harmonie aufgebaut war, im Großen wie im Kleinen, und dass die Sphärenharmonie das wichtigste Weltprinzip ist. Pythagoras selber konnte die daraus entstehende Sphärenmusik sogar hören.

Pythagoras von Samos (570 bis ca. 500 v. Chr.) war in der Tat einer der berühmtesten Philosophen und Mystiker der Antike. Er begründete eine philosophische Schule, deren Angehörige Pythagoreer genannt werden. Leider hat er der Nachwelt keine Schriftzeugnisse hinterlassen, so dass viele Teile seiner Lehren unbekannt sind. Generationen von Schulkindern kennen seinen Namen aus dem »Satz des Pythagoras«, für den er als Erster einen Beweis gefunden haben soll. Das ist nicht unmöglich, aber nirgendwo belegt und passt nicht zu seinen sonstigen Aktivitäten. Denn Pythagoras befasste sich weniger mit Mathematik als mit Zahlenmystik. Seinen Zeitgenossen galt er als Experte für Seelenwanderung, religiöse Rituale und disziplinierte Lebensführung. Er war auch als Wundertäter bekannt und soll die Fähigkeit gehabt haben, an zwei Orten gleichzeitig aufzutauchen. Von den ersten schriftlichen Überlieferungen seiner Lehre, die ca. 150 Jahre nach seinem Tod entstanden, sind nur Fragmente erhalten. Die ersten vollständig überlieferten Schriften stammen aus dem 3. Jahrhundert nach Christus, als Pythagoras bereits fast 800 Jahre tot war. Sie geben deshalb seine wirklichen Lehren nicht besonders zuverlässig wieder.

Schon in der Antike kamen Legenden, Fälschungen und Übertreibungen in solcher Zahl auf, dass der wirkliche Pythagoras dahinter fast vollständig verschwand. Es ist also kein Wunder, dass wir heute kein einheitliches Bild von seinen Lehren haben. Als Referenz für unsere esoterischen Ideen ist das aber genau richtig, denn so können wir uns aus einem großen Fundus von widersprüchlichen Überlieferungen die passenden heraussuchen.

Sicher ist, dass Pythagoras eine sogenannte »Sphärenharmonie« oder »Sphärenmusik« lehrte. Diese kosmischen Schwingungen sollten die Himmelskörper durch ihre regelmäßige Bewegung erzeugen. Sie waren für menschliche Ohren unhörbar, aber in jedem Fall harmonisch, denn die Pythagoreer betrachteten den Kosmos als eine nach mathematischen Prinzipien perfekt geordnete Einheit. Die Idee der Sphärenmusik geisterte weiter durch die Jahrhunderte bis zur Neuzeit.

Die Pythagoreer erlangten nach dem Tod des Pythagoras in einigen griechischen Städten Unteritaliens einen beträchtlichen Einfluss, aber sie mischten sich wohl zu sehr in die Politk ein, was immer wieder zu Vertreibungen führte. Als organisierte Bewegung erlosch die Schule der Pythagoreer spätestens 200 Jahre nach Pythagoras' Tod. Für unsere esoterische Theorie ist das unwichtig, wir wollen Pythagoras nur als spirituellen Übervater unserer Ideen heranziehen, nicht die griechische Philosophie nachvollziehen.

Wo Harmonie besteht, muss es eine Grundschwingung geben. Viele haben sie gesucht, aber erst die moderne Astronomie konnte sie finden: Im Jahre 1964 entdeckten die Astronomen

Arno Penzias und Robert Wilson die sogenannte kosmische Hintergrundstrahlung. Sie schwingt mit einer Wellenlänge von 1,9 mm, und ihr kosmischer Gleichklang, ein reiner Glockenton, erfüllt das ganze Universum. Berechnungen haben ergeben, dass diese Hintergrundstrahlung einen Großteil der Energie des Universums ausmacht! Sie ist die ursprüngliche, die unverfälschte, vibrierende Kraft des Universums! Wie alles Lebendige sind wir darin eingebettet, denn sie durchdringt und verbindet alle Dinge des Kosmos. Die Wissenschaft weiß um die ungeheure Bedeutung dieser Schwingungen: Im Jahre 1978 erhielten die beiden Entdecker den Nobelpreis für Physik.

Die Esoterik lebt von schönen Träumen, von Harmonie und Liebe. Deshalb habe ich hier einige wenige physikalische Fakten in ein dichtes Netzwerk von esoterischen Standardfloskeln eingewoben. Die Hintergrundstrahlung ist tatsächlich eine Art Nachglühen des Urknalls. Weil sie überall vorhanden ist, bindet sie eine ungeheure Energiemenge. Rechnet man sie jedoch auf einen Kubikmeter um, bleibt nur ein winziger Betrag. Die Hintergrundstrahlung schwingt keineswegs im Gleichtakt: Es handelt sich um eine sogenannte Hohlkörperstrahlung mit einem *Maximum* bei einer Wellenlänge von 1,9 mm. Anders ausgedrückt, handelt es sich um die Strahlung eines Körpers mit einer Temperatur von 2,725 Kelvin (=-270,45 °C). Wie eine Glühlampe erzeugt ein solcher Wärmestrahler alle möglichen Wellenlängen, das Maximum ist lediglich eine mathematische Fiktion, nicht die einzig vorkommende Wellenlänge. Von einem »reinen Glockenton« kann man wirklich nicht sprechen. Jetzt spinnen wir aber das esoterische Garn etwas weiter:

Haben Sie sich nicht schon gewundert, wie überhaupt Leben entstehen konnte? Wie aus einfachen Grundbestandteilen der Funke des Lebens in die Welt kam? Wenn es eine Ursuppe mit allen chemischen Verbindungen der Zellen gab, so bedeutete sie noch lange kein Leben. Wenn Sie ein Ei aufschlagen und durchquirlen, haben Sie alle Bestandteile des Lebens, und doch fehlt der Funke, es ist tote Materie. Es braucht eine Lebensenergie, eine Resonanz mit dem Kosmos, ohne die der Funke niemals überspringen könnte.

Haben Sie einmal darüber nachgedacht, dass alles Leben, vom größten bis zum kleinsten, auf der gleichen DNA beruht? Und dass alle DNA gleich aufgebaut ist? Eine endlose Wendeltreppe der Bausteine des Lebens, die berühmte Doppelhelix. Auch für diese Entdeckung gab es den Nobelpreis. Und jetzt achten Sie einmal auf die Maße: Der Durchmesser der Doppelhelix beträgt 1,9 nm (Nanometer = Millionstel Millimeter)! Genau ein Millionstel der Resonanzfrequenz des Universums! Unter allen Molekülen, die entstehen konnten, schwingen ausgerechnet die entscheidenden Bestandteile des Lebens in perfekter Harmonie mit dem umfassenden Schwingungsfeld des Universums.

Jetzt wird es ganz unsinnig. Bisher weiß niemand, wie das Leben entstand. Aber die Breite der DNA-Struktur hat nichts mit der Hintergrundstrahlung zu tun. Der Durchmesser der Doppelhelix ist übrigens 2 nm, nicht 1,9 nm (etwas künstlerische Freiheit muss sein). Außerdem bewirkt ein Verhältnis von eins zu einer Million keine Resonanz. Als vor ca. 3,4 bis 3,8 Milliarden Jahren das Leben auf der Erde entstand, waren das Universum kleiner und die Hintergrundstrahlung wärmer. Damit war das Strahlenmaximum kurzwelliger. Also: Das Ganze ist wirklich kompletter Blödsinn. Aber es klingt gut. Machen wir weiter:

Die Resonanz mit dem Kosmos hat der DNA die Energie geliefert, die sie zum Wachsen und Überleben brauchte, die Kraft zum Teilen und Vervielfachen. Darum und aus keinem anderem Grund besteht das Leben auch nach dieser endlos langen Zeit noch immer aus den gleichen Grundbausteinen, und es steht noch immer in Resonanz mit dem Universum.

Was soll das Ganze? Bei Esoterik geht es nicht nur um Liebe und Harmonie, sondern auch um Geld. Derzeit, also im ersten Jahrzehnt des einundzwanzigsten Jahrhunderts, hat in der Esoterik die Idee Konjunktur, man müsse sich etwas nur stark genug wünschen, dann werde es sich schon erfüllen. Das Universum werde dafür sorgen. Aber ganz so einfach scheint das nicht zu sein: Eine deutsche Autorin hat zu ihrem ursprünglichen Handbuch der Wunscherfüllung noch ein Übungsbuch geschrieben, einen Kalender veröffentlicht, ihre Weisheiten auf Jokerkarten komprimiert und, für den Fall, dass noch immer nicht alle Wünsche erfüllt sind, ein Reklamationsbuch folgen lassen. Wohlgemerkt: Man soll sich nicht bei der Autorin beschweren, sondern beim Universum.

Glaubt man den Autoren dieser Bücher, dann leben wir im Schlaraffenland, wir haben es nur noch nicht gemerkt. Deshalb brauchen wir Experten, die uns die Gebrauchsanleitung für das Einfangen der gebratenen Tauben verkaufen.

Jetzt aber weiter mit unserer eigenen Idee:

> Die Hintergrundstrahlung ist also die Energie des Lebens, das Feld, über das alles Leben miteinander verbunden ist. Jede Pflanze, jedes Tier sendet und empfängt die Schwingungen eines lebendigen Universums. Die Liebe ist die Verbindung zum Universum, sie allein erzeugt Schönheit, Harmonie und Frieden. Naturvölker wissen das, sie leben im Einklang mit der Natur, sie nehmen nur, was sie zum Leben brauchen.

Die Bilder, die ich hier gemalt habe, stimmen natürlich nicht: Naturvölker haben oft genug ihren Lebensraum ruiniert und Tiere oder Pflanzen komplett ausgerottet. Das müssen wir aber nicht erwähnen, wir bedienen hier die Naturromantik der modernen Europäer.

> Doch die modernen Menschen haben diese Verbindung oft genug verloren, die Wahrnehmung der Lebenskraft verlernt. Sie

> verstecken sich in Häusern aus Stein und Metall. Sie haben ein Netz aus ungesunden Schwingungen errichtet. Der Haushaltsstrom hat fünfzig Schwingungen pro Sekunde, ein Wert von kreischender Disharmonie. Die Handys dagegen arbeiten bei sehr hohen Frequezen und stören deshalb die Schwingungen der Hintergrundstrahlung.

Jetzt müssen wir den Leuten nur noch etwas Angst machen:

> Dadurch verdrängen die Handy-Strahlen das kosmische Feld, und es entsteht eine tote Zone, in der die lebenden Zellen von der Verbindung mit dem Universum getrennt werden. Die Stabilität ihrer DNA gerät aus dem Takt, und der Stoffwechsel funktioniert nicht mehr richtig. Bald fühlt man sich abgeschlagen, und im schlimmsten Fall vergessen die Zellen die Harmonie mit dem Universum und fangen an, sich selbstsüchtig und unkontrolliert zu vermehren. Dann entsteht Krebs.

Na, wenn das nicht unheimlich klingt ... Reiten wir noch etwas weiter darauf herum:

> Auch in modernen Häusern mit ihren vielen Stromleitungen und drahtlosen Telefonen wird das kosmische Feld verzerrt und zerrissen. Manche Bereiche haben ein hohes Maß an kosmischer Lebenskraft, andere sind nahezu tot. Haustiere suchen instinktiv die lebendigsten Stellen auf. Katzenbesitzer wissen, dass ihre Tiere immer die gleichen Lieblingsplätze haben, von denen sie kaum zu vertreiben sind. Das chinesische Feng-Shui nutzt die jahrtausendalte Weisheit von Heilkundigen und Mönchen, um Häuser und Zimmer in Einklang mit dem lebendigen Kosmos zu bringen oder zu errichten.

Katzen und chinesische Weisheitslehren haben bekanntlich immer recht. Jetzt aber zu unseren Angeboten. Schließlich wollen wir

Geld verdienen. Dazu gründen wir ein Institut und bieten Bücher, Seminare und Amulette an. Das Wort »Institut« ist nicht geschützt. Jeder kann eine Firma gründen und sie »Institut für ...« nennen, solange er nicht den falschen Eindruck erweckt, wissenschaftlich tätig zu sein oder zu einer öffentlichen Einrichtung zu gehören. Nennen wir uns also »Institut für kosmische Harmonie und Baukosmologie«. Kein ernstzunehmender Mensch wird uns für eine Forschungseinrichtung halten, aber der Name klingt eindrucksvoll. Das muss er auch, denn wir bieten teure Seminare an und untersuchen Gebäude auf die Verteilung »kosmischer Lebenskraft«. Weil niemand jemals Messgeräte für »kosmische Lebenskraft« entwickelt hat, reicht ein Computerprogramm mit eindrucksvollen Graphiken absolut aus. Also:

> Das Institut für kosmische Harmonie und Baukosmologie e.V. zeigt Ihnen in zweitägigen Seminaren, wie Sie Ihre innere kosmische Lebenskraft aktivieren und ein harmonisches, glückliches und gesundes Leben führen. Lernen Sie, sich wieder mit dem universellen kosmischen Feld zu verbinden, die Schwingungen anderer Menschen aufzunehmen und in harmonischer Resonanz mit Ihrer Umwelt zu leben. Nur dann können Sie Liebe und Freundschaft erleben und empfangen. Bald werden sie ausgeglichener und leistungsfähiger sein, so dass sich auch der Erfolg im Beruf ganz von selber einstellt.
>
> Das Institut bietet auf Anfrage auch Kurse für Führungskräfte an: Leistungssteigerung im Team in Harmonie mit den Kräften des Lebens und der Natur. Lernen Sie, wie Sie ihr Team ohne kraftraubende Konflikte zu neuen Spitzenleistungen führen!

Wir haben außer optimistischen Allerweltsweisheiten nichts anzubieten, aber das können wir gut kaschieren. Vielleicht buchen die Teilnehmer ja noch ein Aufbauseminar, wenn sich Reichtum und Glück nach der ersten Schulung noch nicht einstellen wollen.

Führungskräfte möchten aus ihren Leuten ohne große Konflikte möglichst viel Leistung herausholen. Also versprechen wir ihnen genau das. Und natürlich verlangen wir für Führungskräfte-Seminare wesentlich mehr Geld. Noch besser können wir mit der Untersuchung von Häusern auf »Lebenskraftfelder« verdienen. Natürlich sollten wir dafür nicht einfach die Intensität von Millimeterwellen messen, das wäre erstens zu einfach und zweitens nachprüfbar. Und drittens hat die Intensität von Millimeterwellen in Häusern nichts mit der kosmischen Hintergrundstrahlung zu tun.

Esoterische Schriften leben von Einzelschicksalen, von wundersamen Heilungen und spätem Glück, von plötzlichen Erfolgen und kometenhaften Aufstiegen. Fangen wir an:

Frau M. war 71 Jahre alt, als wir sie das erste Mal trafen. Sie hatte vier Jahre zuvor ihren Mann verloren, er war an Krebs gestorben. Ihre Nichte hatte sich an uns gewandt, weil ihre sonst so fröhliche Tante den Tod des Onkels einfach nicht verwinden konnte. Erst schien sie wieder die Alte zu werden, optimistisch und aktiv, aber bald verfiel sie sichtlich, ging kaum noch auf die Straße und sagte alle Familientreffen ab. Sie versank buchstäblich in ihrer Trübsal. Kurz vor dem Tod ihres Mannes waren die Betten im Schlafzimmer umgestellt worden, damit sie ihn in den letzten Wochen besser pflegen konnte. Sie hatte danach nicht die Kraft gehabt, den früheren Zustand wiederherzustellen. Wir sprachen mit ihr und hatten bald den Eindruck, dass sie einen großen Teil des Tages in einem Bereich zubrachte, in dem die Lebenskraft vollständig erloschen war. Wir boten ihr an, das Haus auszumessen, und fanden im Wohnzimmer und Schlafzimmer große tote Bereiche. Im Schlafzimmer lag das Bett sogar im Bereich negativer Lebenskraft, das heißt, es entzog ihr Nacht für Nacht Energie!

Dann stellten wir ein kosmisches Heilungsprogramm auf. Nach unseren Empfehlungen richtete Frau M. ihr Wohnzimmer neu ein.

Sie stellte zwei unserer Lebenskraftkonzentratoren neben ihr neues Sofa und lüftete jede Nacht gründlich, um einen Potentialausgleich mit der Außenwelt durchzuführen. Im Schlafzimmer stellten wir in einer Höhe von 1,1 Meter über dem Boden eine ideale Lebenskraftkonzentration fest. Ein neues, hohes, extra hergestelltes Bett inklusive zweier unserer Lebenskraftdeflektorschilde stellte sie genau dort auf, wo die höchste Lebenskraftkonzentration gemessen worden war. Nach nur drei Monaten fühlte sie sich vollkommen gesund. Ihre Angehörigen staunten, sie hatten nicht mehr mit ihrer Genesung gerechnet. Sie begann ehrenamtlich zu arbeiten und besucht im Auftrag des Pfarrers Frauen, die ihre Männer verloren haben. Sie ist jetzt 74 Jahre alt, sieht aber zehn Jahre jünger aus, und alle bewundern ihre Energie und Fröhlichkeit. Jeden Tag trinkt sie eine Flasche unseres mit kosmischer Lebensenergie aufgeladenen Wassers.

»Hätte ich das nur früher gewusst«, hat sie zu uns gesagt, »ich hätte nicht so unnütz gelitten. Ihr Programm hat wahre Wunder gewirkt.«

Fragen Sie uns nach dem kostenlosen Vorgespräch über eine Wohnraumanalyse!

Die Geschichte ist zu schön, um wahr zu sein; ich habe sie ja auch erfunden. Das unterscheidet sie aber nicht von den Erfolgsgeschichten in vielen esoterischen Büchern. Das kostenlose Vorgespräch ist übrigens eine gute Gelegenheit, den Kunden erst mal richtig Angst zu machen. Für die eigentliche »Analyse« berechnen wir dann gutes Geld. Jetzt stellen wir noch unsere Produkte vor, dann ist das System komplett:

Sie erhalten bei uns eine ganze Reihe von Produkten zur Optimierung ihres Zuflusses an Lebenskraftenergie:

Formschöne und wertvolle Schmuck-Halskette aus verdrillten Silberfasern, mit 1,9 mm großen Hülsen, auf Resonanz mit der kosmischen Hintergrundstrahlung abgestimmt. Fängt die Lebenskraftstrahlen ein und leitet sie an den Träger weiter. Die Kette verleiht eine strahlende Aura und hilft bei der Abwehr von Krankheiten. Nichts bringt wahre Schönheit so zur Geltung wie eine strahlende Aura!

Halskette aus reinem Silber € 399,00

Silberdraht kostet ca. € 1,50 bis 2,50 pro Meter. Der Preis der Hülsen fällt kaum ins Gewicht. Eine Halskette muss anschmiegsam sein, deshalb brauchen wir möglichst viele gelenkige Verbindungen. Das kostet natürlich Arbeitszeit. Insgesamt sollte der Kapitaleinsatz sich aber auf nicht mehr als 50 Euro belaufen.

Sorgfältig polierte Schmucksteine, von uns speziell ausgewählt zur Konzentration von Lebenskraftstrahlen. Zum Aufstellen an zentralen Punkten im Wohnbereich.

Je 20 Stück in formschöner biologisch verarbeiteter Holzschale
€ 25,00

Schmucksteine, früher als Halbedelsteine bezeichnet, kosten praktisch nichts und sind als Amulett- oder Heilsteine in der Esoterikszene sehr beliebt. In vielen Angeboten werden sie fälschlich als Edelsteine geführt. Der Kapitaleinsatz für 20 Steine und die Holzschale liegt bei weniger als 4 Euro.

Deflektorschild für Lebenskraftstrahlen, spiegelnd. Zur Unterstützung der optimalen Verteilung von Lebenskraftstrahlen. Achtung: 30% Rabatt bei Kauf nach Raumanalyse.

Deflektorschild, klein 20 x 30 € 28,00

Deflektorschild, groß 30 x 45 € 42,00

Als Deflektorschilde (die Bezeichnung ist natürlich aus der Fernsehserie »Startrek« abgekupfert) verwenden wir ganz einfach handelsübliche Spiegel. Das spart Arbeit und Geld.

Jetzt müssen wir nur noch ein paar Bücher anbieten, am besten mit vielen rührseligen Einzelfallbeschreibungen.

Die größte Kraft des Universums. Die Macht der kosmischen Hintergrundstrahlung und ihre Wirkung auf die Natur

180 Seiten € 29,90

Wussten Sie, dass die meiste Energie des Universums in der kosmischen Hintergrundstrahlung steckt? Sie durchdringt den gesamten Raum und bestimmt unser Leben. Nutzen Sie diese Kraft für Gesundheit und Erfolg! Mit vielen Fallbeispielen.

Der kosmische Nexus. Nutzen Sie die machtvollste Strahlung des Kosmos!

162 Seiten € 27,90

Gesund durch die größte Energie des Kosmos! Die Resonanz mit der kosmischen Hintergrundstrahlung sorgt für den harmonischen und glückhaften Zusammenhalt alles Lebendigen. Wir zeigen Ihnen, wie Sie auf natürliche Weise mit ihr in Verbindung bleiben. Der Einklang mit der kosmischen Energie wird Ihr Leben vollständig verändern!

Nexus klingt gut, weil kaum jemand weiß, was damit gemeint ist (Nexus, lat. = die Radnabe, die Verbindung, das Gefüge). Für die knappe Seitenzahl sind unsere Büchlein etwas teuer, aber das sollte die Zielruppe eigentlich nicht stören. Meinen Sie, ich hätte bei der Buchwerbung übertrieben? Hier eine Auswahl aus der Verlagswerbung für einige der meistverkauften Bücher aus der Kategorie

Religion/Esoterik des Onlinebuchhändlers Amazon Deutschland am 18.2.2009:
»Alle Leser sind im Grunde auf der Suche nach der einen Erkenntnis, die nicht nur ihre intellektuelle Neugier befriedigt, sondern ihnen Anleitung gibt, ihr Leben glücklicher und erfüllter zu gestalten.«
»Sie können nur das in Ihr Leben ziehen, womit Sie sich in Resonanz befinden, also jenes, das auf der gleichen energetischen Ebene schwingt wie Sie selbst.«
»Der Autor erklärt auf verständliche Art, wie Sie mit der Matrix im Einklang leben können, um Ihre Wünsche und Ziele zu verwirklichen.«
»Die Liebe folgt den Gesetzen des Universums. Und das Herz ist wie ein Magnet, der Menschen und Situationen anzieht oder abstößt.«

Warum Wissenschaftler nicht gerne mit Esoterikern diskutieren.

Haben Ärzte und Naturwissenschaftler nicht eigentlich die Pflicht, sich mit den Vertretern der schillernden Esoterikszene auseinandersetzen? Sollten sie sich nicht bemühen, Menschen davor zu bewahren, teures Geld für *energetisch aufgeladene* Schmucksteine oder *magnetische Wasserverstärker* auszugeben? Tatsächlich scheuen die meisten Naturwissenschaftler eine direkte Konfrontation in der Öffentlichkeit. Sind sie schlicht feige? Oder wollen sie nicht zugeben, dass es jenseits ihres Wissens doch noch andere Gewalten geben könnte? Das zumindest behaupten Esoteriker regelmäßig mit triumphierender Stimme, wenn sie bei Talkshows ihre Theorien verbreiten.

Einen esoterischen Wunderheiler vor Publikum zu widerlegen ist nicht einfach. Im Zweifel zieht er sich auf seine Heilerfolge zurück und wettert gegen die Schulmedizin. Wer mit ihm vor Publikum erfolgreich streiten will, muss sich sorgfältig vorbereiten und eine harte Auseinandersetzung in Kauf nehmen.

Sehen wir uns einmal einen fiktiven Dialog bei einer ebenso fiktiven Talkshow an:

> Talkmaster: »Wir haben hier Herrn Matthias Oberschnitzer, den selbsternannten Heiler von Hintertupfingen.«
>
> Oberschnitzer: »Nenn'st mich Hias, dös tun alle!«
>
> Talkmaster: »Er behauptet, allein durch Handauflegen Menschen heilen zu können, weil ein Engel ihm eingibt, wie er seine Hände bewegen muss, um die von Gott gesandten heilenden Kräfte durch den Körper des Patienten zu führen. Herr Oberschnitzer…«
>
> Oberschnitzer: »Hias, einfach Hias!«
>
> Talkmaster: »Also Hias, wann haben Sie zuerst gemerkt, welche heilenden Kräfte Sie haben?«
>
> Oberschnitzer: »Dös war im letzten Jahr, da erschien mir der Engel im Schlaf und sagte, ich möcht' der Tante die Händ' auflegen, auf Schulter und Knie, und ihr Rheuma sollt' verschwinden. I habs net wolln glaubn, aber nächste Nacht war er wieder da, und richtig streng hatter g'fragt: Hias, warum tust du nicht, was ich dir sage? und da hob ich's versucht und was glaubst? Fünf Tag' danach is sie wieder g'sprungen als wie anne Gems!«
>
> Talkmaster: »Und hier haben wir Professor Dr. Untermaier, Chefarzt für Innere Medizin. Guten Abend, Herr Professor. Glauben Sie, dass so etwas möglich ist?«

Schon jetzt ist der Arzt in der Defensive. Wenn er die Heilung für unmöglich erklärt, beschuldigt er den Wunderheiler, gelogen zu haben. Im anderen Fall würde er einer religiös motivierten Wunderheilung sozusagen den amtlichen Segen geben. Also sagt er:

»Natürlich kann es immer wieder einmal plötzliche Besserungen geben, gerade bei Gelenkrheuma. Oft hilft es schon, wenn die Menschen glauben, es ginge ihnen besser. Dann hebt sich ihr Lebensgefühl, und die Schmerzen werden als weniger schlimm empfunden.«

Damit hat er schon seinen ersten schwerwiegenden Fehler gemacht. Er hat die ominöse Tante nie gesehen, er weiß nicht einmal, ob es sie überhaupt gegeben hat. Trotzdem spekuliert er über ihren Gesundheitszustand.

Oberschnitzer: »Ja wös! Wenn ich's doch sag! G'sprungen is sie wie eine Gems. Tränen hat's in die Augn g'hobt! Hias, hat sie g'sagt, Hias, der Herrgott hat mir beig'standen! Dass I dös no erleb'n darf!«
Talkmaster (etwas pikiert ob des Ausbruchs): »Und dann sind immer mehr Menschen zu Ihnen gekommen, äh, Hias?«

Der Talkmaster ist überfordert und möchte die Sache voranbringen. Dabei gibt er – bewusst oder unbewusst – dem Wunderheiler die nötigen Stichworte. Der nutzt das weidlich aus:

Oberschnitzer: »Sie wor doch im ganzen Dorf bekannt, die Tante. Und jedem, der sie besuchen kam, hat sie's erzählt, wie sie mit ihre 80 Jahr wieder an's Lauf'n kuman is.«

Hier hätte irgendjemandem auffallen können, dass die Tante wohl selbst ins Dorf gegangen wäre, hätte sie wirklich wieder gut laufen können.

»Und bald kam der Engel öfter und hat neb'n mir g'standen, wenn ich die Menschen g'holfen hab. Die Händ hatter mir g'führt. Und immer mehr sind g'kommen. Sicher zehn oder zwanzg sinn mitkomma und sitzen hier im Publikum.« (Beifall brandet auf)

In diesem Moment ist der Medizin-Professor sozusagen verraten und verkauft. Was immer er sagt, gegen die geballte Macht der Wundergläubigen im Publikum wird er nicht ankommen.

> Talkmaster: »Herr Professor Untermaier, wie erklären Sie sich die Heilungen? Der Hias ist doch ein einfacher Mann, der von Medizin nichts versteht?«

Jetzt kann der Professor nur noch schlecht aussehen. Er hätte sich vorher einige konkrete Fälle ansehen und den weiteren Verlauf kontrollieren müssen. Er hätte prüfen müssen, ob der »Hias« wirklich so angefangen hat, wie er jetzt behauptet, wie viel Geld er für seine Behandlungen nimmt und ob er eventuell überteuerte Amulette oder Heilsteine verkauft. Dann müsste man annehmen, dass er nicht ehrlich ist. Tatsächlich aber hat der Mediziner nichts dergleichen getan und fühlt sich jetzt überfahren. Deshalb wird er ganz vorsichtig:

> »Ich kenne leider keinen seiner Patienten. Deshalb kann ich zu den Einzelfällen nichts sagen. Es hat immer wieder Heiler gegeben, die sich auf Gott beriefen, aber keiner davon hat dauerhafte Erfolge erzielt.«
>
> Oberschnitzer (erregt): »Herr Professor, I bin a einfacher Mann. Aber ich lüge doch nicht! Do, fragns' den Sepp, der sitzt do hinten! Das Reißen hotta g'habt! Und mein Engel hat ihn g'heilt. Sie könn' nit leugnen, dos es Engel gibt und annen Gott und Wunder! Und wenn er mich aussucht, seine Wunder zu tun, darf ich da nein sagen? Versündigen tät ich mich doch!«

Der Hias möchte einen ehemaligen Patienten (oder Komplizen) als Zeugen aufrufen. Außerdem beruft er sich auf Gott, der ihm sicher auch nicht widersprechen wird. Jetzt greift der Talkmaster ein, dem langsam auffällt, dass der Hias das Gespräch immer mehr an sich reißt.

Talkmaster: »Herr, äh, Hias, Sie sind im letzten Jahr verklagt worden, weil Sie einer todkranken Frau Heilung versprochen haben und von ihr für drei Sitzungen und einen ›gesegneten Kreuzesstein‹ € 7000 verlangt haben. Sie ist aber direkt danach verstorben. Stimmt das?«

So einfach ist dem Heiler natürlich nicht beizukommen.

Oberschnitzer: »Ung'recht ist die Welt. Wen Gott zu sich nehmen will, dem wird mein Engel nur sterb'n helf'n können. G'storbn is sie, aber in Gott und ohne Schmerz'n. So dankbar is sie g'wesen, dass sie mir's Geld aufdrängt hot. Hias, hot sie g'sagt, du tust Gutes. Tu's auch für andere. Und damit du die nächsten Woch'n zu Essen host, nimmst's dies Geld. Ich nehm doch sonst nix, nur was die Leut spenden!«

Er würde nie zugeben, für eine unwirksame Behandlung Geld erpresst zu haben. Schließlich lebt er von seinen Wunderheilungen, und jedes Eingeständnis würde ihn seine Kunden kosten und eventuell die Justiz auf den Plan rufen.

Der Talkmaster merkt langsam, dass die Sendung in eine Werbung für einen sehr zweifelhaften Wunderheiler ausartet. Das wird hämische Kommentare in den Zeitungen und vielleicht ein schweißtreibendes Gespräch mit dem Intendanten nach sich ziehen. Deshalb versucht er, den lästigen Gast so schnell wie möglich loszuwerden. Er spricht einige zusammenfassende Worte und macht dabei gleich den nächsten Fehler.

Talkmaster: »Nun, ich glaube, das werden wir hier nicht klären können. Es bleibt immerhin die Tatsache, dass sich erstaunlich viele Menschen geheilt fühlen.«

Das behaupten aber nur der Wunderheiler und einige seiner Freunde. Die Redaktion hat das nicht recherchiert. Sie wollte einen bunten Beitrag für die Show, und ein Wunderheiler macht natürlich Quote. Deshalb haben sie nur oberflächlich geprüft, ob der Mann ein Betrüger ist. Das rächt sich jetzt.

> Talkmaster: »Auch die Schulmedizin hat dafür noch keine rechte Erklärung. Hias, Herr Professor, ich bedanke mich für Ihren Besuch.«

Der Professor hatte erwartet, dass seine Autorität ausreichen würde, den angeblichen Heiler in die Schranken zu weisen, und sich in keiner Weise vorbereitet. Jetzt fühlt er sich unfair behandelt und nimmt sich vor, nie wieder in einer Veranstaltung mit Wunderheilern aufzutreten, ganz gleich, wer ihn einlädt.

Dutzende von Talkshows in Deutschland und in aller Welt sind auf diese oder ähnliche Weise aus dem Ruder gelaufen. Wer einen Wunderheiler oder einen Esoteriker öffentlich vorführen will, muss gründlich recherchieren. Er muss die Hintergründe durchleuchten, den Werdegang überprüfen, die Theorien studieren und am besten ein Ad-hoc-Experiment vorbereiten, um dem Wunderwirker auf den Zahn zu fühlen. Die bekannteren unter den Esoterikern sind aber dermaßen gewieft, dass sie kaum festzunageln sind. Sie leben von ihrem meist beträchtlichen persönlichen Charme. Wenn man sie aber wirklich in die Enge treibt, vergessen sie jede Höflichkeit und suchen den offenen Streit. Auch darauf sollte man eingestellt sein. Es geht schließlich nicht um einen höflichen Austausch von Argumenten, sondern um einen Schaukampf. Für den Esoteriker stehen sein Lebensunterhalt und sein Ruf auf dem Spiel. Er wird niemals nachgeben und die Auseinandersetzung schließlich persönlich führen (z.B.: »Etablierte Wissenschaftler wie Sie vertragen einfach keinen Widerspruch. Das habe ich oft genug erlebt. Aber die wirkliche Welt ist mehr als Formeln und Lehrbücher. Daran halte ich fest, ganz gleich, wie oft man mich fertigmachen will.«)

Naturwissenschaftler fordern bewährte Theorien ständig heraus, um sie gegebenenfalls durch bessere zu ersetzen. Deshalb sind sie dazu erzogen, die gegenwärtige Lehrmeinung niemals für die endgültige zu halten. In einem öffentlichen Schaukampf setzen die Gegner dort gerne den Hebel an. Sie sagen etwa: »In der Wissenschaft sind Theorien immer wieder verworfen worden. Wie können Sie behaupten, dass die jetzige absolut richtig ist?«

Wenn der Wissenschaftler jetzt einräumt, dass alle Theorien nur Annäherungen sind, hat er schon verloren. Dabei steht das überhaupt nicht zur Debatte. Die bisherige Theorie hält stand, weil sie sich in der Wirklichkeit bewährt hat. Eine bessere Theorie müsste weitere Aspekte der Wirklichkeit abdecken und würde die alte Lehrmeinung nicht ablösen, sondern umfassen.

Während Wissenschaftler ihre Experimente so gestalten, dass sie wiederholbar sind, ziehen sich Esoteriker gerne auf nicht überprüfbare Einzelfälle zurück: »Wie erklären Sie sich, dass Frau A aus B gerade in dem Moment ihre Kaffeetasse aus der Hand fiel, als ihr Mann einen Autounfall hatte? Das muss doch Telepathie sein!« Esoteriker appellieren an Gefühle, Wissenschaftler an den Verstand:

> »Haben Sie denn noch nie gespürt, dass eine große, ja gewaltige Präsenz im Raum vorhanden war, eine überwältigende Liebe, die man nicht sehen, aber fühlen kann? Sehen Sie, das meine ich, wenn ich von Engeln rede. Fast jeder kennt dieses Gefühl, das werden Sie doch nicht bestreiten können.«

Esoteriker konstruieren ein bewusstes und mitfühlendes Universum, in dem sich die Menschen geborgen fühlen. Da gibt es Strömungen, Energien, Resonanzen oder Schwingungen. Manche helfen, manche schaden. Gesundheit ist stets Gleichgewicht und Harmonie, Heilung der Weg dorthin.

Letztlich verkaufen Esoteriker einfache und freundliche Illusionen, während Naturwissenschaftler die komplexe Wirklichkeit vertreten. Damit haben sie in jeder öffentlichen Diskussion einen schweren Stand.

Leider verstehen die meisten Forscher und Ärzte die Regeln eines öffentlichen Streitgesprächs nicht. Es geht dabei nicht um den höflichen Austausch von Argumenten, sondern um einen Schaukampf vor Publikum, in dem alle rhetorischen Tricks erlaubt sind. Wer von einer hohen akademischen Warte herab argumentiert, hat von vorneherein verloren.

Es bleibt zu hoffen, dass Wissenschaftler Diskussionen mit Esoterikern nicht mehr aus dem Wege gehen, sondern sich besser darauf vorbereiten und den Standpunkt der Wissenschaft in der Öffentlichkeit überzeugender vertreten, als man es bislang häufig sieht.

Politische Esoterik

In den letzten Jahrzehnten hat sich besonders unter den extremen Rechten eine eigene Mythologie etabliert, die als rechte Esoterik bezeichnet wird. Strenggenommen streift sie das Gebiet der echten Esoterik aber nur am Rande, vielmehr handelt es sich um mythologisch aufgeladene Verschwörungstheorien. Nicht die beseelte und fühlende Natur, der symbolische Zusammenhang zwischen Groß und Klein, oben und unten, Geist und Materie sind der Hintergrund dieser Mythologie, sondern der Kampf einer guten gegen eine böse Geheimorganisation. Das treibt die erstaunlichsten Blüten: So sollen nach einer Theorie die Germanen und in ihrer Tradition die Deutschen von deutsch sprechenden Außerirdischen abstammen, während alle anderen Rassen degenerierte Abkömmlinge davon seien. Die Nazis sollen in der Antarktis eine Flotte von UFOs gebaut haben und sich anschicken, die Welt zu erobern. Gegner sind die unvermeidlichen Illuminaten, das internationale Finanzwesen und die Juden. Das hat weniger mit magischem Denken als mit Verschwörungstheorien zu tun, einem Thema, mit dem sich mein vorangegangenes Buch *Freimaurer, Illuminaten und andere Verschwörer* ausführlich beschäftigt.

Esoterik und Religion

Antoine Faivre hatte als eines der Kriterien für esoterische Lehren angegeben: »Die Natur, ja der gesamte Kosmos, wird als lebendes, fühlendes, eventuell intelligentes Wesen verstanden.«

Das rückt die Esoterik in die Nähe einer Religion. Der Pantheismus (von griechisch: Pan = alles und Theos = Gott) sieht den gesamten Kosmos als identisch mit Gott an. Der Kosmos ist Gott und Gott ist der Kosmos, die Menschen sind ein Teil Gottes. Nun könnte man argumentieren, dass Pantheismus keine Religion sei, denn er habe keine heiligen Schriften, keine Offenbarung, keine Rituale und keinen Religionsstifter. Ob man sagt, »es gibt keinen Gott, sondern nur die Natur« oder »Gott ist die Natur« wäre demnach lediglich eine Spitzfindigkeit.

Im Gegensatz zur Religion verlangen die meisten esoterischen Schulen keinen Glauben, wohl aber die kritiklose Annahme der Lehren eines Meisters oder Gurus. Ferner betonen sie die Notwendigkeit der geistigen Wandlung als Voraussetzung für materielle, geistige oder gesundheitliche Vorteile. Dieser Aspekt hat in den meisten Religionen kaum eine Bedeutung. Esoterik betont das Geheimnis, sie verspricht »letzte« oder »höchste« Erkenntnisse, die nur von Meister zu Schüler weitergegeben werden können, wenn sie nicht gerade als Bücher in Millionenauflagen verwurstet werden.

Esoterik richtet sich nach innen, anders als die Religion, die eher die gesellschaftlichen Auswirkungen von Unglauben, moralischen Verfehlungen oder Häresie betont. Das Verhalten des Einzelnen, so sagen die Religionen, wirkt sich auch auf alle anderen aus. Religiöse Vorschriften und Verbote müssen deshalb für alle gelten. Das nächste Kapitel wird die Verbindung von magischem Denken und Religion näher untersuchen.

9 Geister, Götter und Dämonen

Magisches Denken und Religion

»wenn Ochsen, Pferde und Löwen […] mit ihren Händen malen und Kunstwerke vollenden könnten wie die Menschen, so würden Pferde pferdeähnliche, Ochsen ochsenähnliche Götterbilder malen und solche Körper bilden, wie jeder selbst seine Gestalt hat.«

Das schrieb vor mehr als 2500 Jahren der griechische Dichter und Philosoph Xenophanes. Schon damals haben sich Gelehrte Gedanken über die Herkunft und die Entwicklung der Religion gemacht. Der Philosoph Demokrit (460–370 v. Chr.) beispielsweise sah den Ursprung der Götter in der Furcht der Menschen vor unverständlichen Naturerscheinungen.

Zurzeit verfolgen mehrere Forscher den interessanten Ansatz, die Regeln der Evolution auf die Entstehung und Ausformung der Religionen anzuwenden. Der Biologe und Anthropologe David Sloan Wilson hält Religion für eine evolutionäre Entwicklung, die den Zusammenhalt einer Gruppe fördert und darum den Gruppenmitgliedern einen Überlebensvorteil sichert. Auf lange Sicht sollten sich religiöse Gruppen deshalb durchsetzen. Der ausgewiesene Religionskritiker Richard Dawkins betrachtet religiöse Überzeugungen als besonders aggressive *Meme*. Unter diesem Begriff versteht er Ideen, die sich selbst weiterverbreiten, eine Art geistige Viren. Ein beliebiges Ideengebäude wird sich besonders gut verbreiten, so nimmt er an, wenn es zwei Forderungen einschließt:

- Glaube mich, dann wird es dir gutgehen.
- Verbreite mich, dann wirst du belohnt werden.

Die großen Weltreligionen Christentum und Islam enthalten beides: Sie versprechen den Gläubigen die ewige Seligkeit und verlangen von ihnen, Ungläubige zu bekehren.

Das klingt plausibel, dennoch hat keine Erklärung für die universelle Verbreitung von Religionen bisher wirklich überzeugen können. Zum Beispiel sind in den vergangenen Jahrhunderten die meisten aggressiv missionierenden Sekten schnell wieder verschwunden, obwohl ihre Meme ein großes Ansteckungspotential hatten.

In diesem Kapitel wird es um den Zusammenhang zwischen magischem Denken und Religion gehen. Während die Esoterik ein lebendiges, aber nicht unbedingt intelligentes Universum annimmt, geht die Religion einen anderen Weg. Ihre Götter haben einen eigenen Willen, sind den Regeln der Natur nicht unterworfen und wohnen in einem eigenen Reich. Die Religion interpretiert die Illusionen des magischen Denkens als Spuren göttlichen Eingreifens – und sieht damit ihren Glauben wiederum bestätigt. Religion ist, wie Sprache, ein universelles menschliches Phänomen. Ausnahmslos alle bekannten Völker und Kulturen glauben an Geister oder Götter. Der Ursprung der Religion ist ebenso eng mit der Entstehung der spezifisch menschlichen Denkprozesse verknüpft wie die Entwicklung der Sprache. Andererseits hat in Europa jede Art von Glauben in den letzten Jahrzehnten sehr an Boden verloren. Im Osten Deutschlands glaubt mehr als die Hälfte der Menschen an keinen Gott. Religion ist also weltweit verbreitet, aber sie bestimmt keineswegs das Leben aller Menschen.

Eine umfassende Theorie der Religionsentstehung muss natürlich auch die Vielfalt der Erscheinungsformen berücksichtigen. Tatsächlich sind die Glaubensinhalte der Völker so verschieden, dass bereits die Eingrenzung des Begriffs »Religion« schwierig ist.

Definition von Religion – ein Versuch

Wie viele Götter muss eine Religion haben?
Christentum, Judentum und Islam kennen einen Gott, der Hinduismus viele, der Buddhismus in seiner reinen Form keinen.

Hat eine Religion verbindliche Glaubenssätze?
Christen glauben an Gott und die Wiederauferstehung Christi. Der Islam hat den grundlegenden Glaubenssatz: »Es gibt nur einen Gott und Mohammed ist sein Prophet.« Anders im Hinduismus: Er lebt von der Beachtung der Riten und dem Kastenwesen, der streng hierarchischen Ordnung, in die man hineingeboren wird. Ein verbindliches Bekenntnis wird den Hindus dagegen nicht abverlangt.

Haben Religionen heilige Schriften?
Es gibt Religionen mit vielen Mythen, aber ohne heilige Schriften, wie den Glauben der Germanen und Kelten, und auf der anderen Seite den Islam, für den der Koran das unmittelbare Wort Gottes darstellt, das dem Propheten Mohammed offenbart wurde.

Beruhen Religionen auf einer Offenbarung?
Nicht alle Religionen beruhen auf einer Offenbarung. Der in Japan sehr verbreitete Schintoismus kennt zwar das Prinzip des Göttlichen, hat aber weder eine verbindliche heilige Schrift noch eine Offenbarung zu bieten.

Haben Religionen einen Stifter, heilige Männer oder Priester?
Nicht jede Religion hat eine zentrale Figur wie Jesus, Mohammed oder Buddha. Der Hinduismus, die drittgrößte Religion der Erde, kennt beispielsweise keinen Religionsstifter. Auch heilige Männer oder Priester sind keine allgemeinen Kennzeichen einer Religion.

Angesichts dieser Vielfalt ist es kein Wunder, dass es mehr als fünfzig verschiedene Definitionen von Religion gibt. Keine davon hat sich bisher allgemein durchsetzen können. Sagen wir also ganz vorsichtig: Religion ist ein systematischer Glaube an übernatürliche, intelligente Wesen. Sie umfasst stets drei Teilbereiche, die im Einzelfall ganz unterschiedlich gewichtet sein können:

1. eine Überlieferung, eine Mythologie und/oder eine Offenbarung,
2. einen Götterhimmel, eine nicht-materielle Seele und/oder ein Jenseits,
3. vorgeschriebene Rituale.

Die Entstehung der Religion lässt sich aus drei spezifisch menschlichen Denkprozessen herleiten:

- dem magischen Denken,
- der einzigartigen Fähigkeit, sich in andere Menschen oder auch in Tiere hineinzuversetzen und deren Absichten zu erschließen (»Theory of Mind«),
- der Unvorstellbarkeit des eigenen Todes.

Ahnen und Geister

Ahnenkulte werden allgemein auf das Unverständnis gegenüber dem Tod zurückgeführt. Ein Mensch, den man Jahre oder Jahrzehnte lang gekannt hat, regt sich plötzlich nicht mehr, und sein Körper beginnt zu zerfallen. Demnach muss sein Geist ihn verlassen haben.

Doch es wäre unsinnig, sich Frühmenschen vorzustellen, die ratlos versuchen, dem Körper eines verstorbenen Sippenmitglieds Lebenszeichen zu entlocken. Während ihrer gesamten Entwicklung waren Hominiden ständig mit dem Tod konfrontiert. Sie lebten in Gruppen von etwa hundert bis dreihundert Mitgliedern. Die Säuglingssterblichkeit war hoch, vermutlich erreichten deutlich weniger als die Hälfte der Neugeborenen das Erwachsenenalter. Bei einer mittleren Lebensdauer von ca. 20 Jahren starben rein rechnerisch fünf bis 15 Sippenmitglieder im Jahr. Die Vorfahren der heutigen Menschen töteten Beutetiere und führten vermutlich auch Krieg.

Der Tod war also ständiger Begleiter der Menschwerdung und deshalb kein Mysterium. Warum aber entstand dann die Vorstellung vom Weiterleben der Seele?

Geister, Gefühle und Absichten

Der amerikanische Psychologe Jesse Bering hat die sehr plausible These aufgestellt, dass nicht der Tod an sich, sondern der *eigene* Tod das Vorstellungsvermögen des menschlichen Geistes übersteigt. Das subjektive Ende von allem, die vollständige Auslöschung der eigenen Perspektive überfordert die Fähigkeiten der Phantasie. Das Nichts hat kein Bild.

Also liegt es nahe, dass die Gefühle eines Wesens seinen Tod überdauern und Schaden oder Nutzen stiften können. Das bezieht sich nicht nur auf die eigenen Ahnen, sondern auch auf Tiere. Nahezu alle Naturvölker Nordasiens kennen Rituale, um den Geist eines erlegten Bären zu besänftigen oder ihn darüber zu täuschen, wer ihn umgebracht hat. Damit wollen sie verhindern, dass der Geist des erlegten Tieres Rache nimmt oder andere Bären warnt. Sie würden dann abwandern, und der Stamm könnte sie nicht mehr erlegen. Die Annahme, dass ein ausgeprägter Wille, eine unabweisbare Pflicht oder starke Gefühle den Tod überdauern, gibt es überall, sogar in unserer modernen Gesellschaft. Eine der bekanntesten Wanderlegenden der Moderne geht etwa so: Ein Autofahrer nimmt in der Nacht ein etwa 20-jähriges Mädchen mit, das per Anhalter reist. Es gibt ihm eine Adresse etwa zwei Kilometer entfernt und setzt sich auf den Rücksitz. Als er die angegebene Adresse erreicht, ist das Mädchen verschwunden, er hat sie aber nicht aussteigen sehen. Etwas perplex klingelt er und berichtet der

Frau, die ihm öffnet, die seltsame Geschichte. Sie versichert ihm, dass bei ihr kein Mädchen im passenden Alter wohnt. Er sieht sich um und sagt dann: »Aber da ist sie doch!«, und zeigt auf ein Foto, das an der Wand hängt. Die Frau antwortet ihm: »Das war unsere Tochter. Heute vor drei Jahren wurde sie zwei Kilometer von hier an der Straße von einem Auto erfasst. Sie war sofort tot.«

Der amerikanische Folkloreforscher Harald Brunvand hat in seinem Buch *The Vanishing Hitchhiker*, einer Sammlung von modernen Legenden, nicht weniger als fünfzehn Varianten dieser Geschichte aufgezählt.

Menschen machen sich ein komplexes Bild von anderen Akteuren und gehen nicht davon aus, dass ihr Einfluss auf die Welt zwangsläufig mit dem Tod, also dem Ende sichtbarer Handlungsfähigkeit, endet. Das Gehirn verknüpft also z.B.: »Mein Vater will nicht, dass ich meine Geliebte heirate.«
und
»Mein Vater ist tot.«
nicht zu: »Damit ist der Wille meines Vaters erloschen.«
sondern zu: »Mein Vater will die Heirat immer noch nicht, kann sie aber nicht mehr verhindern. So wird er vielleicht Unglück über uns bringen.«

Also muss ein Versöhnungsritual abgehalten werden. Auch beim christlichen Totengedenken bittet der Geistliche »Herr, gib ihnen die ewige Ruhe, und das ewige Licht leuchte ihnen. Lass sie ruhen in Frieden«, was andeutet, dass die Verstorbenen in Unfrieden aus der Welt geschieden sein könnten und deshalb für die Lebenden eine Gefahr darstellen.

Im Christentum sind die Toten eigentlich bis zum jüngsten Tage tot. Sie geistern nicht in der Welt herum, englische Schlösser einmal ausgenommen. Trotzdem bittet man in katholischen Gegenden zu Allerseelen für die Seelen der Verstorbenen, obwohl ein allwissender und barmherziger Gott dadurch kaum seine Meinung ändern dürfte. Die Mexikaner feiern am 1. und 2. November das Fest der Toten, die dann für einen Tag unter den Lebenden weilen dürfen. Mexikanische Totengeister sind glücklicherweise keine missgünstigen oder unheimlichen Gestalten, und so feiern die Lebenden zu ihrem Gedenken ein fröhliches Fest.

Jesse Bering hat zu diesem Thema einige Untersuchungen durchgeführt und dabei festgestellt, dass der Glaube an eine Einwirkung der Toten auf die Welt der Lebenden nicht auf eine bestimmte Kultur begrenzt ist. In vielen Gegenden der Welt schreiben die Menschen den Seelen der Toten Gefühle, Wünsche und Erinnerungen zu, nicht aber Hunger oder Schmerzen. Und natürlich weiß die Seele weiterhin, wer sie ist. Selbst einige der Menschen, die ein Weiterleben der Seele nach dem Tod ausdrücklich leugnen, gestehen den Toten noch Gefühle oder Wahrnehmungen zu, ohne den Widerspruch zu bemerken. Das Weiterleben der Seele ist grundsätzlich plausibel, nur das erlernte Tatsachenwissen lässt Menschen zu dem Schluss kommen, der Tod bringe das absolute Ende.

Wenn die Lehre von der Unsterblichkeit der Seele in einer Gruppe aufkommt, hält sie sich, weil sie intuitiv glaubwürdig ist. Ob das tröstlich ist, hängt eher von der Ausgestaltung des Glaubens ab. Es gibt sicher Menschen, die mit ihren Ahnen auch in der nächsten Welt nicht mehr zusammentreffen möchten.

Spökenkieker, Propheten und der Heilige Geist

Geister und Götter können ihre Glaubwürdigkeit sehr steigern, wenn sie sich ausgewählten Menschen zeigen oder ihnen nützliche Hinweise auf künftige Ereignisse zukommen lassen. Das alte Testament kennt viele Propheten, die von Gott beauftragt wurden, düstere Vorhersagen abzugeben. Natürlich traten auch falsche Propheten auf. Man konnte die beiden Gruppen aber kaum verwechseln, denn die Vorhersagen der falschen Propheten trafen nicht ein. So konnte der Chronist hinterher das Volk dafür tadeln, dass es falschen Propheten nachgelaufen sei oder den echten nicht vertraut habe und damit alles Unglück selbst auf sein Haupt geladen habe.

Viele Religionen kennen Rituale, bei denen Gläubige regelmäßig in Zungen reden oder von einem Geistwesen besessen sind. Damit vermitteln sie den Übrigen den Eindruck der unmittelbaren Präsenz des Gottes oder eines Geistes (siehe Kapitel 3). Bei den christlichen Pfingstgemeinden gehören Glossolalie und Prophezeiungen zum Gottesdienst. Auf der deutschen Website des Forums Freikirchlicher Pfingstgemeinden heißt es dazu: »Das Reden in anderen Sprachen ist das erste Zeichen der Taufe mit dem Heiligen Geist. Die Geistesgaben zeigen sich nur aufgrund der übernatürlichen Ausrüstung durch den Heiligen Geist. Ein heiliges Leben im Alltag ist die Voraussetzung dafür, dass man von Gott als Gefäß gebraucht werden kann.« Der Anschein der direkten Anwesenheit eines Gottes wirkt äußerst eindrucksvoll. Nicht von ungefähr haben die Pfingstgemeinden in nur einem Jahrhundert mehrere Hundert Millionen Mitglieder gewonnen.

Auch ein Schamane pflegt einen persönlichen Umgang mit Geistern und begibt sich bei besonderen Festen oder bei Bedarf auf eine spirituelle Reise in die Geisterwelt.

Der Volksglaube sagt bestimmten Menschen eine besondere Fähigkeit zur Kommunikation mit übersinnlichen Mächten nach. Dazu gehören Kinder, die in den Raunächten (den zwölf Nächten nach Weihnachten) geboren sind oder die mit einer Glückshaube (einer intakten Fruchtblase) zur Welt kamen. In Norddeutschland und im Münsterland heißen Menschen mit der Fähigkeit zur Wahrsagung »Spökenkieker«, von Spöken, der Spuk, und kieken für schauen. Spökenkieker werden im Allgemeinen ohne Warnung von Visionen heimgesucht, die Unglück oder Tod betreffen. Diese Menschen gab es früher in meiner Heimat, dem Münsterland, allerorten, sie gehörten zur Folklore. Im Freilichtmuseum Mühlenhof, gerade drei Kilometer von meinem Haus entfernt, steht die Bronzestatue eines »Spökenkiekers«. Wenn einer ständig vor Unheil oder Problemen warnt, nennt man ihn noch heute so.

Zufall oder Absicht

Das menschliche Gehirn kann schlecht mit seltenen oder ungewöhnlichen Zufällen umgehen. Wenn etwas Außergewöhnliches geschieht, vermuten die meisten eine Absicht dahinter. Ein (fiktiver) Lottogewinner würde vielleicht sagen: »Sechs Richtige mit Superzahl, mehr als hundert Millionen Mal müsste man dafür spielen! Und ausgerechnet ich gewinne den Jackpot! Nein, da muss Gott nachgeholfen haben, so einen Zufall kann's gar nicht geben. Und das gerade jetzt, wo ich das Geld so gut gebrauchen kann. Tausend Euro hab' ich unserer Kirchengemeinde gestiftet, man muss sich doch bedanken!«

Der Humangenetiker und gläubige Christ Francis Collins leitete zwischen 1993 und 2008 das Human Genome Project, ein inzwischen erfolgreich abgeschlossenes internationales Forschungsprojekt zur vollständigen Entschlüsselung des menschlichen Erbguts. In seinem Buch *Gott und die Gene* führt er unter anderem folgende Argumente für die Existenz Gottes an:

> *»Die Eigenschaften des Universums waren genau auf die Entstehung von Leben abgestimmt.« Und: »Menschen sind in einer Weise einzigartig, für die es keine evolutionäre Erklärung gibt.«*

Er schließt daraus, dass Gott die Gesetze der Welt so festgelegt hat, dass Menschen entstehen mussten. Der Lottogewinner meint, dass seine Chance so minimal war, dass er ohne Hilfe überhaupt nicht gewinnen konnte. Überspitzt könnte man sogar argumentieren, dass der Gewinner das Spiel beeinflusst haben muss. Warum sollte gerade er sonst gewinnen? Die Chance eines zufälligen Gewinns ist schließlich verschwindend klein, demnach muss er daran gedreht haben. Würde man mit diesem Argument die Polizei überzeugen können? Vermutlich nicht, denn die Wahrscheinlichkeit, dass *irgendjemand* den Hauptgewinn abräumt, ist sehr groß. Es ist eine alte Regel der Statistik, dass auch unwahrscheinliche Ereignisse irgendwann eintreten. Die allermeisten Menschen wissen entsprechende Geschichten zu erzählen. Das beweist allerdings keineswegs das Eingreifen einer weltlichen oder übernatürlichen Macht.

Das Argument von Francis Collins zerfällt ebenfalls bei genauerem Hinsehen. In der Tat sind alle Naturkonstanten so eingestellt, dass Leben entstehen konnte. Wären sie anders eingestellt, könnten wir nicht darüber nachdenken, weil es kein Leben und also auch Menschen nicht gäbe. Verlagern wir das Argument auf eine einfachere Ebene. Man könnte beispielsweise argumentieren: »Wenn mein Vater vor 30 Jahren nicht seinen Zug verpasst hätte, wäre ihm meine Mutter nicht begegnet, und es gäbe mich nicht. Also muss es einen Gott geben, der ihn daran gehindert hat, rechtzeitig den Bahnhof zu erreichen.«

Das Argument ist nur gültig, wenn man stillschweigend voraussetzt, dass es einen Gott gibt, der gerade diesen Menschen hervorbringen wollte. Auf Collins' Argument übertragen bedeutet es, dass Leben entsteht und sich Menschen entwickeln, weil Gott es von Anfang an so wollte. Und deshalb muss es einen Gott geben. Collins muss Gottes Willen bereits voraussetzen und folgert daraus, dass es ein Wesen geben muss, das dieses Ziel verfolgt. Damit gerät er in einen Zirkelschluss. Er setzt voraus, dass es Gott gibt und er eine bestimmte Absicht verfolgt, damit er schließen kann, dass es ihn geben muss. Auf diese Weise begeht er einen seit der Antike bekannten logischen Fehler.

Collins' zweites Argument (»Menschen sind in einer Weise einzigartig, für die es keine evolutionäre Erklärung gibt.«) ist ähnlich problematisch. Die erste Hälfte des Satzes bestreite ich ausdrücklich. Aus meiner Sicht sind Menschen nicht einzigartiger als beispielsweise Elefanten, Delphine oder Bäume. Und die zweite Hälfte? Um sicher zu sein, dass es keine evolutionäre Erklärung gibt, müsste man die Evolution vollständig verstehen. So weit ist die Wissenschaft aber noch nicht. Deshalb gerät die Behauptung in die gefährliche Nähe eines anderen, ebenfalls seit der Antike bekannten Fehlschlusses, des sogenannten argumentum ad ignorantiam (= Argument, das auf Nichtwissen aufbaut). Nur weil eine Erklärung unbekannt ist, darf man nicht schließen, dass sie nicht existiert. Die Relativitätstheorie und die Quantentheorie beispielsweise erklären Beobachtungen, die mit der klassischen Physik nicht vereinbar sind.

Gott versteckt sich also nicht im Lottogewinn, und er muss auch nicht an den Parametern des Universums herumgeschraubt haben. Auch die Richtung und das Ergebnis der Evolution kann seine Existenz nicht beweisen. Versuchen wir es also anderswo und fangen mit der Frage an, warum Menschen dazu neigen, hinter allen Ereignissen in ihrer Umgebung eine verborgene Absicht zu suchen.

Die Absichten anderer

Soweit die Verhaltensforschung bisher weiß, verfügen Menschen als einzige Lebewesen über die Fähigkeit, die Absichten anderer zu erkennen. Sie können sich in andere Lebewesen hineinversetzen und versuchen, ihr Handeln vorherzusehen. In der neurowissenschaftlichen Forschung spricht man von der Fähigkeit zur »Theory of Mind« (etwa: Theorie des Geistes, bleibt auch im Deutschen meist unübersetzt).

Die frühen Menschen konnten ihren Jagderfolg deutlich verbessern, wenn sie die Bewegungen ihrer Beute korrekt einschätzten und ihr an den richtigen Stellen auflauerten. Wer das Verhalten seiner Stammesgenossen nachvollziehen und manipulieren konnte, verbesserte damit seine Stellung in der Stammeshierarchie. Jede Kriegslist beruht auf der Erwartung, dass die Gegner bestimmte Überlegungen anstellen und danach handeln.

Unsere Vorfahren ließen sich von der Faustregel leiten, dass bewegte oder veränderliche Dinge eine Absicht verfolgen, feststehende hingegen nicht. Auch heute noch halten kleine Kinder zunächst alle Gegenstände für bewusste Einheiten, dann die aus eigener Kraft beweglichen und zum Schluss nur noch Pflanzen, Tiere und Menschen.

Der Psychologe Justin Barrett meint, dass Menschen eine hyperaktive Akteurserkennung (Hyperactive Agent Detection Device, HADD) besitzen. Das bedeutet, dass das menschliche Gehirn jede Veränderung der Umgebung zunächst darauf untersucht, ob sie auf einer Absicht beruht. In der langen Geschichte der Menschwerdung konnte jede Bewegung einen Angriff bedeuten oder ein Beutetier anzeigen. Erst wenn diese unmittelbar lebenswichtigen Möglichkeiten ausgeschlossen waren, durfte sich das Gehirn die Zeit nehmen, weitere Hypothesen zu prüfen.

Gefühle und Absichten erscheinen den Menschen genauso real wie Tische oder Bäume. Sie sind ein selbstverständlicher Teil der Umwelt. Nehmen wir ein alltägliches Beispiel: Die Herren Abel und Bernhard bewerben sich um den Vorsitz ihrer Partei. Abel scheint die besseren Chancen zu haben, aber Bernhard zieht im letzten Moment den Stimmblock des Herrn Caesar zu sich herüber, indem er ihm den vierspurigen Ausbau einer Straße zum wichtigsten Industriegebiet seines Bezirks verspricht. Das hatte er bisher aus Umweltschutzgründen abgelehnt.

Abel verzichtet daraufhin auf die Kandidatur für das Parteipräsidium und lässt sich nur in den erweiterten Parteivorstand wählen. Das Präsidium hat neun Mitglieder und entscheidet ständig per Telefonrundruf, der erweiterte Vorstand hat 25 Mitglieder, tagt alle zwei Monate und ist das höchste Entscheidungsgremium zwischen den Parteitagen.

Sehen wir den dreien einmal in den Kopf. Abel denkt: »Bernhard hat mich ausgetrickst. Wenn ich ins Präsidium gehe, bin ich vermutlich sein einziger Gegner, da isoliere ich mich. Als ständiger Mahner stehe ich auch vor meinen eigenen Leuten nicht gut da. Im erweiterten Vorstand kann ich aber in Ruhe Stimmen sammeln und Bernhard das Leben schwermachen. Bernhard denkt jetzt, ich wäre beleidigt und hätte deshalb den Sitz im Präsidium ausgeschlagen, also wird er mich unterschätzen. Damit kann ich in Ruhe meine Truppen sammeln. Und er wird diese Straße bauen müssen, dafür werde ich sorgen. Er denkt sicher, dass er sich da rausreden kann, indem er Caesar weismacht, dass die Straße nicht durchzusetzen ist. Aber das werde ich verhindern.«

Bernhard denkt: »Abel hat verloren, das kann er nicht vertragen. Aber ich glaube nicht, dass er beleidigt ist, er möchte nur, dass ich das denke, damit ich ihn unterschätze. Ich werde also so tun, als ob ich das glaube, damit er glaubt, er käme damit durch. Er wird bestimmt versuchen, mir einen ganz unangenehmen Typen ins Präsidium zu setzen, damit es so aussieht, als könnte ich mich nicht durchsetzen. Caesar denkt, ich müsste seine Straße jetzt bauen, weil er sonst schlecht dasteht und mich niemand mehr wählt, wenn ich ihn nach der Wahl hinten runterfallen lasse. Also werde ich den Anschein erwecken, als ob ich das Projekt vorantreibe, und zugleich unauffällig die Gegner ermutigen.«

Caesar denkt: »Bernhard denkt, dass ich ihm glaube, er würde wirklich die Straße bauen wollen. Abel muss annehmen, dass ich umgefallen bin, weil ich denke, dass ich im Wahlkreis damit besser dastehe. Er wird also versuchen, den Straßenbau durchzusetzen, sobald Bernhard seine Verzögerungsstrategie anfängt, damit jeder denkt, er könnte Bernhard vor sich hertreiben. Also werde ich das Projekt nicht mehr mit voller Kraft verfolgen und stattdessen gegen ein anderes eintauschen, das ich schon in der Tasche habe. Bernhard wird das kaum verweigern können.«

Kommt Ihnen das kompliziert vor? Die Wirklichkeit ist eher noch verschraubter. Aber hier noch eine einfachere Variante als jüdischer Witz:

Rubinstein kommt in Lodz zum Bahnhof und trifft unterwegs seinen Freund Kohn.

»Wohin fährst du?«, fragt er Kohn.

»Nach Krakau«, entgegnet der.

Da sagt Rubinstein: »Wenn du sagst, du fährst nach Krakau, weißt du, dass ich denke, du fährst nach Warschau. Deshalb wirst du nicht sagen, du fährst nach Krakau, wenn du nach Warschau fährst, sondern du wirst sagen, du fährst nach Danzig. Wenn du aber nach Krakau fährst, weißt du, dass ich weiß, dass du mir sagen wirst, du

fährst nach Danzig. So wirst du sagen, du fährst nach Krakau, wenn du wirklich fährst nach Krakau, damit ich denke, du fährst nach Danzig. Warum also lügst du?«
(Nach einer Vorlage aus dem Buch *Der Witz*)
Was hat das alles mit Religion und magischem Denken zu tun? Es beleuchtet einen der wichtigsten zugrundeliegenden Prozesse: die einzigartige menschliche Fähigkeit, Gedanken und Stimmungen anderer zu deuten und daraus wiederum Schlüsse zu ziehen. Wie das genau funktioniert, ist bisher nicht geklärt. Es steht aber fest, dass die Vorstellungen, die man sich über die Gedanken und Empfindungen anderer macht, so stabil sind, dass sie wiederum Ausgangspunkt weiterer Überlegungen sind.

Konstruktionen wie: »Ich denke, dass du denkst, dass er denkt, dass ich denke« sind normale menschliche Überlegungen. Die lediglich vermutete Absicht oder Gemütsverfassung anderer Menschen verarbeitet unser Gehirn nicht anders als materielle Objekte unserer Umwelt. Weil unser Gedächtnis aber beinahe beliebige Inhalte miteinander verknüpfen kann, bezieht es Gedanken und Gefühle bei der Berechnung von Erfolgsstrategien mit ein. Wenn ich jemanden beeinflussen will, muss ich ihm vielleicht genau das Gegenteil von dem sagen, was ich wirklich meine. In jedem Fall kann ich durch die Manipulation der Gefühle anderer Menschen auch materielle Ziele erreichen. Kinder lernen schon im Vorschulalter, dass materielle und geistige Gedächtnisinhalte einander beeinflussen. Dieses Denken beschränkt sich nicht auf Menschen: Alles kann eine Absicht haben, und diese Absicht ist veränderbar. Wohlgemerkt, es geht hier nicht um bewusste Schlussfolgerungen, sondern um Intuition. Ein Beispiel:
An einem kalten Morgen steigen Sie in Ihr Auto und stellen zwei Dinge fest:

1. Das Auto startet nicht auf Anhieb.
2. Die Batterie hätte längst ausgewechselt werden müssen, denn der Startermotor reagiert auf die Drehung des Zündschlüssels mit einem immer müderen Aufjaulen.

Sie müssen aber zu einem ungeheuer wichtigen Termin. Sie sagen zu Ihrem Auto: »Bitte spring an. Nur dies eine Mal!«
Dann drehen Sie den Zündschlüssel, mühsam orgelt der Anlasser, und tatsächlich, hustend und spuckend kommt der Motor in Gang. Erleichtert sagen Sie:
»Braves Autochen! Du kriegst heute noch eine neue Batterie! Und jetzt bring mich zu meinem Termin!«
Natürlich würden Sie nicht ernsthaft annehmen, Ihr Auto habe eine Seele, aber einen Moment lang kam es Ihnen doch so vor. Das menschliche Gehirn ist darauf eingerichtet, mit denkenden, fühlenden und manipulierbaren Partnern umzugehen, die nicht unbedingt menschlich sein müssen. Auch ungesehene Akteure wie Geister oder Götter kommen dafür in Frage. Letztere neigen dazu, ihre Taten ungesehen zu vollbringen. Alles, was deutlich besser oder schlechter abläuft als erwartet, riecht nach Beeinflussung durch übernatürliche, aktiv handelnde Akteure. Praktisch alle menschlichen Kulturen kennen solche Gestalten.

Der Anthropologe Pascal Boyer geht davon aus, dass die Idee unsichtbarer, machtvoller Wesen so ungewöhnlich (kontra-intuitiv) ist, dass sie sich gut einprägt. Nur: Unsichtbare Akteure sind auch für Naturvölker keineswegs ungewöhnlich, sie entsprechen vielmehr ihrer normalen Erfahrung. Dabei muss man allerdings eine kleine Einschränkung vornehmen: Die Akteure sind nicht per se *unsichtbar*, sie sind *ungesehen*. Sie haben Form und Gestalt, aber man sieht sie normalerweise nicht handeln, vielmehr erkennt man sie an den Spuren und Ergebnissen ihrer Aktivitäten. Das gilt:

1. Für Intrigen und Verschwörungen innerhalb der Gemeinschaft, bei denen einer oder mehrere Angehörige des gleichen Stammes insgeheim gegen andere vorgehen.
2. Für Aktionen gegnerischer Stämme. Sie könnten beispielsweise heimlich Fischreusen oder Fallen zerstören oder Herden von Beutetieren wegtreiben.
3. Für große Raubtiere. Ein Bär oder ein Wolf zeigt sich oft genug

nur an seinen Fußspuren. Vielleicht hat aber auch ein gegnerischer Stamm Vieh gestohlen und zur Ablenkung Bärenspuren hinterlassen.

Diese Akteure sind nicht per definitionem unsichtbar, sie sind lediglich schwer zu finden, genauer gesagt, sie wollen nicht gefunden werden. Auch Götter oder Geister fallen in diese Kategorie: Sie haben in der Vorstellung der Menschen eine Gestalt und ein Gesicht. Wären sie stets unsichtbar, wüsste man nichts über ihr Aussehen.

Ein Steinzeitmensch oder ein Angehöriger eines Naturvolks kann nicht unterscheiden, ob ihm ältere Angehörige seines Volkes die Wahrheit über einen Bären oder über einen Geist erzählen. Genauso gut könnten sie schamlos übertreiben. Doch auch wirkliche Lebewesen können über erstaunliche Eigenschaften verfügen. Bären haben beispielsweise einen exzellenten Geruchssinn. Sie erkennen Beute oder Feinde bereits auf mehrere Kilometer Entfernung und können den Menschen deshalb konsequent aus dem Weg gehen. Warum sollte ein Geist nicht ebenso beeindruckende Fähigkeiten haben, wie zum Beispiel die Gabe, sich willentlich unsichtbar zu machen? Schließlich kann auch ein Bär die Menschen wochenlang erfolgreich meiden, aber nachts ihr Vieh schlagen.

Die Idee von einem mächtigen Wesen, das sich nach Belieben unsichtbar machen kann, ist also keineswegs außergewöhnlich.

Fassen wir zusammen:

1. Das Weiterexistieren von Absichten über den Tod hinaus und die Vorstellung von einem aktiv handelnden, aber ungesehenen Wesen führt zum Glauben an einen Ahnengeist. Ein großer Krieger kann in der Vorstellung seiner Nachfahren auch nach seinem Tod den Stamm beschützen.
2. Die Vorstellung, dass in jedem Objekt eine Absicht wohnen kann, ist plausibel. Es ist ebenfalls glaubhaft, dass hinter beliebi-

gen Ereignissen (einem Blitzschlag, einem Gewitter) eine verborgene Absicht steckt. Das ebnet den Weg zu der Idee, dass Götter und Geister treibende Kräfte hinter Naturereignissen sind.

3. Wenn man diese Phänomene mit den verschiedenen Erscheinungen des magischen Denkens zusammenbringt, lassen sich alle Spielarten der Religion problemlos erklären.

Neue Religionen

Weil die ersten Religionen vermutlich mindestens so alt sind wie der Homo sapiens, liegt ihre Entstehung im Dunkeln. Kein Wissenschaftler war Zeuge, als vor mehr als Hunderttausend Jahren Menschen oder Vormenschen ihre Götter schufen. Auch die wahre Geschichte der großen heutigen Religionen wie Buddhismus, Hinduismus, Judentum, Christentum und Islam verbirgt sich hinter einem dichten Vorhang von Mythen und Sagen. Aber auch heute entstehen noch neue Religionen, und in einigen Fällen ist ihre Geburt sehr genau dokumentiert. Zwei davon möchte ich Ihnen hier vorstellen.

Der Cargo-Kult

Der Inselstaat Vanuatu im Südpazifik (bis 1980: Neue Hebriden) besteht aus 83 Inseln, die zusammen nur etwa die halbe Fläche des Bundeslands Hessen ausmachen. Sie entsprechen nicht dem Klischee vom Südseeparadies: Nur selten findet man weiße Sandstrände; schroffe, abweisende Steilufer sind die Regel. Das Klima ist eher subtropisch als tropisch, und die lange Regenzeit sorgt für ein unangenehm feucht-heißes Wetter während der meisten Monate des Jahres. Auf mehreren Inseln erheben sich aktive Vulkane, zum Beispiel der Mount Yasur auf der Insel Tannu. In den Dörfern in seiner Umgebung hat sich ein Kult gebildet, dessen Anhänger davon überzeugt sind, dass in dem Vulkan ein übernatürliches Wesen wohnt. Es, oder genauer gesagt, er ist König von Amerika und heißt John Frum. Gesehen hat ihn noch niemand, aber seine Anhänger glauben daran, dass er am 15. Februar, dem John-Frum-Day, vom Berg herabkommen und seinen Anhängern reiche Geschenke bringen wird. Leider hat er versäumt, sich auf ein Jahr festzulegen, und so feiern seine Anhänger seit über 50 Jahren das Fest seines Namens, ohne dass sich der erwartete Reichtum eingestellt hätte.

Die John-Frum-Bewegung ist eine der bekanntesten Varianten des sogenannten Cargo-Kults, einer neuen Religion, die an mehreren Orten in der Südsee offenbar unabhängig voneinander aufgetreten ist. Mehr als 50 solcher Kulte haben Anthropologen im Südpazifik bislang gefunden. Die Ersten davon kamen schon im neunzehnten Jahrhundert auf, als die Melanesier und Polynesier mit Europäern in Berührung kamen, deren Schiffe große Ladungen (engl. »Cargo«) voller wundersamer Dinge mit sich führten.

Der Kult um John Frum ist ab 1940 sicher nachgewiesen. Obwohl er angeblich auf der Insel gepredigt haben soll, ist keine historische Figur dieses Namens in den Annalen von Vanuatu verzeichnet. Vielleicht ist der Name auch ein Missverständnis, und der Namensgeber hat sich als »John from ...« vorgestellt. Oder der Nachname bezieht sich auf das Wort »Broom« (»Besen«), das in Pidgin-English »Frum« ausgesprochen wird. Eben jener John Frum sollte nämlich die christlichen Missionare hinwegfegen, die den Einwohnern ihre alten Sitten, die »Kastums«, verboten hatten, darunter so elementare Dinge wie Tanzen, Vielweiberei, Fluchen, Ehebruch oder jegliche Arbeit am Sonntag. Und weil es auf Vanuatu keine durchsetzungsfähige Kolonialverwaltung gab, schufen die Missionare ein eigenes System der Bestrafung, das im Wesentlichen aus verschärfter Zwangsarbeit bestand. Der mythologische John Frum, so glauben seine Anhänger, würde all das wieder abschaffen, wenn er denn käme. Während des Zweiten Weltkriegs, kurz nach dem Entstehen des Kults, richteten die Amerikaner Militärbasen auf Vanuatu ein und schafften Unmengen von Material heran. Unter den Soldaten waren Weiße und Schwarze, und wunderbarerweise waren sie gleich gut ausgerüstet und wurden fast gleich behandelt. Die dunkelhäutigen Melanesier waren von den Beamten der Britischen Kolonialverwaltung nichts Gutes gewohnt, und so kam das Gerücht auf, die Amerikaner würden für John Frum kämpfen, der prompt zum König von Amerika erklärt wurde. Das gab der John-Frum-Bewegung ungeheuren Auftrieb. Die Gläubigen rodeten ein Stück Urwald, um eine Landebahn für John Frums Flugzeug zu schaffen, dessen Ankunft unmittelbar bevorstehen musste. Sie verteilten Flugzeugattrappen aus Bambus auf die Lichtung und bauten einen »Kontrollturm« aus Holz. Alles sollte wie ein echter Flugplatz aussehen, damit die göttliche Maschine ihren Weg dorthin fände. Gerüchte von weiteren Flugzeugen mit reicher Fracht (Cargo) für die Gläubigen machten die Runde. Aber sie trafen nie ein. Die britische Kolonialverwaltung bekam Angst und ließ die Anführer des Kults verhaften. Der Krieg endete, die Amerikaner zogen ab, aber kein John Frum kam, und auch die Flugzeuge mit den prophezeiten Reichtümern an Bord blieben aus. In den fünfziger Jahren, als der Naturforscher David Attenborough mit einem Kameramann die Insel Tannu besuchte, waren die Gläubigen aber noch guten Mutes. Der hohe Priester Nambas gab an, mit »John« regelmäßig in Verbindung zu stehen, und zwar über Radio. Dem verblüfften Forscher erklärte er gerne, wie das vor sich ging: Eine alte Frau mit einem Elektrodraht um den Bauch fiel in Trance und redete in Zungen. Nambas interpretierte die Äußerungen dann als die Worte des Gottes John Frum. So erklärte er zum Beispiel, er sei über den Besuch des Fernsehteams nicht überrascht, denn »John« habe ihm das bereits im Voraus mitgeteilt.

Alle Cargo-Kulte kreisen um die Idee, dass ein Gott oder Messias in unbestimmter, aber naher Zukunft mit großem »Cargo« kommen und die Gläubigen mit unermesslichen Reichtümern beschenken werde, wenn sie in ihrem Glauben nicht schwankend würden. Der John-Frum-Kult hat sich im Jahre 1999 gespalten, wie das auch bei älteren Religionen hin und wieder vorkommt. Prophet Fred hatte eine Offenbarung, während er auf einem koreanischen Fischkutter arbeitete. Gott, so sagte er, habe ihn angewiesen, einen Neuen Weg zu predigen. Er nahm einen beträchtlichen Teil der Gemeinde mit sich. Dann, einige Jahre später, gerieten vierhundert Anhänger der beiden Kulte mit Äxten, Bögen und Steinschleudern aneinander und fochten eine Schlacht aus. 25 Männer wurden dabei ernsthaft verletzt.

Cargo-Kulte zeichnen sich durch die magische Verfremdung von Symbolen westlicher Lebensweise aus. Flugplätze mit Bambus-Flugzeugen und sogar einem Tower aus Bambus, mit einer Landebahnbefeuerung (echte Feuer) und Einweisern sollen mythische Flugzeuge anlocken. Radio wird zu Magie umgedeutet. In den letzten Jahren hat sich das Wort Cargo-Kult als Bezeichnung für sinnentleerte Rituale aller Art eingebürgert. Mit dem ihm eigenen Humor prägte der Physiker und Nobelpreisträger Richard Feynman den Begriff der Cargo-Kult-Wissenschaft für Experimente, bei denen formal alle Regeln eingehalten werden, die aber unsinnige Ergebnisse bringen, weil die Grundlagen nicht stimmen (Beispiele dazu im Kapitel 10).

In den letzten Jahren haben die Cargo-Kulte im Südpazifik deutlich an Zuspruch verloren. Vielleicht, weil der »Cargo« einfach nicht auftauchen will, vielleicht weil die angekündigten Güter den jungen Leuten inzwischen weder geheimnisvoll noch fremd erscheinen. Aber nicht nur im Pazifik, auch mitten in Europa gibt es neue Religionen. Damit meine ich nicht die Sekten, die unter der Leitung eines charismatischen Anführers entstehen und wieder erlöschen, sondern echte Religionen, wie zum Beispiel die Wicca-Religion. Sie stammt aus den vierziger Jahren des 20. Jahrhunderts und hat inzwischen einige Hunderttausend Mitglieder.

Im Europa der frühen Neuzeit existierte die Hexensekte nur in der Phantasie ihrer Verfolger. Heute aber gibt es tatsächlich eine Glaubensrichtung, die sich als Hexenreligion versteht. Die Anhänger nennen sich Wicca und gehören zu einer großen und heterogenen Gruppe von religiösen Kulten, die versuchen, aus Versatzstücken alter Religionen und esoterischer Ideen einen neuen Glauben zusammenzustellen. Die meisten Anhänger dieser Bewegungen betrachten die Lehren als großen Supermarkt der Ideen und probieren einmal dies und einmal jenes aus.

Die Idee der Wiederbelebung alter Religionen oder Geheimlehren ist nicht neu: Im achtzehnten Jahrhundert gründeten schwärmerische junge Engländer die ersten Druidenorden. Sie hatten mit den antiken Druiden nichts gemein, sondern griffen freimaurerische Ideen auf und erfanden neue Rituale im Geiste der damaligen neuen Kelten- und Naturbegeisterung. Über die Magier- und Priesterelite der Kelten weiß man heute zu wenig, um ihren Glauben und ihre Rituale rekonstruieren zu können.

Druiden (die übrigens mit Asterix' Dorfdruiden Miraculix nicht viel gemein hatten) gaben ihr Wissen prinzipiell nur mündlich weiter, und so erlosch der Orden im Laufe des ersten Jahrtausends. Seine Lehren sind verloren. Die wenigen antiken Zeugnisse stammen aus der römischen Welt und zeugen im Wesentlichen von Unverständnis und Abscheu. Nur der Name (lat. druis, Genitiv druidis) blieb erhalten und mit ihm die vage Idee einer Magierelite mit uraltem Wissen um die Geheimnisse der Natur.

Heute gibt es über ein Dutzend größerer und eine unüberschaubare Zahl an kleinen Druidenorden. Seit 1999 halten die Neodruiden zur Sommersonnenwende eine Zeremonie in Stonehenge ab. Dieser wohl bekannteste und gewaltigste Steinkreis der Britischen Inseln hat jedoch mit den keltischen Druiden nichts zu tun. Als ihr Orden gegründet wurde, war das Heiligtum längst aufgegeben. Es stammt aus vorkeltischer Zeit, und sein genauer Zweck ist unbekannt. Die modernen Druidenorden waren die ersten Neuheiden, aber genaugenommen haben sie eher den Charakter einer esoterischen Schwärmerei. Die Wicca-Bewegung unterscheidet sich auffallend davon, weil sie ein großes Repertoire von gemeinsamen Ritualen, Symbolen und Glaubenssätzen verwendet, und muss deshalb schon eher als echte Religion betrachtet werden. Die Wicca machen die vermutlich größte abgrenzbare Gruppe unter den sogenannten Neuheiden aus. Die Religion samt Bekenntnis, Göttern und Ritualen wurde komplett erfunden, ist also ein reines Kunstprodukt.

Mit dem Bild der teufelsverehrenden Sekte von Schwarzmagiern, das die Hexenverfolger der frühen Neuzeit zeichneten, haben die Wicca nichts gemein. Sie orientieren sich an dem Zerrbild, das die englische Ägyptologin Margaret Alice Murray aufbaute (siehe Kapitel 6), und an der romantischen Idee von der sogenannten Großen Göttin.

In der zweiten Hälfte des neunzehnten Jahrhunderts kam bei deutschen und französischen Historikern die Idee auf, hinter den klassischen Göttinnen der Antike verberge sich ein einheitliches Grundmodell, die *Große Göttin* als Personifizierung der Erde. Der englische Archäologe Sir Arthur Evans, der den Palast von Knossos auf Kreta ausgrub, nahm diese Idee auf. »Von da an interpretierte er alle Abbilder von offenbar weiblichen Gottheiten bei der Grabung als Erscheinungsformen dieser Einen Gottheit, und alle männlichen Figuren als Darstellungen des zugehörigen Einen Gottes, der ihr als Sohn und Gefährte untergeordnet war«, schreibt der englische Historiker Ronald Hutton dazu. Wirklich populär wurde die These 1948 mit dem Buch *Die weiße Göttin* des englischen Dichters Robert von Ranke-Graves. Sprachgewaltig entwarf er das Bild einer allumfassenden vorzeitlichen Gottheit, der »weißen Göttin der Geburt, der Liebe und des Todes«, symbolisiert durch die Phasen des Mondes. Ihr zur Seite stehe ein männlicher Gott als Sohn und Liebhaber. Erst der Gott der Schriftreligionen (Judentum, Christentum und Islam) habe der Göttin den Garaus gemacht, meinte der Dichter.

Die amerikanische Völkerkundlerin und Archäologin Marija Gimbutas versuchte in den siebziger und achtziger Jahren des zwanzigsten Jahrhunderts, diese Idee wissenschaftlich zu untermauern. Der Glaube an eine Große Göttin sei ein Produkt der matriarchalischen Gesellschaft des neusteinzeitlichen Europa gewesen, so lehrte sie. Frauen hätten dort das Leben der Gemeinschaften wesentlich beeinflusst. Deshalb seien die alten Europäer friedliche Ackerbauern gewesen, die ihre Konflikte gemeinschaftlich lösten. Vor ca. 6000 Jahren seien indogermanische Reitervölker aus dem Osten gegen Europa vorgestoßen und hätten die Ureinwohner ausgelöscht. Diese auf einer reinen Männerherrschaft (dem Patriarchat) aufbauenden Kriegervölker hätten den aus der Antike bekannten – männlich dominierten – Götterhimmel nach Europa gebracht. Angesichts der wenigen Fundstücke ist das eine gewagte Spekulation. Aber Gimbutas war weder die Erste noch die Letzte, die ihre Ideen eines goldenen Zeitalters auf die ferne Vergangenheit projiziert hat. Irgendwann aber überzog sie ihre Interpretation und behauptete, die Hexenverfolgung der frühen Neuzeit habe den Priesterinnen der Großen Göttin gegolten, die ihren Glauben über mehr als dreitausend Jahre heimlich an ihre Töchter weitergegeben hätten. Mehr als acht Millionen Frauen seien dabei ermordet worden, so klagte sie, »weise Frauen, Prophetinnen, und Heilerinnen, die die besten und tapfersten Geister ihrer Zeit« gewesen seien. Das war nun definitiv falsch. Die tatsächliche Zahl der Hinrichtungen belief sich auf ca. fünfzig- bis sechzigtausend, und der angebliche Kult der Großen Göttin spielte dabei keine Rolle.

Die Erfindung der Wicca

Im Jahre 1954 erfand der pensionierte britische Kolonialbeamte Gerald Gardner eine völlig neue Religion. Er betrachtete sich dabei keineswegs als Prophet oder als Empfänger einer göttlichen Offenbarung. Nein, er behauptete stattdessen, er sei von einer alten Hexe namens Dorothy Clutterbuck in einen Hexenzirkel eingeführt worden. Der Name klingt ungefähr so real wie Petrosilius Zwackelmann, aber es wohnte tatsächlich eine Frau dieses Namens in seiner Nähe. Doch außer Gardners Behauptung gibt es nicht den geringsten Hinweis, dass sie eine Hexe war. Die Einführung sei nötig gewesen, denn die Wicca seien, so Gardner, ein Mysterienkult, in den man initiiert werden müsse. Ähnlich wie bei den Freimaurern gebe es eine mehrstufige Hierarchie. Gardner behauptete, die Wicca-Religion sei uralt, weit älter als das Christentum. Aller Wahrscheinlichkeit nach hat Gardner jedoch den Inhalt und die Rituale dieses Glaubens selbst erfunden beziehungsweise aus der damals gängigen Mysterienliteratur zusammengestellt.

Er verband Graves' Große Göttin mit Margaret Alice Murrays Vorstellung von den Ritualen der Hexenreligion. Gerade zu dieser Zeit, dem Ende der vierziger Jahre, hatten Murrays abwegige Ideen in England den Höhepunkt ihres Einflusses erreicht. Er fügte einige freimaurerische, mystische und esoterische Ideen hinzu und rührte alles gut um. Das Ergebnis war noch nicht sonderlich beeindruckend, aber Gardner begann sogleich, nach seiner Vorstellung einen eigenen Hexenzirkel, einen sogenannten Coven, zusammenzustellen.

Er behauptete, dass darin jeweils dreizehn Personen beiderlei Geschlechts eine Große Göttin und einen Gehörnten Gott anbeten. Die Sabbate finden jeweils vierteljährlich statt und tragen die Namen keltischer Feste. Die Göttin verkörpert sowohl die Erde als auch den Mond und verwandelt sich je nach Mondphase von der Jungfrau über die Mutter zur Greisin. Der Gehörnte Gott hingegen steht für den Kreislauf des Lebens, für die jeweils im Frühjahr erwachende und im Herbst wieder sterbende Vegetation.

Zu den höchsten Festen tanzt der Hexenzirkel nackt (»im Sternenkleid«) im Freien an einem geeigneten Hexentanzplatz. Der Hohepriester und die Hohepriesterin vollziehen eine (meist symbolische) sexuelle Vereinigung, wobei sie den Gehörnten Gott und die Große Göttin vertreten. Genauer gesagt: Gott und Göttin erfüllen die Priester während dieser Vereinigung, und viele Wicca berichten, dass sie während des Höhepunkts der Rituale die Anwesenheit einer großen Macht spüren.

Ähnlich wie die Pfingstbewegung setzt die Wicca-Religion auf das unmittelbare religiöse Erleben. Auch hier kommt Zungenreden vor und hat eine göttliche Bedeutung. Die Rituale und die Hierarchien der Wicca zeigen eine entfernte Ähnlichkeit mit denen der Freimaurer. Die Zaubersprüche hatte Gardner offenbar einigen »grimoires« (Zauberbüchern) entnommen.

Entwicklung der Wicca

Inzwischen halten auch die meisten Wicca den Anspruch, eine uralte Religion wiederbelebt zu haben, nicht mehr aufrecht. Gott und Göttin gelten als polare Symbole einer einheitlichen heiligen Natur, sie durchdringen gemeinsam alle natürlichen Dinge. Der Fachbegriff für ein solches Gottesverständnis lautet Pantheismus (Gott in allem). Die Vermischung verschiedener religiöser Ideen und Rituale nennt man Synkretismus. Die Wicca wären demnach eine pantheistische synkretistische Religion. Wer immer die zweite Stufe der dreistufigen Hierarchie der Wiccas erreicht hat, darf einen eigenen Hexenzirkel (Coven) gründen. In England und in den USA bildeten sich bald Ableger und Varianten der Hexenzirkel. Die Amerikanerin Miriam Simos schrieb unter dem Namen Starhawk hymnische Anrufungen der Göttin.

Nun ist es nicht jedermanns Sache, zu den vier Jahresfeiertagen nackt oder im Gewand auf einer Waldlichtung zu tanzen und zu singen, zumal es in unseren Breiten ab und zu regnet oder empfindlich kalt wird. So stieg die Zahl der Anhänger erst zu dem Zeitpunkt deutlich an, als einige Autoren die Selbstinitiierung befürworteten und Anleitungen für einzeln praktizierende Wicca herausgaben. Damit nahmen sie allerdings der Wicca-Religion den Charakter eines Mysterienkultes mit der Notwendigkeit einer Initiation.

Inzwischen gibt es eine ganze Reihe von leicht verständlichen Anleitungen mit praktischen Zaubersprüchen für Teenie-Hexen.

Sie finden großen Anklang, nicht zuletzt wegen der vielen amerikanischen Fernsehserien, in denen solche Charaktere eine Hauptrolle spielen. Die meisten Wiccas gehen davon aus, dass Zauberrituale tatsächliche, also nicht nur psychologische Wirkungen zeigen. Bei den ernsthaften Wiccas spielen allerdings die profanen Zaubersprüche für Liebe, Gelderwerb oder Gesundheit nur eine Nebenrolle. Die kichernden Teenies, die mit Kerzen, Zaubersprüchen und Tränken herumspielen, heißen bei ihnen »fluffy bunnies« (»Flauschhäschen«).

Tendieren Wicca-Anhänger stärker zum magischen Denken als andere Menschen? In einer Umfrage der West Chester University in Pennsylvania (ca. 1993–1995) haben die Soziologin Helen Berger, der Ökonom Evan Leach und der Sozialpsychologe Leigh Shaffer versucht, das Weltbild der Neuheiden in den USA zu ergründen. Demnach neigen die Neuheiden tatsächlich etwas mehr zu magischem Denken als der amerikanische Normalbürger. Die Autoren schreiben dazu: »Auch wenn die Vorstellungen der Neuheiden vom Leben nach dem Tod und ihre Berichte von der Anzahl ihrer paranormalen Erlebnisse von denen anderer Amerikaner abweichen, gibt es doch erstaunliche Überschneidungen im Zuge der zunehmenden Ausbreitung und Akzeptanz von okkulten und paranormalen Ideen in der amerikanischen Gesellschaft.«

Es gibt bislang kaum verlässliche Angaben zur Anzahl der Wicca. Die Schätzungen liegen zwischen 500 000 und einer Million, wobei die meisten Anhänger in den USA und England wohnen. In Deutschland dürften es maximal einige Tausend sein.

Religion und Wissenschaft

Religion und Naturwissenschaft beackern verschiedene Felder. Während die Religion übernatürliche Phänomene in ihr Glaubenssystem einpasst, sucht die Naturwissenschaft nach Regeln und Gesetzen in den Vorgängen der Natur. Der Erfolg gibt ihr recht:

Sie hat niemals Wunder oder Zauber bemühen müssen, um einen Vorgang zu erklären. Religion beruht auf Offenbarungen, die nicht hinterfragt werden können, Dogmen, die nicht zur Diskussion stehen, und Göttern, die beliebig in den Lauf der Welt eingreifen können.

Damit könnten die beiden Lager eigentlich nebeneinander existieren, ohne sich zu stören, jedoch hat sich zwischen Vertretern von Religion und Wissenschaft in den letzten Jahren ein äußerst gereizter Ton entwickelt. Das hat verschiedene Gründe. Zum einen versuchen Vertreter fundamentalistischer Christen in den USA seit Jahren, die biblische Schöpfungslehre in den Biologieunterricht hineinzumogeln. In den USA herrscht aber strikte Trennung zwischen Staat und Kirche. Aus diesem Grunde dürfen staatliche Schulen keine religiösen Inhalte lehren. Deswegen haben religiöse Kreise eine pseudowissenschaftliche Begründung für die Schöpfungslehre entwickelt. Unter dem falschen Etikett der Wissenschaftlichkeit versuchen sie seitdem, den Biologieunterricht zu infiltrieren, bisher jedoch ohne Erfolg. Der plumpe Versuch, durch die Nachahmung wissenschaftlicher Form einen wissenschaftlichen Inhalt vorzutäuschen, hat viele Naturwissenschaftler aufgebracht.

Auf der anderen Seite versuchen Anthropologen, Psychologen und Biologen die Entstehung und Ausbreitung von Religionen wissenschaftlich zu erklären. Der verbreitete Glaube an einen Gott oder mehrere Götter, so argumentieren sie, besagt nicht, dass es (mindestens) ein solches Wesen tatsächlich geben muss. Das wiederum gefällt vielen Anhängern göttlicher Offenbarungen gar nicht.

Ich möchte den Konflikt an drei aktuellen Beispielen erläutern:

1. Die Diskussion um die Schöpfungsgeschichte im Biologieunterricht.

Nicht jede Religion kennt eine Schöpfungsgeschichte, aber die Bibel enthält gleich vier. Zwei davon stehen in der Genesis ganz vorne. Die erste Geschichte endet mit dem ersten Satz in Genesis 2,6. Danach beginnt unmittelbar die Zweite. Während die Erste vom Urozean ausgeht, fängt die Zweite mit einer Urwüste an. Während die Erste feststellt, dass Gott die Menschen als Mann und Frau schuf, beschreibt die Zweite ausführlich, wie Gott erst Adam, dann Eva schuf. Das Wissen um diese Doppelung ist nicht neu, die deutsche katholische Einheitsübersetzung der Bibel weist in einer Fußnote ausdrücklich darauf hin.

Die beiden übrigen Schöpfungsmythen kennen nur die wenigsten, sie finden sich bei Psalmen 104 und Ijob 38–40. Sie ähneln sich, weichen aber erkennbar von den beiden Mythen der Genesis ab. Man kann also die Schöpfungsgeschichte der Bibel schon deshalb nicht wörtlich nehmen, weil es mehrere davon gibt, die einander widersprechen.

Nehmen wir einen Moment lang an, die Welt sei aus dem Nichts erschaffen worden, und zwar ausdrücklich mit der Idee, irgendwann den Menschen auftreten zu lassen. In diesem Fall könnten wir die weitere Diskussion um die Evolution sofort einstellen. Warum? Die Vorstellung, Gott hätte mit dem Urknall sozusagen ein Samenkorn des Universums gepflanzt, das seitdem planmäßig wächst, führt in die Irre. Kein Samen erzeugt exakt die gleiche Pflanze. Gott müsste schon die Vielfalt des gesamten Universums in seinem Geist umfassen, um diesen Plan zu entwerfen und durchzurechnen. Damit könnte Gott nicht mehr Teil dieses Universums sein. Über ein solches Wesen aber können wir keine Aussagen mehr treffen.

Hat er sich vielleicht über Offenbarungen mit den Menschen in Verbindung gesetzt, so dass wir doch etwas über seine Motive und Absichten sagen können? Im Laufe der Zeit haben so viele Menschen widersprüchliche Offenbarungen empfangen oder verkündet, dass die Analyse dieser Texte nicht weiterführt. Sollten sie alle echt sein, müsste das verantwortliche Wesen einen ganz eigenartigen Sinn für Humor besitzen.

Es kommt aber noch schlimmer: Die Welt mit dem Urknall zu erschaffen und auf den Menschen zu eichen wäre kaum weniger kompliziert, als sie irgendwann später zu erschaffen. Zum Beispiel im Jahre 4004 v. Chr. (wie der irische Erzbischof James Ussher im siebzehnten Jahrhundert berechnete) oder eben gerade, während Sie diese Zeilen lesen. Drücken wir es anders aus: Wenn es einen Schöpfer gibt, können wir nicht feststellen, wann die Welt tatsächlich erschaffen wurde. Göttliches Eingreifen entzieht sich unserer Wahrnehmung, weil Gott natürlich auch sie verändern könnte. Alle Diskussionen über Schöpfung, Naturgesetze und Evolution machen nur Sinn, wenn wir stillschweigend annehmen, die Welt habe sich seit dem Urknall ausschließlich im Rahmen der Naturgesetze entwickelt. Sonst würde uns jeder Anker für einen sicheren Standpunkt fehlen, und eine Diskussion würde sich erübrigen.

Deshalb betrachte ich den Streit um die Schöpfungsgeschichte im Biologieunterricht eher als Machtkampf denn als inhaltliche Diskussion. Ginge es nur um die Sache, hätte die biblische Schöpfungsgeschichte auch aus religiöser Sicht im Biologieunterricht nichts zu suchen.

2. Intelligent Design

Die pseudowissenschaftliche Variante des Schöpfungsglaubens heißt Intelligent Design (etwa: intelligente Planung oder Konstruktion). Der amerikanische Biologe Michael Behe hat diesen Begriff im Jahre 1999 erstmals gebraucht. Es gibt Strukturen, die ihre Funktion erst dann erfüllen, wenn alle Bestandteile an ihrem Platz eingerastet sind, behauptet er. Durch graduelle evolutionäre Entwicklung könne so etwas nicht entstehen. Also müsse Gott an diesen Stellen eingegriffen haben.

Das Discovery Institute in Seattle, USA, finanziert einen Großteil der Forschungen zum Intelligent Design. Es lebt im Wesentlichen von den Zuwendungen religiöser Stiftungen, bestreitet aber alle religiösen Absichten. In einem internen Dokument von 1998 gibt es jedoch folgende Hauptziele an:

»Sieg über den naturwissenschaftlichen Materialismus und sein zerstörerisches kulturelles, moralisches und politisches Erbe.«

sowie

»Materialistische Erklärungen durch das theistische (= Gott einbeziehende) Verständnis zu ersetzen, dass die Natur und der Mensch durch Gott geschaffen wurden.«

Zu diesem Zweck möchte es binnen zwanzig Jahren die Vorstellung vom Intelligent Design zur vorherrschenden wissenschaftlichen Richtung machen. Offiziell verfolgt es keinerlei religiöse Ziele, denn das würde der Theorie den Weg in die amerikanischen Schulbücher versperren. Vielmehr erklären Institutsmitarbeiter in aller Unschuld, sie wollten lediglich, dass eine von der Evolutionslehre abweichende wissenschaftliche Theorie in den Schulbüchern erwähnt wird. Wissenschaftler gäben ja schließlich ständig zu, dass ihre Theorien nicht unbedingt der Weisheit letzter Schluss seien. Inzwischen unterhalten Anhänger des Intelligent Design eigene Zeitschriften, die allen Ritualen der Wissenschaft huldigen, mit Ausnahme eines sinnvollen Inhalts.

Nach Auffassung des Intelligent Design muss ein wie auch immer geartetes höheres Wesen immer wieder in seine Schöpfung eingreifen, um die Evolution auf den richtigen Weg zu bringen, damit am Ende, wie geplant, ein Mensch herauskommt. Das widerspricht natürlich der Idee von einem allwissenden Gott.

Ehrlich gesagt, für mich hat es etwas Erheiterndes, mir einen nicht ganz allmächtigen und allwissenden Gott vorzustellen, wie er ständig an der Evolution herumbastelt, wie ein Motorradfreak an seiner Maschine. Natürlich verrät es eine gewisse Bauernschläue, Gott in einer wissenschaftlichen Theorie zu verstecken und dies als Hebel zu benutzen, um biblische Inhalte in amerikanische Schulbücher zu bringen. Der Erfolg ist aber bisher eher gering.

3. Gott als Geisteskrankheit

Richard Dawkins hat mit seinem internationalen Bestseller *Der Gotteswahn* die Diskussion über die Berechtigung und die schädlichen Auswirkungen der Religion ins grelle Licht der Öffentlichkeit gerückt. Er schreibt wortmächtig und einseitig, wie man es von einer guten Streitschrift erwarten darf. Aber sein Buch bringt die Diskussion nicht recht voran. Es hat formal und inhaltlich so gravierende Schwächen, dass es seiner Sache letztlich wenig nützt und lediglich die Fronten verhärtet.

Zunächst fehlen der Schrift zwei entscheidende rhetorische Stilmittel: ein eindeutiger Gegner und ein Aufruf zum Handeln. Was will Dawkins erreichen? Und was soll derjenige tun, den er überzeugt hat? Wenn er argumentiert, dass Religion überflüssig und gefährlich ist, sollte er einen Weg weisen. Das tut er aber nicht. Und gegen wen argumentiert er eigentlich? Sein Buch schießt auf alles, was sich im weiten Feld der Religion bewegt. Damit trifft es leider viel zu selten. Dawkins schreibt abwechselnd gegen die Religion an sich, gegen die Buchreligionen (Christentum, Islam, Judentum), gegen muslimische Fanatiker und gegen christliche Kreationisten. Er widerlegt die Gottesbeweise von Thomas von Aquin und zerfetzt eine Reihe anderer Argumente für Gottes Existenz. Das ist zwar unterhaltsam, bringt aber nichts Neues, besonders weil es ausschließlich den christlichen Gott aufs Korn nimmt. Ferner neigt Dawkins zu einer Verallgemeinerung englischer und amerikanischer Verhältnisse.

So behauptet er, dass wir alle in einer religiösen Kultur aufgewachsen sind, von der wir uns in der Regel bewusst verabschieden müssen, wenn wir die Religion missbilligen. Jede Kultur habe eine Religion und das verlange nach einer darwinistischen Erklärung. Das ist jedoch falsch. In den neuen Bundesländern sind fast zwei Drittel der Menschen nicht religiös, obwohl die Unterdrückung der Religion vor mehr als 20 Jahren aufgehoben wurde. Laut Eurobarometer 2005 glauben auch in Schweden, Estland und Tschechien weniger als ein Viertel der Menschen an einen Gott, dafür aber ca. die Hälfte an eine spirituelle Kraft oder Lebenskraft. In Frankreich glaubt rund ein Drittel der Menschen an keine übernatürliche Kraft. Auch China hat sich von den Heilsversprechen des Kommunismus abgewandt, ohne dass deswegen die Religiosität in der Mehrheit der Bevölkerung wieder Fuß gefasst hätte.

Religion ist also keine Notwendigkeit, man kann sie aus der Denkweise des Menschen erklären, doch sie muss deswegen nicht überall vorherrschen. Es wäre jetzt an der Zeit, die Denkmuster der Menschen in nicht-religiösen Gesellschaften zu untersuchen und auch daraus Schlüsse auf grundlegende, alle Menschen betreffende Denkvorgänge zu ziehen.

Schließlich stellt Dawkins eine siebenstufige Skala auf, die vom festen Glauben bis zum festen Unglauben reicht. Er ordnet sich selber auf sechs ein, geht also davon aus, dass Gott »höchstwahrscheinlich« nicht existiert. Dabei vergisst er aber, dass es sinnlos ist, der Existenz Gottes eine Wahrscheinlichkeit zuzuweisen. Wenn ich einen Gott als Wesen definiere, das Naturgesetze umgehen, brechen oder verändern kann, ist jede Wahrscheinlichkeitsrechnung unmöglich. Das Fehlen oder wenigstens das konstante Nichteingreifen eines solchen Wesens ist die Grundlage aller Naturwissenschaft. Als Mediziner und Naturwissenschaftler lehne ich es deshalb ab, darüber zu spekulieren. Ich finde mich auf Dawkins Skala nicht wieder, sie hat für meine Haltung einfach keine Dimension.

Dawkins Buch ist für seinen eigenen Standpunkt nicht sehr hilfreich, es bietet breite Angriffsflächen für seine Gegner und enthält keine brauchbare Agenda für den Umgang mit der Religion. Es heizt lediglich einen sinnlosen Streit an.

Gibt es einen Gott?

Die Entstehung und Stabilisierung der Religion lassen sich problemlos erklären aus:

1. der menschlichen Neigung, überall Akteure zu vermuten. Götter sind nicht per se unsichtbar, sondern haben eine Form und sind z. B. an Spuren ihrer Aktivität erkennbar,
2. der Vorstellung vom Eigenleben der Handlungsmotive von Akteuren,
3. der Plausibilität des körperlosen Weiterlebens nach dem Tod. Sie begründet sich aus der Unvorstellbarkeit des eigenen Todes,
4. dem verbreiteten Phänomen der Besessenheit oder des Zungenredens oder der religiösen Trance. Dadurch entsteht der Anschein, dass Götter sich den Menschen direkt zeigen.

Ist das der Beweis, dass es keinen Gott gibt, nie einen gegeben hat und auch nie einen geben wird? Keineswegs, auch wenn Sie sich jetzt wundern. Tatsächlich ist dieser Beweis nicht zu führen. In der Mathematik kann ich beweisen, dass ein Satz richtig ist, dass er falsch ist oder dass ein Beweis nicht möglich ist. Auch wenn es dazu manchmal einen überragenden Verstand braucht, so kann man durch logisches Denken in den allermeisten Fällen zu einer der drei Alternativen gelangen. In der Naturwissenschaft ist das nicht so einfach. Die Naturgesetze sind aus Beobachtungen gewonnen, sie lassen sich nicht mit reiner Logik ableiten. Die Vielfalt des Lebens ist so ungeheuer groß, dass man beispielsweise kaum abschätzen kann, wie viele Insektenarten man bisher nicht entdeckt hat. Wenn ich also beweisen will, dass ein bestimmtes Tier, sagen wir ein Schneemensch, nicht existiert, muss ich jeden Felsblock umdrehen, jede Schneewehe überprüfen, jede Höhle inspizieren. Will ich gar beweisen, dass es kein Leben auf dem Mars gibt, müsste ich seine gesamte Oberfläche hundert Meter tief umgraben, was ziemlich aussichtslos wäre. Eben deshalb kann ich auch niemals den praktischen Nachweis führen, dass es nirgendwo im Universum einen Gott gibt, schon gar nicht, wenn ich annehmen muss, dass er sich der Suche jederzeit entziehen kann.

Also stelle ich nur fest, dass Menschen auch dann an unsichtbare Akteure glauben würden, wenn es keine gibt. Die Idee ihrer Existenz entspringt dem System der menschlichen Kognition der Art und Weise, wie Menschen die äußere Realität wahrnehmen. Vielleicht gibt es einen Gott, oder gleich mehrere, aber um den Glauben zu erklären, braucht man sie nicht zu bemühen. Götter und Geister sind eine geistige Täuschung, ähnlich wie eine optische Täuschung. Lassen sie mich das an einem Beispiel erläutern:

O **X**

Halten Sie das linke Auge zu, fixieren Sie das O und gehen Sie mit dem Gesicht langsam näher an das Buch heran. Irgendwann, wenn Sie auf etwa 40 cm an das Buch herangekommen sind, scheint das X zu verschwinden. Die Linse des Auges projiziert es dann auf den Blinden Fleck. Dort liegen keine lichtempfindlichen Zellen, und das Gehirn füllt dieses Loch automatisch aus den Wahrnehmungen der Umgebung auf. Jetzt könnte man natürlich argumentieren, dass unter den genannten Umständen das X wirklich verschwindet, weil es schließlich alle Menschen in gleicher Weise erlöschen sehen. Ich kann nicht beweisen, dass wirklich eine Täuschung vorliegt, aber sie würde das Phänomen vollständig erklären.

Ebensowenig kann ich nachweisen, dass es keine Götter gibt, aber die normale Funktionsweise des menschlichen Geistes würde sie eben auch als Täuschung erschaffen.

10 Naturwissenschaft und magisches Denken

Möchten Sie tausend Jahre leben? Glauben Sie an die telepathischen Fähigkeiten Ihres Hundes? Können Sie sich vorstellen, aus einem Glas Wasser genügend Energie zu gewinnen, um Ihr Haus zu heizen?

Einige Forscher halten das für möglich, mehr noch, sie arbeiten an einem Nachweis oder an der technischen Umsetzung. Die meisten von ihnen sind hochgebildet, sie haben ein Studium der Biologie, der Informatik, der Chemie oder Physik absolviert, haben gelernt, rational zu denken und nach den gegenwärtigen wissenschaftlichen Standards zu arbeiten. Sind sie also Genies, oder haben sie sich einfach verrannt? Sie wären nicht die ersten Naturwissenschaftler, die zugleich magische Ideen hegen: Isaac Newton war nicht nur ein überragender Mathematiker, sondern auch ein tiefgläubiger Mystiker. Er berechnete beispielsweise aus der Bibel das Ende der Welt für das Jahr 2060. Früher werde es nicht kommen, vielleicht aber später, so meinte er, was für uns immerhin tröstlich ist. Johannes Kepler fand nicht nur als Erster die Gesetze der Planetenbewegung, sondern schrieb auch ausführliche Horoskope, unter anderem für den berühmten General Albrecht von Wallenstein.

Wie definiert man überhaupt Wissenschaft? Schon bei der Gliederung sind sich die Gelehrten nicht ganz einig. Sinnvoll ist eine Einteilung in Formalwissenschaften (Mathematik, Informatik, Logik) und Realwissenschaften, die sich wiederum in die Kulturwissenschaften und die empirischen Naturwissenschaften verzweigen. Empirisch bedeutet dabei, dass diese Disziplinen die Erkenntnis nicht vorwiegend aus logischen Schlüssen, sondern aus Erfahrung und Beobachtung gewinnen. Die wichtigsten Vertreter dieser Gattung sind die Physik, die Chemie, die Biologie und die

Medizin. Die Psychologie mit ihren vielen Rand- und Teilgebieten zählt ebenfalls zu den empirischen Wissenschaften, enthält aber auch Aspekte der Sozial- und Geisteswissenschaften. Die Formalwissenschaften liefern die Beschreibungssprache für die Regeln der empirischen Wissenschaften.

Eine kurze und genaue Definition der empirischen Wissenschaften liefert der amerikanische Physiker und Sachbuchautor Michael Shermer. Er geht von der Idee aus, dass Wissenschaft systematisiertes positives Wissen ist. Wissenschaftlicher Fortschritt ist demnach »das Ansammeln von systematischem Wissen im Laufe der Zeit, wobei nach Bestätigung oder Widerlegung von überprüfbarem Wissen Nützliches erhalten bleibt und Nutzloses verworfen wird«.

Deshalb, so Shermer, seien Naturwissenschaft und die darauf aufbauende Technik »die einzigen kulturellen Traditionen, die echten Forschritt kennen«, und zwar einen ständig überprüfbaren. Ein wissenschaftliches Gesetz beschreibe einen regelhaft wiederkehrenden Vorgang so genau, dass es bestätigt oder widerlegt werden könne. Astrologie ist keine empirische Wissenschaft, weil Horoskope stets so vage abgefasst sind, dass sie sich niemals festnageln lassen. Die Gesetze des freien Falls hingegen können jederzeit überprüft werden.

Und trotzdem lässt die Definition eine Grauzone zu, einen Bereich des nicht ganz Wissenschaftlichen. Und gerade dieses dämmerige Grenzland zwischen strenger Wissenschaft und purer Magie beschäftigt die Phantasie der Menschen offenbar in ganz besonderem Maße, und so haben sich dort allerlei seltsame, geniale und wunderliche Gestalten angesiedelt. Ganz grob lassen sich drei verschiedene Richtungen unterscheiden:

1. Der Versuch, mit wissenschaftlichen Methoden ein magisches Ziel zu erreichen, z. B. die biologische Unsterblichkeit oder die kalte Kernfusion.
2. Der Versuch, mit wissenschaftlichen Methoden magische Kräfte nachzuweisen. Dazu gehörten z. B. Telepathie (Gedankenüber-

tragung), Hellsehen, Vorauswissen, Teleportation (Manipulation von Gegenständen mit geistiger Kraft) oder Homöopathie.

3. Die Gleichsetzung von Naturwissenschaft und Magie. Einige postmoderne Sozialwissenschaftler bezeichnen physikalische Gesetze nicht als Naturbeschreibung, sondern als kulturelle Übereinkünfte. Vertreter dieser Richtung halten Magie und Naturwissenschaft für gleichrangige Beschreibungen der Wirklichkeit.

Die Überwindung des Todes: Magie als Ziel wissenschaftlicher Arbeit

Ist die Angst vor dem Tod eine Erfindung unserer Zeit? Haben die Menschen in früheren Zeiten den Tod als selbstverständlichen Bestandteil des Lebens akzeptiert? Ganz sicher nicht, schon das älteste schriftlich überlieferte Epos der Menschheitsgeschichte befasst sich mit dem Thema Unsterblichkeit. Die bekannteste Version fand man auf zwölf Keilschrifttafeln in den Trümmern des Königspalastes von Ninive. Sie datiert aus der Zeit von König Aschurbanapli (669-627 v. Chr.). Der Wortlaut ist aber sicherlich deutlich älter, er wird dem Dichter Sin-Leque-Unnini zugeschrieben, der im zwölften Jahrhundert vor Christus lebte.

Das Epos beschreibt das Leben und die Werke des sagenhaften Königs Gilgamesch von Uruk, der zu zwei Dritteln Gott und zu einem Drittel Mensch war. Als die Götter seinen heldenhaften Freund Enkidu mit Fieber schlagen und so töten, bekommt er plötzlich eine würgende Angst vor dem Tod. »Werde ich nicht wie Enkidu sein, wenn ich sterbe?«, fragt er sich. Er macht sich auf die Suche nach seinem Vorfahr Utnapischtim, dem die Götter einst die Unsterblichkeit gewährt hatten. Von ihm hofft er das Rezept für die Überwindung des Todes zu bekommen. Nach vielen Abenteuern gelangt er zu ihm und erfährt, dass es einen bestimmten dornigen Strauch gebe, der das Altern rückgängig mache und den Tod verhindere. Er findet ihn tatsächlich, will aber zunächst einen anderen davon probieren lassen – man weiß ja nie. So macht er sich auf den Weg nach Uruk, aber als er an einem Brunnen rastet, stiehlt eine Schlange die Pflanze, häutet sich zum Zeichen ihrer Verjüngung und kriecht davon. Die Unsterblichkeit ist den Menschen nicht gegeben, so lautet die Moral des Epos.

Auch nach Gilgamesch haben Menschen immer wieder versucht, das Altern zu verhindern und den Tod zu besiegen. Im Mittelalter träumten die Alchemisten vom Stein der Weisen. Mit seiner Hilfe wollten sie Gold aus unedlen Metallen erschaffen. Er sollte aber auch auch mit Rotwein zusammen gegen alle Krankheiten und gegen das Altern wirken. Aurum potabile – trinkbares Gold – nannte man dieses Wundermittel. Leider wurde der Stein der Weisen nie gefunden, so dass viele Alchemisten sich ersatzweise an den Rotwein hielten.

Bis heute suchen Menschen nach dem Rezept für Jugend ohne Alter und Leben ohne Tod. Darunter sind keineswegs nur Scharlatane und Träumer, sondern auch ernsthafte Wissenschaftler. Einer der Umstrittensten von ihnen ist sicherlich der englische Bioinformatiker Aubrey de Grey. Er will nichts weniger, als das Altern zurückdrehen und den Menschen ihre Jugend für immer erhalten. Das macht sie nicht unsterblich, aber sie würden nicht mehr an Altersschwäche sterben, sondern nur noch bei Kriegen, Flugzeugabstürzen oder häuslichen Unfällen.

Anders als andere Propheten des alterslosen, unbegrenzten Lebens verkauft de Grey keine Essenzen, Meditationen oder Übungen. Er will den Körper mit gentechnischen Manipulationen in die Lage versetzen, sich vollständig zu regenerieren. Dann, so meint er, wäre das Leben der Menschen biologisch gesehen unbegrenzt. SENS nennt er sein Programm, das steht für *Strategies for Engineered Negligible Senescence* (Strategien zur technischen Minimierung des Alterns).

Von seiner rastlosen Arbeit zeugen mehr als 60 Artikel in wissenschaftlichen Zeitschriften. Trotzdem erntet sein Programm nur wenig Zustimmung, dafür aber zum Teil deutliche Kritik. Jason Pontin, der Chefredakteur der Zeitschrift *Technology Review*, schrieb in einem Editorial:

»Aubrey de Grey hält sich für einen technischen Messias. Was mir aber am meisten aufstößt, ist, dass er ein Troll ist ... Obwohl er erst 41 ist, hat der Verfall in seinem Gesicht bereits deutliche Spuren hinterlassen. Auch seine Ideen sind die eines Trolls. Selbst wenn wir die Biologie des Menschen so ›durcheinander bringen‹ könnten, wie de Grey möchte, sollten wir es nicht tun.«

Das trug der Zeitschrift ganze Stapel von bösen Briefen ein, und so schrieb die Redaktion einen Preis von 20 000 US-Dollar für denjenigen Fachwissenschaftler aus, der nachweisen würde, dass »SENS so falsch ist, dass es einer Fachdebatte unwürdig ist«.

Bisher hatten sich die meisten Genetiker rundweg geweigert, de Greys Thesen überhaupt zur Kenntnis zu nehmen. 20 000 US-Dollar, so glaubte die Redaktion, sollten wohl genügen, um diese Zurückhaltung zu überwinden. Gleichzeitig setzte das Blatt einige hochrangige Juroren ein, darunter den Biochemiker Craig Venter, einen Pionier der Entschlüsselung des menschlichen Erbguts. Drei Einsendungen kamen in die nähere Auswahl, aber keine gewann. Immerhin erkannten die Juroren einer von ihnen den halben Preis zu. Er ging an die Zuschrift: »Life Extension Pseudoscience and the SENS Plan« (Die Pseudowissenschaft der Lebensverlängerung und der SENS-Plan). Unter diesem Titel hatten neun Fachwissenschaftler unter Führung des Genetikers Preston W. Estep de Greys Thesen gnadenlos verrissen. Sie sparten dabei nicht an Deutlichkeit.

»Wir glauben, es ist wichtig zu betonen, dass, während die Motive von de Grey und anderen gut gemeint sind, SENS auf Annahmen und Techniken beruht, die sicherlich im Reich der Phantasie angesiedelt sind.«

oder:

»Wir denken, dass das Beweismaterial überwältigend darauf hinweist, dass SENS nicht einfach eine Pseudowissenschaft der Lebensverlängerung ist, sondern geradezu ihr Urbild.«

Technology Review wollte die Schelte nicht als Widerlegung, sondern nur als berechtigte Kritik anerkennen. Zur Begründung hieß es, wenn SENS nicht direkt Wissenschaft sei, dann habe de Grey seine Vorschläge immerhin als eine Art technisches Projekt formuliert. Das hätten die Wissenschaftler nicht ausreichend berücksichtigt.

Craig Venter schrieb:

»Estep et al. haben meiner Meinung nach nicht gezeigt, dass SENS einer Diskussion nicht wert ist, sondern dass die Verfechter von SENS ihre Sache nicht überzeugend genug vorgetragen haben.«

Dieses Beispiel zeigt, dass auch in den Naturwissenschaften die Grenzen zwischen echter Forschung und Scharlatanerie nicht immer genau definiert sind. Dabei sollte eigentlich alles klar sein: In den exakten Naturwissenschaften Chemie und Physik führen Wissenschaftler Experimente durch. Sie begutachten die Ergebnisse und erweitern daraufhin bestehende Theorien bzw. sammeln Indizien für eine von mehreren konkurrierenden Hypothesen. Der Aufbau der Versuche sollte so genau beschrieben sein, dass andere Wissenschaftler die Ergebnisse nachvollziehen oder Fehler aufdecken können.

In der Biologie, der Genetik, der Medizin, der Pharmazie, der Psychologie oder der Soziologie lassen sich Experimente aber oft nicht exakt wiederholen. Wenn ein Krebsmedikament beispielsweise bei einer Studie mit 30 Patienten die Fünfjahres-Überlebensrate von 20% auf 35% hebt und die Lebensqualität auf einer Skala von 1–5 von 3 auf 3,8 verbessert, hört sich das gut an. Aber das Ergebnis lässt sich nicht exakt wiederholen, weil die Krankheit niemals gleich verläuft. Eine zweite Studie könnte ganz andere Zahlen erbringen.

Psychologen holen sich gerne Psychologiestudenten als Versuchspersonen, wenn sie das Verhalten normaler Menschen testen möchten. An den meisten Universitäten gehört zum Studium der Psychologie die Pflicht, als Versuchsperson an Studien teilzunehmen. Reagieren die Studenten aber wirklich genauso wie der Durchschnittsmensch (wenn es so etwas überhaupt gibt)? Oder hat die psychologische Forschung der Einfachheit halber die eigenen Studenten zum Maßstab des normalen Verhaltens erhoben?

Kehren wir zur Unsterblichkeit zurück: Kann ein Forschungsprogramm für die Entwicklung einer Verjüngungstherapie für Menschen binnen 25 Jahren überhaupt Wissenschaft sein? Kann ich nicht genauso gut verkünden, dass ich in der gleichen Zeit ein Programm für ein lichtschnelles Raumschiff entwickeln möchte, das mit einer Besatzung von 50 Mann die nächsten 20 Sonnen besucht, um außerirdisches Leben zu finden?

Zunächst ist beides nicht so sehr Wissenschaft als vielmehr Technik. Und in beiden Fällen fehlen wichtige wissenschaftliche Grundlagen. Warum aber sind sich auch die besten Experten uneinig über den wissenschaftlichen Wert von de Greys Projekt?

Für die Beurteilung einer Entdeckung oder Erfindung haben sich unter Wissenschaftlern bestimmte Regeln herausgebildet. Sie könnten durchaus auch anders festgelegt sein, ohne das Ziel in Frage zu stellen, also sind es per definitionem Rituale. Ein Bruch dieser ungeschriebenen Regeln empört die Gemeinschaft der Wissenschaftler nicht weniger, als ein religiöser Tabubruch einen Stamm von Steinzeitmenschen aufgebracht hätte. Trotzdem bleibt festzuhalten: Die Rituale erfüllen ihren Zweck. Während die Rituale der Religion aus dem magischen Denken ein System machen, sollen die Rituale der Wissenschaft Fehler und Irrtümer verhindern und das Eindringen magischen Denkens in das wissenschaftliche Arbeiten verhindern.

Naturwissenschaftler, Mediziner und Humanwissenschaftler (z. B. Psychologen, Soziologen, Ethnologen usw.) erweitern das Wissen ihrer Disziplin durch Beobachtungen und Experimente. Die Ergebnisse schreiben sie auf und schicken sie an eine wissenschaftliche Zeitung. Die Artikel müssen eine bestimmte Form einhalten: Eine Einleitung beschreibt den Stand der Wissenschaft, die Hypothese, die man testen will, und das erwartete Ergebnis. Es folgen die Beschreibungen des Versuchsaufbaus und die Resultate. Zum Schluss sollen die Forscher in einer Diskussion ihre Ergebnisse bewerten und erläutern, in welchen Punkten sie damit die Wissenschaft vorangebracht haben. Mindestens zwei fachlich beschlagene Gutachter müssen die Veröffentlichung der Arbeit gutheißen, bevor sie erscheinen kann. Ihre Namen teilt die Zeitschrift den Autoren im Allgemeinen nicht mit. Das soll spätere Privatfehden verhindern, in der Praxis führt es aber nicht selten zu schlampigen Gutachten. Weder Autoren noch Gutachter bekommen für ihre Arbeit ein Honorar. Mit diesem umständlichen Verfahren soll sichergestellt werden, dass keine unzulänglichen oder fehlerhaften Arbeiten veröffentlicht werden.

Spekulativere und aktuelle Arbeiten dürfen auf Kongressen vorgestellt werden. Vorträge oder Poster (eine Kurzvorstellung der Arbeit auf einem DIN-A1 Plakat) werden nur oberflächlich geprüft, bevor sie zugelassen werden. Damit kann ein Forscher die Meinung seiner Kollegen zu seinen Ergebnissen einholen, bevor er einen Zeitschriftenartikel schreibt.

Aber im Wissenschaftsbetrieb gelten nicht nur die Regeln der reinen Vernunft, sondern auch die des menschlichen Zusammenlebens. Es gibt Forscher, die gegenseitig ihre Arbeiten hochloben und stets zur Veröffentlichung empfehlen (sogenannte Zitierringe), rivalisierende Gruppen, die kein gutes Haar an der Gegenseite lassen, erbitterte persönliche Streitigkeiten, Shootingstars, Außenseiter, Strippenzieher und graue Eminenzen.

Heutzutage ist Wissenschaft weniger eine Berufung als vielmehr ein Broterwerb. Der berufliche Erfolg misst sich an der Anzahl von Veröffentlichungen in möglichst prestigeträchtigen Zeitschriften, an Einladungen zu Konferenzen, an Preisen, Ehrungen und Geldmitteln. Wer sich auf die Rituale versteht und genügend Förderer, Freunde oder Schüler hat, wer also, wie man heute sagt, gut vernetzt ist, kann sich eine hervorragende Position sichern, ohne jemals Außergewöhnliches erforscht oder erfunden zu haben.

Wie in jeder Gemeinschaft regeln die Rituale in erster Linie das Zusammenleben, nicht die Inhalte. Weil ein Forscher für seine Arbeit die Anerkennung seiner Kollegen braucht, ist die sorgfältige Befolgung der Rituale von großer Bedeutung für seine Karriere. Ein Verkäufer oder ein Ingenieur in der Industrie ist nicht unbedingt darauf angewiesen, mit seinen Kollegen gut auszukommen. Er steigt in der Hierarchie auf, wenn er für sein Unternehmen Geld verdient. Ein Wissenschaftler aber müsste wirklich Überragendes leisten, um auf die Anerkennung seiner Kollegen pfeifen zu können. Erstens müssen sie seine Veröffentlichungen begutachten, und zweitens entscheiden sie über seine Berufung auf eine Professorenstelle.

… und ihre Tabus

Der Wissenschaftsbetrieb kennt aber nicht nur Rituale, sondern auch Missgriffe, die unweigerlich zu einem Scherbengericht führen. Als absolutes Tabu gilt das Übergehen der Kollegen bei Veröffentlichungen, also beispielsweise die Weitergabe von unbestätigten Ergebnissen an die Laienpresse oder das Zurückhalten von wichtigen Methoden, um sich Vorteile für weitere Forschungen zu verschaffen. Das Gleiche gilt für das Ausplaudern von Gruppeninterna. Dazu gehört beispielsweise eine scharfe Kritik an anderen Wissenschaftlern in der Öffentlichkeit. Kongresse werden dabei als interne Veranstaltungen betrachtet. Wer also nach einem Vortrag den Redner fragt: »Herr Kollege, halten Sie es eigentlich für angebracht, unsere Ohren mit einem so unausgegorenen Zeug zu beleidigen?«, bricht kein Tabu, wer aber einer Tageszeitung sagt: »Die Ergebnisse des Kollegen X entsprechen nicht dem wissenschaftlichen Standard, und sein Geldgeber sollte ihm besser auf die Finger sehen«, verletzt die ungeschriebenen Gesetze der Wissenschaftlergemeinde.

Wer nicht Mitglied der Gruppe ist, also nicht als ausgewiesener Wissenschaftler an einer Universität oder Forschungseinrichtung arbeitet, hat kaum eine Chance, in einer wissenschaftlichen Zeitschrift zu veröffentlichen. Die Gutachter schauen meist nicht nur auf den Inhalt einer Arbeit, sondern auch, wer sie geschrieben hat und wo er arbeitet. Das liegt nicht so sehr an der grundsätzlichen Ablehnung von Nicht-Gruppenmitgliedern, sondern eher am notwendigen Grundvertrauen. In einer universitären Umgebung ist die Wahrscheinlichkeit größer, dass Wissenschaftler grobe Fehler vermeiden und ihre Ergebnisse einigermaßen ehrlich darstellen. Ein völlig unbekannter Privatmann dagegen hat seine Arbeit vielleicht irgendwo abgeschrieben oder grobe, aber nicht direkt sichtbare Fehler gemacht. Vielleicht hat er seine Ergebnisse auch gleich erfunden. Oft genug reichen selbsternannte Genies Artikel ein, die auf den ersten Blick korrekt aussehen, bei genauerem Hinsehen aber baren Unsinn enthalten.

Der Respekt vor dem Alter

Das Ritual der gegenseitigen Kontrolle versagt leider hin und wieder, und zwar besonders dann, wenn neue Erkenntnisse ältere über den Haufen werfen. Der amerikanische Psychologe Seymour Epstein fand sich als junger Mann in dieser Situation wieder. Er hatte eine ältere Studie, deren Ergebnisse in die Lehrbücher eingegangen waren, glatt widerlegt und dies auch sehr gut begründet. Die Veröffentlichung seiner Ergebnisse stieß bei den Gutachtern jedoch auf Ablehnung. Einer meinte, Epstein gehörte für seine schlechte Forschung und die abwegige Schlussfolgerung abgestraft. Wer eine anerkannte Lehrmeinung widerlege, müsse damit Unrecht haben. Erst nach einigem Hin und Her durfte er eine Kurzmitteilung veröffentlichen, in der seine ausführliche Begründung aber keinen Platz mehr fand. In einem vier Jahrzehnte später veröffentlichten Artikel schrieb er dazu:

»Für mich war das zu der Zeit eine schockierende Offenbarung des menschlichen Elements in der Wissenschaft. Ich lernte, dass Menschen eben Menschen sind, und Wissenschaftler keine edleren Absichten verfolgen als andere. Wissenschaftler, wie andere menschliche Wesen, werden von eigenen Interessen geleitet. Zu den wichtigeren gehören das Vorankommen in ihrem Bereich und damit verbunden die Erhöhung ihrer Selbstachtung und die Erhaltung ihres Weltbildes.«

Überholte Erkenntnisse stammen oft von anerkannten Kapazitäten, also von solchen Wissenschaftlern, die aufgrund ihrer in langen Jahren angesammelten Verdienste einen hohen Rang einnehmen. Eine Entwertung ihrer Theorien würde ihr Ansehen schmälern oder beschädigen. Deshalb gehört die direkte und zwingende Widerlegung der Ansichten eines langgedienten und angesehenen Forschers zu den Tabus des Wissenschaftsbetriebs, es sei denn, der Betroffene erklärt seine Thesen selbst für überholt. Der deutsche Physiker und Nobelpreisträger Max Planck bemerkte einmal dazu:

»Eine neue wissenschaftliche Wahrheit pflegt sich nicht in der Weise durchzusetzen, dass ihre Gegner überzeugt werden und sich als belehrt erklären, sondern vielmehr dadurch, dass ihre Gegner allmählich aussterben und dass die heranwachsende Generation von vornherein mit der Wahrheit vertraut gemacht ist.«

Letztendlich kann eine neue und revolutionäre Erkenntnis durchaus für längere Zeit im Netz der Rituale und Tabus des Wissenschaftsbetriebs hängenbleiben.

Was ist mit dem umgekehrten Fall? Kann jemand unter Ausnutzung aller Rituale magische Vorstellungen unter dem Mantel der Wissenschaft verbreiten? Würden rational denkende Forscher das überhaupt versuchen wollen? Sind ihnen magisches und irrationales Denken nicht wesensfremd? Der amerikanische Physiker Michael Shermer glaubt nicht, dass Wissenschaftler gegen abwegige Ideen oder magisches Denken gefeit sind. In seinem Buch *Why People Believe Weird Things* [Warum Leute sonderbare Sachen glauben] weist er darauf hin, dass viele Ideen nicht rational zustande kommen. Kluge und gebildete Menschen, argumentiert er, sind aber darin geübt, nachträglich eine intellektuelle Begründung dafür zu erfinden. Sehen wir uns einen besonders spektakulären Fall an:

Wie man alles falsch macht, oder: Die Sonne im Becherglas

Am Donnerstag, dem 23. März 1989, veranstaltete die University of Utah in Salt Lake City eine Pressekonferenz. Die Chemiker Martin Fleischmann und Stanley Pons gaben bekannt, dass sie eine unerschöpfliche, billige und einfach zu erschließende Energiequelle gefunden hätten: die kontinuierliche Kernfusion im Wasserglas.

Bei der Verschmelzung (Fusion) von zwei Atomkernen entsteht sehr viel Energie. Leider stoßen sich Atomkerne gegenseitig sehr stark ab und können nur fusionieren, wenn man sie mit aller Gewalt zusammenzwingt. Der Druck im Zentrum der Erde und die dort herrschende Temperatur von ca. 6700 °C beispielsweise reichen dazu bei weitem nicht aus. Erst der enorme Druck und die Hitze von mehr als 10 Millionen °C im Inneren der Sonne genügen, um die Abstoßungshürde zu überwinden. Im Sonnenkern verschmilzt Wasserstoff zu Helium und erzeugt dabei seit mehr als vier Milliarden Jahren die Energie, mit deren Hilfe auf der Erde Leben entstehen konnte.

Derzeit baut eine Gruppe von Staaten mit Milliardenaufwand in Cadarache in Südfrankreich den Fusionsreaktor ITER. Wenn er fertig ist, soll in seinem Inneren heißes Plasma aus schwerem und überschwerem Wasserstoff (in der Fachsprache Deuterium und Tritium) zu Helium verschmelzen. Die Temperatur muss dabei noch höher sein als im Inneren der Sonne, weil man mit einem sehr viel geringeren Druck arbeitet. Der Energieverbrauch für die Heizung und den Einschluss des Plasmas ist gewaltig, und die Projektbeteiligten hoffen, dass der Reaktor immerhin zehnmal soviel Energie freisetzt, wie sein Betrieb verschlingt. Die Energiequelle Wasserstoff wäre in der Tat fast unerschöpflich: Aus einem Gramm Wasserstoff ließe sich mittels Kernfusion soviel Energie gewinnen wie bei der Verbrennung von mehreren Tonnen Erdöl oder Steinkohle.

Und jetzt wollten zwei Chemiker die Kernfusion in ein Becherglas gesperrt haben? Die Fachwelt blieb skeptisch. Technische Sensationen sind selten und müssen sehr gut belegt werden. Die zwei Erfinder hatten in ihrem bisherigen Berufsleben eine breite Spur von anerkannten Veröffentlichungen hinterlassen, sie waren weder Scharlatane noch Anfänger. Aber nun verletzten sie alle Rituale und Tabus der Wissenschaft: Sie hatten keine wissenschaftliche Veröffentlichung zu dem Thema geschrieben, sondern direkt die Presse informiert. Sie weigerten sich, irgendwelche Einzelheiten über den Versuchsaufbau zu nennen, und waren für andere Wissenschaftler nicht erreichbar.

Dafür äußerten sie sich gegenüber der allgemeinen Presse ausführlich zu den wirtschaftlichen Aussichten. Fünf Jahre, so berichteten sie, hätten sie an der Weltsensation gearbeitet. Es sei ihnen gelungen, in einer Palladium-Elektrode Deuteriumatome derart zusammenzupressen, dass sie fusionieren mussten. Dabei sei Energie in Form von Wärme freigeworden.

Die düpierten Fachkollegen äußerten deutliche Zweifel. Die Fusion von Deuterium in Palladium war bereits in den zwanziger und dreißiger Jahren des zwanzigsten Jahrhunderts untersucht und verworfen worden. Außerdem erzeugt die Kernfusion keine Wärme, sondern:

1. Helium, und zwar das seltene Isotop ^3He,
2. Neutronen und
3. äußerst ungesunde Gammastrahlen.

Die in der Pressekonferenz vorgestellte Versuchsanordung wies aber keinen Schutz gegen die gefährliche Strahlung auf. Die beiden hoffnungsvollen Überwinder des Weltenergieproblems hätten eigentlich tot sein müssen, wenn sie fünf Jahre lang immer wieder Schauern von Neutronen und Gammastrahlen ausgesetzt waren. Wenn sie wirklich eine Kernfusion beobachtet hatten, musste ein völlig unbekannter Prozess zugrunde liegen.

Pons' und Fleischmanns Schweigsamkeit bezüglich der Versuchsanordnung hing sicherlich damit zusammen, dass sie ihr Verfahren erst patentieren wollten. Man darf annehmen, dass sie nicht nur die Gesetze der Physik, sondern auch die Liste der zehn reichsten Menschen des Planeten auf den Kopf stellen wollten.

Nach der Pressekonferenz gelang ihnen allerdings nichts mehr. Andere Wissenschaftler konnten ihre Versuche nicht nachvollziehen. Sie fanden keine Neutronen, keine Gammastrahlen und kein ^3He. Eine Kernfusion hatte also vermutlich überhaupt nicht stattgefunden, und der Wärmeüberschuss hatte andere Ursachen. Wie sich herausstellte, hatten die beiden Chemiker versäumt, ihre Versuchsanordnung auf Fehler und ihre Theorie auf Lücken zu überprüfen. Nachdem sie aber ihre Kollegen bei der Vorstellung ihrer Erfindung übergangen hatten, konnten sie nicht mehr mit der Rücksicht der Wissenschaftsgemeinde rechnen, und andere Forscher rechneten ihnen schonungslos ihre Fehler vor. Innerhalb weniger Wochen waren sie restlos blamiert. Ein eigentlich schon festgezurrter Termin von Stanley Pons mit John Sununu, dem Stabschef des amerikanischen Präsidenten, kam nicht mehr zustande. Die beiden Entdecker hatten aber bereits ihre ganze Reputation investiert und sich damit einen ehrenvollen Rückzug verbaut. Sie blieben dabei, dass der beobachtete Wärmeüberschuss auf einer Kernfusion beruhte. »Was soll es denn sonst sein?«, soll Martin Fleischmann gefragt haben.

Damit sind wir beim magischen Denken angelangt. Bei der kalten Fusion haben die Forscher eine vieldeutige Beobachtung (Wärmeüberschuss) ohne ausreichende Prüfung auf eine Ursache zurückgeführt, welche die Lösung aller Weltenergieprobleme versprach, mit den Gesetzen der Physik aber nicht übereinstimmte. Möglicherweise sahen sie sich bereits in der Ruhmeshalle der Wissenschaft auf einem der obersten Plätze verewigt.

Solche Ideen haben auch andere Wissenschaftler heimgesucht, aber der Traum vom Nobelpreis platzt meist bereits mit dem Studium der Literatur. Fast jeder Wissenschaftler hat irgendwann einmal das Gefühl, einer wirklich großen Entdeckung auf der Spur zu sein. Wenn ihm der zugrundeliegende Fehler nicht selbst auffällt, kommt er spätestens bei einem Gespräch mit Kollegen zum Vorschein.

Das beleuchtet die eigentlich ungewöhnliche Komponente dieses Falls: Pons und Fleischmann haben sich offenbar fünf Jahre lang konsequent die magisch überhöhte Lösung einer banalen Frage eingeredet. Statt frühzeitig den Austausch mit Kollegen zu suchen, haben sie, ewigen Ruhm vor Augen, im Geheimen gearbeitet und ihre Illusionen genährt.

Übrigens ist die Idee von der Sonnenkraft im Wasserglas noch immer nicht tot: Bis auf den heutigen Tag versucht eine verbissene Gemeinde von Gläubigen immer wieder, wenigstens das Prinzip zu retten. Von einer Lösung des Weltenergieproblems redet aber keiner mehr. Doch nun zurück zu Aubrey de Greys Suche nach dem Rezept des ewigen Lebens.

Wissenschaftliche Rituale und ewiges Leben

Aubrey de Grey beherrscht die Rituale der Wissenschaft ausnehmend gut. Anders als viele Außenseiter hat er sich nicht zurückgezogen, um in obskuren esoterischen Journalen auf die etablierte Wissenschaft zu schimpfen. Im Gegenteil: Er schreibt weiterhin Fachartikel, fungiert als Redakteur einer wissenschaftlichen Zeitschrift (*Rejuvenation Research* = Verjüngungsforschung) und organisiert Tagungen. Er hat die Methuselah Foundation zur Erforschung des Alterns gegründet, die nach eigenen Angaben sieben Millionen US-Dollar an Spendengeldern eingeworben hat. Die Stiftung hat einen Preis für die bedeutendste Verlängerung der Lebensspanne von Labormäusen und für den wichtigsten Fortschritt bei der Mäuseverjüngung ausgesetzt. Das Preisgeld beläuft sich dank großzügiger Spenden (Ende 2008) auf mehr als 4,5 Millionen US-Dollar.

De Grey ist damit zugleich Wissenschaftler und Geldgeber. Das gibt ihm die Möglichkeit, andere Forschergruppen mit ins Boot zu ziehen, und sichert ihm die dringend notwendige akademische Unterstützung.

Ist de Grey also ein intelligenter Betrüger, der die Hoffnung der Menschen auf Unsterblichkeit ausnutzt, um Geld einzusammeln? Der Verdacht liegt nahe, ist aber vermutlich unberechtigt. Bei den Recherchen zu diesem Buch habe ich ihm eine E-Mail mit kritischen Fragen geschickt und hatte bereits am nächsten Tag eine sachliche und durchdachte Antwort auf dem Tisch. De Grey arbeitet nach wie vor mit Hochdruck an seinen Forschungen und hat sich nicht etwa in die Karibik abgesetzt, um von dort seine Gelder zu dirigieren. Es ist ihm absolut ernst mit seinen Ideen zum Aufhalten und Zurückdrehen des Alterns. Er hat auch nicht die verzweifelt arrogante Attitüde des unverstandenen Außenseiters angenommen, sondern meine Fragen genau und kurz beantwortet. Das ist mehr, als ich von manchen anderen Forschern sagen kann, die ich angeschrieben habe.

Unter anderem habe ich ihn gefragt, ob er sein Programm eher als Forschung oder eher als Technik sieht. Wenn er sein Programm als Technik betrachtet, müssen die Grundlagen und Methoden bereits ausreichend erforscht sein, sonst hinge die Anwendung in der Luft. Er schrieb dazu, dass SENS hauptsächlich eine technische Herausforderung ist. Die Lösung sei noch nicht »bewiesen«, aber er sei hinreichend nahe daran, um eine Anwendung zu versuchen.

Dann habe ich ihn nach dem Falsifizierungskriterium gefragt. *Falsifizierung* ist einer der wichtigsten Grundsätze moderner Wissenschaft. In den Naturwissenschaften kann die Richtigkeit einer allgemeinen Theorie niemals abschließend bewiesen werden, weil bereits ein einziges Experiment zeigen kann, dass sie falsch ist. Eine Theorie kann sich lediglich bewähren, sie kann niemals sicher oder auch nur wahrscheinlich *richtig* sein.

Eine Theorie sollte also ein Falsifizierungskriterium angeben können, wenn sie den Anspruch erhebt, wissenschaftlich zu sein. Der englische Philosoph Sir Karl Popper hat dieses inzwischen weitgehend anerkannte Prinzip im Jahre 1934 erstmals ausdrücklich formuliert. Es bezieht sich aber, wie gesagt, auf allgemeine Theorien, nicht auf Einzelfälle. Alles, was mit »es gibt« anfängt, ist so nicht zu widerlegen. Auf Sätze wie: »Es gibt Leben auf dem Mars, oder es hat wenigstens irgendwann dort Leben gegeben«, kann man es nicht anwenden. Schließlich kann man nicht den gesamten Marsboden mit dem Mikroskop untersuchen, und wer will sicher ausschließen, dass längst zerfallene Organismen einen vor Milliarden Jahren verdunsteten Marsozean bewohnt haben?

Lässt sich also de Greys Theorie des biologisch unbegrenzten Weiterlebens von Mäusen und Menschen falsifizieren? De Grey schrieb mir, wenn man seine Methode bei einer Maus vollständig und richtig angewandt habe und die Maus lebe trotzdem nicht länger, dann sei seine Methode widerlegt. Ganz so einfach ist es aber nicht: Er behauptet, man könne eine Maus biologisch unsterblich machen; zur Widerlegung müsste man die Maus also eine Ewigkeit lang beobachten – damit wäre die Behauptung in endlicher Zeit nicht zu widerlegen.

So lange will de Grey aber nicht warten: Sein SENS-Verfahren soll bereits in 25 Jahren auf den Menschen übertragen sein. Menschen könnten von da an immer wieder renoviert werden, bis die Meere verdampfen, die Sonne erlischt und das Weltall in endgültiger Dunkelheit versinkt. Ich weiß nicht, ob mir diese Vorstellung wirklich gefällt.

Cargo-Kult-Wissenschaft und ewiges Leben

De Grey möchte *mit den Mitteln* der Wissenschaft den Menschen ein altersfreies, biologisch nicht begrenztes Leben bescheren können. Eventuell ist er aber auch der Vorstellung erlegen, sein Ziel *mit den Ritualen* der Wissenschaft erreichen zu können.

Der Physiknobelpreisträger Richard Feynman prägte dafür den Begriff Cargo-Kult-Wissenschaft. Die Anhänger des Cargo-Kults bauen eine Flughafenkulisse auf, um auf magischem Wege Flugzeuge mit wertvoller Fracht anzulocken. Ähnlich gehen manche Wissenschaftler vor. Sie führen Experimente durch, ohne die Grundlagen verstanden zu haben. Und wie die Südseeinsulaner sind sie fest davon überzeugt, dass eine genaue Einhaltung ihrer Rituale eines Tages zum Erfolg führen wird.

Dieser Illusion ist, so meine ich, auch de Grey erlegen. Seine Idee der Falsifikation ist hoffnungslos optimistisch, sein Plan zugleich grotesk vereinfachend und seltsam vage. Die Maus eignet sich nicht als Testmodell für die Unsterblichkeit, weil ihr Metabolismus zu kompliziert ist. Bisher hat keine Forschungsgruppe einfache Kulturen von ausdifferenzierten Geweben zum unbegrenzten, aber weiterhin organisierten Leben überreden können. Nur Tumorzellen vermehren sich ewig. Selbst die einfachsten mehrzelligen Organismen sind dem Tod noch nie auf Dauer entkommen – weder im Labor noch im wirklichen Leben. Wir wissen, wie das Altern aussieht, aber wir kennen die Ursachen nicht ausreichend. Ausnahmslos alle vielzelligen Tiere sterben, selbst die einfachsten und urtümlichsten. Es gibt kein Modell für das ewige Leben, man müsste es erst schaffen. Und wenn eine Labormaus statt vier Jahre vielleicht sechs Jahre lebt, ist de Greys These nicht bewiesen, nicht einmal, wenn sie 100 Jahre lebt. Ewigkeit lässt sich in endlicher Zeit weder beweisen noch widerlegen.

De Grey ist in der Position eines Alchemisten, der sein ganzes Leben kurz davor steht, wirklich Gold zu machen, dem nur noch ein einziger Bestandteil fehlt, nur noch eine Versuchsreihe, nur noch ein Monat. Und immer träumt er davon, dass er eines wunderbaren Tages aus dem Athenor (dem Alchemistenofen) eine Schale reinsten Goldes zieht, des höchsten der Metalle.

Wenn aber nun doch ... ? Nach de Greys Zeitplan muss die erste biologisch unsterbliche Maus bereits geboren sein, wenn dieses Buch erscheint. Wetten werden noch angenommen.

Die Wissenschaft von der Magie

Zugegeben, ich habe in meinem Leben nur mit wenigen Menschen wie de Grey korrespondiert. Die meisten Wissenschaftler verbringen ihr Leben in einer Nische, sie lehren ihr Fach, sind Mitglied einer Fachgesellschaft und machen in ihrem engen Arbeitsbereich immer neue Versuche, bis sie schließlich als Experten gelten und, wenn sie Glück haben, für einige Jahre zur grauen Eminenz werden, die zu übergehen niemand wagen würde.

Die Einhaltung von wissenschaftlichen Ritualen zur Erreichung eines eher mythischen Ziels ist die eine Seite des magischen Denkens in der Wissenschaft, die andere ist der Versuch, die Realität von Magie mit wissenschaftlichen Mitteln zu beweisen. Es gibt Wissenschaftler, die glauben, dass Telepathie, Wahrsagung oder die Macht von Amuletten und Zaubersprüchen bis zu einem gewissen Grade Realität sind. Sie suchen nach einer Begründung, warum Gegenstände, die einem Menschen gehört haben, seine Charaktereigenschaften tatsächlich übertragen können. In endlosen Versuchsreihen versuchen sie zu beweisen, dass Menschen tatsächlich wissen, ob sie von hinten angestarrt werden oder dass sie mit geistiger Kraft computergesteuerte Zufallsgeneratoren beeinflussen können. Dass sie Dinge sehen, die weit entfernt sind, oder voraussehen können, wer sie in der nächsten Minute anrufen wird.

Letztlich behaupten sie damit, dass magisches Denken nicht etwa eine Selbsttäuschung ist, sondern den Zugang zu einer höheren Wirklichkeit weisen kann. Ihre Disziplin heißt Parapsychologie (von griechisch para = neben, gegen) und gilt nicht als echte Naturwissenschaft. In Deutschland existiert sogar ein höchstrichterliches Urteil dazu. In einem Mordprozess ohne Leiche beantragte die Verteidigung allen Ernstes, einen Hellseher damit zu beauftragen, die Leiche zu finden. Ein Parapsychologe sollte als Sachverständiger bestätigen, dass ein solches Verfahren sinnvoll sei. Das Gericht lehnte ab, und der Bundesgerichtshof bestätigte 1978 dieses Urteil. Die Richter stellten fest, dass »die Ergebnisse der Parapsychologie nicht als naturwissenschaftlich gesicherte Erkenntnisse anerkannt werden können« und deshalb »parapsychologische Sachverständige als völlig ungeeignete Beweismittel angesehen« werden müssten.

Die nebelhaften Grenzbezirke

Parapsychologen versuchen unter anderem folgende Phänomene als real zu beweisen: Hellsehen, Telepathie, Telekinese, Geistererscheinungen, Kommunikation mit den Geistern von Toten.

Die bekannteste entsprechende Forschungseinrichtung in Deutschland ist das Institut für Grenzgebiete der Psychologie und Psychohygiene (IGPP) e.V. in Freiburg. Es befasst sich nach eigener Aussage mit der »Erforschung von bisher unzureichend verstandenen Phänomenen und Anomalien an den Grenzen unseres Wissens. Dazu zählen veränderte Bewusstseinszustände und Erfahrungsbereiche, psychophysische Beziehungen sowie deren soziale, kulturelle und historische Kontexte aus den Perspektiven von Geistes-, Sozial- und Naturwissenschaften.«

Die Universität Edinburgh ist die einzige Universität in Europa mit einem Lehrstuhl für Parapsychologie. Der an okkulten Phänomenen interessierte Philosoph Arthur Koestler hat ihn aus seinem Nachlass gestiftet, weshalb er den Namen Koestler Chair of Parapsychology trägt. Seit dem Tod von Robert Morris im August 2004, dem bisher einzigen Inhaber, ist der Lehrstuhl bis heute (Februar

2009) vakant. Die Koestler Parapsychology Unit ist jedoch weiterhin aktiv.

Weitere Forschungsgruppen arbeiten an der University of Northampton (Centre for the Study of Anomalous Psychological Processes), an der Liverpool Hope University (Parapsychology Research Group) und an der Goldsmiths University of London (Anomalistic Psychology Research Unit).

In den USA bemüht sich das Veritas Labor an der University of Arizona um den Nachweis, dass menschliches Bewusstsein nach dem Tode erhalten bleibt und dass Medien mit den Geistern der Toten Kontakt aufnehmen können.

Das Institute of Noetic Science im Städtchen Petaluma in Kalifornien möchte nach eigenem Bekunden Brücken zwischen Wissenschaft und Geist bauen, subtile Energien und Heilkräfte erforschen und die Wissenschaft der Liebe, des Verzeihens und der Dankbarkeit betreiben.

Wie man Experimente aufbaut

Die Naturwissenschaft setzt auf bestimmte Methoden, um ihre Erkenntnisse zu sichern. Experimente müssen wiederholbar sein. Wer immer seine Ergebnisse veröffentlicht, ist gehalten, seine Versuchsanordnung so genau zu beschreiben, dass andere seine Versuche nachvollziehen können. In der Medizin und der Psychologie geht das nicht so einfach. Jeder Patient hat ein etwas anderes Krankheitsbild, und seine Behandlung lässt sich nicht in ein vorgegebenes Schema pressen. Will man also zwei Behandlungsverfahren vergleichen, muss man die Patienten in zwei möglichst gleichartige Gruppen einteilen. Im Idealfall sollte weder der Patient noch der behandelnde Arzt wissen, wer in welcher Gruppe ist. Aber auch ein Medikamententest ist schwierig, denn nicht alle Medikamente müssen gleich häufig oder zur gleichen Zeit eingenommen werden. Es macht auch keinen Sinn, Behandlung gegen Nicht-Behandlung zu testen. Wenn man beispielsweise feststellen will, ob regelmäßige Saunagänge unter ärztlicher Kontrolle gegen Schnupfen schützen, müsste man eine zweite Gruppe mit genau gleichen Lebensgewohnheiten finden, mit der einen Ausnahme, dass sie nicht in die Sauna gehen. Das ist aber fast unmöglich, die Gruppen werden sich so gut wie immer auch in anderen Kriterien unterscheiden.

Bei Verhaltenstests in der Psychologie sind die Irrtumsmöglichkeiten genauso groß. Wenn eine attraktive Studentin die Versuche durchführt, kann ein unerwarteter Geschlechterunterschied in den Versuchsergebnissen auftauchen. Wenn es um Aufmerksamkeit und Ermüdung geht, spielen unter anderem die Tageszeit, das Wetter und der Zeitpunkt der letzten Mahlzeit eine wesentliche Rolle.

Bei den Parapsychologen ist das Ganze noch schlimmer: Wolkige Fähigkeiten wie Telepathie oder Hellsehen bewegen sich stets an der Nachweisgrenze. Telepathie bezeichnet die Gedankenübertragung auf einem physikalisch unmöglichen Weg, unter Hellsehen versteht man ein Wissen, das man auf normalem Wege nicht erlangen kann. Beides funktioniert nie uneingeschränkt. Es gibt keinen Beleg dafür, dass sich zwei Menschen telepathisch unterhalten haben. Vielmehr bemühen sich die Parapsychologen in langen Versuchsreihen nachzuweisen, dass beispielsweise jemand überzufällig häufig die Zahl errät, die ein anderer im Nebenzimmer gewürfelt hat.

Der Biologe Rupert Sheldrake behauptete (und behauptet noch immer), dass Haustiere wissen, wann ihre Besitzer nach Hause kommen. Als Beispiel nannte er den Hund Jaytee seiner Mitarbeiterin Pam Smart. Der legte sich, so berichtete er in einem seiner Bücher, jedes Mal auf die Veranda ihres Hauses, wenn sie den Entschluss fasste, nach Hause zu gehen. Nun haben solche zufälligen Beobachtungen die perfide Eigenschaft, sich bei näherer Überprüfung in Luft aufzulösen. Der Psychologe und gelernte Bühnenzauberer Richard Wiseman bat deshalb darum, das Verhalten des Hundes überprüfen zu dürfen, was ihm auch gewährt wurde. Er stellte dabei fest, dass Jaytee in Abwesenheit seines Frauchens des öfteren die Veranda aufsuchte. Eine Korrelation mit ihrem Beschluss, nach Hause zu kommen, konnte er nicht feststellen. Trotzdem zitierte Sheldrake Wisemans Beobachtung als Bestätigung seiner These, woraufhin dieser eine scharfe Richtigstellung schrieb.

Unsinn, Sinn und Übersinn

Kann es überhaupt übersinnliche Wahrnehmung geben? Nehmen wir an, ein Rudel von Wildhunden verständigt sich bei der Jagd auf übersinnliche Weise. Das würde ihnen einen ungeheuren Vorteil verschaffen. Sie wären die gefährlichsten Raubtiere der Erde, gleich nach dem Menschen. Bisher ist aber eine solche Jagdstrategie noch nirgendwo beobachtet worden.

Wir können ausschließen, dass eine nennenswerte Anzahl von Menschen den Einlauf von Pferderennen, das Ergebnis von Fußballspielen oder das Nummernfach einer Roulettekugel vorhersagen kann. Die entsprechenden Wettsysteme wären bereits zusammengebrochen. Bisher hat auch noch niemand versucht, die echten Lottozahlen der nächsten Woche meistbietend zu verkaufen. Präkognition (Zukunftswissen) und Telepathie scheinen immer dann nicht zu funktionieren, wenn sie wirklich wichtig wären. Ein Team von telepathisch miteinander verbundenen Bridge-Spielern hätte beispielsweise zweifellos einen beträchtlichen Vorteil. Weitere Situationen lassen sich leicht konstruieren.

Richard Wiseman und Emma Greening haben an einem Massenexperiment überprüft, ob es überhaupt Anzeichen dafür gibt, dass Menschen zum Hellsehen oder zum Vorauswissen fähig sind. Insgesamt 27 856 Teilnehmer erprobten in 110 959 Durchgängen ihre paranormalen Fähigkeiten. Ergebnis: keine signifikante Abweichung vom Zufallswert, also kein Hinweis auf irgendeine Wahrnehmung jenseits der bekannten Sinnesorgane.

Richard Wiseman überprüfte auch sogenannte Medien, also Menschen, die vorgeben, mit Geistern von Toten sprechen zu können. Fünf professionelle Medien aus England nahmen daran teil.

Salopp gesprochen lautete das Ergebnis: Entweder haben die Toten nichts Nennenswertes mitzuteilen, oder die Medien können keine Verbindung zu ihnen aufnehmen.

Parapsychologen haben nach endlosen Versuchsserien meist eine winzige statistische Abweichung vom Zufallswert gefunden. Das beweist keine sichere Gedankenübertragung, kein Zukunftswissen und auch keinen Kontakt mit Toten. Aber es rechtfertigt weitere Versuche. Was würde geschehen, wenn eine Gruppe von Parapsychologen wiederholbare, erklärbare und eindeutige Ergebnisse produzieren könnte? Diese, so stellt der österreichische Psychologe Andreas Hergovich süffisant fest, wären dann nicht mehr Gegenstand der Parapsychologie, die sich ja gerade mit nicht erklärbaren Phänomenen befasst. Parapsychologen würden ihren eigenen Arbeitsplatz gefährden, wenn sie die Existenz parapychologischer Phänomene entweder beweisen oder ausschließen würden. Auch von dieser Warte aus ist es verständlich, dass die Parapsychologie seit nunmehr hundert Jahren stets Ergebnisse produziert, die an der Nachweisgrenze liegen, graue Gespenster am Rande des statistischen Rauschens, gerade ausreichend, um weitere Forschungen zu rechtfertigen.

Regeln naturwissenschaftlicher Arbeit

Sind Naturwissenschaftler grundsätzlich nüchterne Menschen? Ist der Geschmack eines guten Rotweins für sie lediglich eine Kombination von Reizungen der Zunge und des Gaumens, die im Gehirn bestimmte Zentren aktivieren, um ein Gefühl des Wohlbefindens auszulösen? Betreiben sie Forschung um der reinen Freude an der Erkenntnis willen, ohne an die Folgen zu denken? Natürlich nicht, Naturwissenschaftler empfinden nicht anders als andere Menschen. Sie sind aber dafür ausgebildet, in ihrem Beruf bestimmte Regeln einzuhalten, die der australische Physiker Colin Gould so zusammengefasst hat:

- Daten werden gesammelt und objektiv ausgewertet, so dass persönliche Vorurteile des Beurteilenden keinen Einfluss auf das Ergebnis haben.
- Alle wichtigen Informationsquellen sollen vollständig ausgewertet werden, ehe eine Entscheidung gefällt wird.
- Wenn die Daten als unzureichend betrachtet werden, wird ihre Beurteilung aufgeschoben, bis genügend Informationen gesammelt sind, um eine Entscheidung zu ermöglichen.
- Keine Idee, Schlussfolgerung, Entscheidung oder Lösung wird übernommen, nur weil es jemand verlangt, sondern sie wird skeptisch und kritisch hinterfragt, bis ihre Richtigkeit im Lichte der dafür relevanten Beweise und Daten beurteilt werden kann.

Diese vier Punkte beschreiben ein Ideal, sie geben nicht die hässliche Wirklichkeit wieder. In ihrem Alltag kämpfen sich Wissenschaftler durch einen Sumpf von Widrigkeiten. Am Anfang stehen eine Idee oder eine Beobachtung. Dann muss der Forscher entscheiden, ob es sich lohnt, daraus ein Projekt zu machen. Kommt er nach Diskussionen mit Fachkollegen und ausgiebigem Literaturstudium zu dem Ergebnis, dass seine Idee neue und wertvolle Erkenntnisse verspricht, stellt er eine Arbeitshypothese auf und skizziert ein Experiment, mit dem er sie überprüfen kann. Jetzt heißt es, Zeit, Mitarbeiter und Mittel zu beschaffen. Je nach Bedeutung der Idee und dem Wert der zu erwartenden Ergebnisse kann so ein Projekt Monate bis Jahre in Anspruch nehmen und vier-, fünf- oder gar sechsstellige Summen verschlingen. Kaum ein Experiment funktioniert auf Anhieb, die idealen Geräte oder Verbrauchsmaterialien sind zu teuer, und man muss improvisieren. Bei allem Aufwand bleibt immer noch der nagende Zweifel, ob man vielleicht einem grundlegenden Irrtum aufgesessen ist oder ob man mit den begrenzten Mitteln die angestrebten Ergebnisse überhaupt erzielen kann.

Und dann tritt tatsächlich der schlimmstmögliche Fall ein: Die Messreihen ergeben, dass die Arbeitshypothese möglicherweise falsch ist. Was nun? Leider lässt sich nicht jeder Versuch so lange wiederholen, bis er stabile Ergebnisse bringt, denn Experimente verbrauchen Geld, Arbeitszeit und Materialien, also Ressourcen, die nicht unbegrenzt zur Verfügung stehen. Vielleicht sind auch nur einige Daten falsch eingetragen worden, oder die Maschine war nicht justiert, oder jemand ist zur Unzeit über ein Kabel gestolpert. Wegen solcher Kleinigkeiten kann die jahrelange Arbeit von einem Dutzend Menschen umsonst gewesen sein. Was jetzt? Entweder wertet man die vorhandenen Daten ehrlich aus und gibt zu, dass man sich geirrt hat. Oder man investiert zwei weitere Jahre in die Wiederholung, vorausgesetzt natürlich, man bekommt noch einmal die Geldmittel. Wenn man aber annimmt, dass gerade die unpassenden Ergebnisse auf Fehlern der Versuchsanordnung beruhen, dann würden die verbleibenden Daten die Arbeitshypothese perfekt unterstützen …

Jetzt sollte eigentlich jeder echte Naturwissenschaftler mit voller Überzeugung rufen: »Weiche von mir, Satan!«, aber einige (und nicht ganz wenige) geben der Versuchung nach und passen ihre Ergebnisse der Erwartung an.

Auch die Geldgeber einer Studie beeinflussen die veröffentlichten Ergebnisse. Wenn beispielsweise ein Pharmaunternehmen mehrere Studien über ein neues Medikament in Auftrag gibt, wird es den Autoren der aktuellen Studienergebnisse gerne Vortragsreisen bezahlen, um die Ergebnisse wissenschaftlich zu verbreiten.

Bei einer Umfrage der University of Minnesota, die 2005 in der renommierten Zeitschrift *Nature* veröffentlicht wurde, gab ein Drittel der befragten Wissenschaftler Fehlverhalten zu. Spitzenreiter waren die Veränderung des Aufbaus, der Methoden oder Ergebnisse von Studien auf Druck der Geldgeber. Allerdings hatte nur die Hälfte der angeschriebenen Wissenschaftler die Fragebögen zurückgeschickt, so dass die tatsächliche Zahl der Verstöße gegen die wissenschaftliche Ethik weit höher liegen dürfte. Naturwissenschaft sollte eigentlich eine Bastion gegen magisches Denken und gegen die Verzerrung der Wirklichkeit im Dienste der Politik oder der Industrie sein. Aber Wissenschaftler sind auch nur Menschen. Sie haben Vorurteile wie andere Menschen auch, und sie neigen durchaus zum magischen Denken.

Magisches Denken unter Wissenschaftlern

Magisches Denken ist eine normale Eigenschaft des menschlichen Gehirns. Ein Physiker, Chemiker oder Biologe hat gelernt, dass in seinem Arbeitsgebiet Magie nicht vorkommt und die Verbindungen zwischen Naturkräften bestimmten Gesetzen gehorchen. Sind Naturwissenschaftler also gegen jeden Aberglauben immun?

Es gibt nur wenige Untersuchungen dazu. Die amerikanischen Historiker Larson und Witham haben im Jahre 1998 vierhundert führende Naturwissenschaftler in den USA nach ihrer Einstellung zur Religion und zum ewigen Leben befragt. Mehr als 90 % glaubten nicht an einen Gott, und ebenso viele lehnten die Idee der Unsterblichkeit der Seele ab.

Wie findet man »führende« Wissenschaftler? Larson und Witham haben nur Mitglieder der National Academy of Science (NAS) befragt. Dieser sehr elitären Organisation gehören derzeit 2100 Wissenschaftler an. Jedes Jahr können maximal 72 neue Mitglieder gewählt werden. Vorschlagsrecht haben nur bestehende Mitglieder. Kriterium der Wahl ist die herausragende Leistung in der Forschung. Das Überwiegen von Atheismus und Agnostizimus in der NAS ist bemerkenswert, denn in den USA bezeichnen sich mehr als 90 % der Menschen als gläubig.

Das spricht für eine eher rationale Einstellung, zumindest bei profilierten Naturwissenschaftlern. Parawissenschaftliche Themen haben die beiden Historiker bei ihrer Erhebung leider ausgelassen, und so wissen wir nicht, was die NAS-Mitglieder beispielsweise von Wunderheilungen oder Telepathie halten.

Ich selber habe die Erfahrung gemacht, dass Naturwissenschaftler außerhalb ihres Wissensgebietes oft seltsame Ideen vertreten, beispielsweise, wenn es um alternative Heilverfahren geht. Physiker lernen in ihrem Studium, dass die Inhalte ihres Fachs durch Experimente belegt und jederzeit logisch ableitbar sind. Deswegen müssen sie diese Sicht der Dinge aber nicht auf andere Gebiete anwenden. Tatsächlich empfinden es viele Menschen nicht als Widerspruch, in einem Bereich logisch und rational, in einem anderen aber magisch zu denken. Ein Biologe oder Chemiker kann durchaus religiös sein und an die Unsterblichkeit der Seele glauben. Seine eigene Arbeit sieht er dadurch nicht behindert. Francis S. Collins, der ehemalige Leiter des Human Genome Project zur Sequenzierung des menschlichen Erbgutes, hat ein ganzes Buch über die Vereinbarkeit seiner Arbeit mit seinem christlichen Glauben geschrieben.

Der Radiologe Andrew Newberg und der Psychiater Eugene D'Aquili haben ein Buch herausgebracht, das sich mit der Neurobiologie mystischer Erfahrungen befasst. Das Objekt ihrer Untersuchung waren katholische Nonnen und buddhistische Mönche. Bei ihnen fanden Newberg und D'Aquili im Velauf von willentlich ausgelösten mystischen Zuständen bestimmte, immer gleiche Aktivitätsmuster im Gehirn. Durch aktives Training kann ein Mensch also einen Zustand des allgemeinen mystischen Empfindens herbeiführen, egal welcher Religion er angehört. Dies sei zwar kein endgültiger Beweis für die Existenz eines Gottes, »doch es spricht sehr dafür, dass das menschliche Leben mehr umfasst als das rein Materielle«, schreiben die Autoren.

Einige der renommiertesten theoretischen Physiker haben in den letzten Jahren versucht, ihr – hervorragendes – Verständnis der Quantenmechanik mit Hypothesen zu Gehirn und Bewusstsein zu verbinden. Die Ergebnisse sind bisher wenig überzeugend. Der amerikanische Physiker David Bohm (1917-1992) leistete bedeutende Beiträge zur Quantenmechanik und zur Relativitätstheorie, aber er glaubte zeitweise daran, dass Uri Geller tatsächlich Gabeln verbiegen konnte. Rupert Sheldrakes Idee der morphogenetischen Felder (die angeblich die Gestalt von Pflanzen und

Tieren beeinflussen oder sogar bestimmen) beeindruckte ihn ebenso wie östliche Mythologie, und er nahm an, dass alle Materie über ein gewisses Maß an Bewusstsein verfügt. Der deutsche Physiker Hans Peter Duerr, ehemaliger Direktor des Max-Planck-Instituts für Physik, veröffentlichte esoterische Einsichten wie diese:

> *»Die im Grunde offene, kreative, immaterielle Allverbundenheit der Wirklichkeit erlaubt, die unbelebte und auch die belebte Welt als nur verschiedene – nämlich statisch stabile bzw. offene, statisch instabile, aber dynamisch stabilisierte – Artikulationen eines ›prä-lebendigen‹ Kosmos aufzufassen.«*

oder:

> *»Wir müssen neues Wissen schaffen und so handeln, dass Lebendigkeit vermehrt und vielfältig erblüht. Wir können uns darauf verlassen, dass diese Kraft in uns wirkt. Denn die Allverbundenheit, die wir Liebe nennen können und aus der Lebendigkeit sprießt, ist in uns und in allem Anderen von Grund auf angelegt.«*

(Beide Zitate aus dem »Potsdamer Manifest«)

Der Mathematiker und theoretische Physiker Sir Roger Penrose (geb. 1931) schuf eine Reihe von Formeln und Theorien für die Beschreibung der geheimnisvollen schwarzen Löcher. Ein solches kosmisches Gebilde hat eine so starke Schwerkraft, dass selbst das Licht die Oberfläche nicht mehr verlassen kann. In der Mathematik kennt man die Penrose-Parkettierung und das Penrose-Dreieck. Penrose hat sich auch mit dem menschlichen Bewusstsein befasst und vertritt die Auffassung, dass es auf unbekannten quantenmechanischen Effekten in den Mikrotubuli (röhrenförmige Eiweißfäden) der Nervenzellen beruht, wo es sich mittels Quantenkohärenz einnistet. Diese Position stößt bei den meisten Neurowissenschaftlern nicht auf Zustimmung, um es vorsichtig auszudrücken. Der Hirnforscher Gerhard Roth von der Universität Bremen erklärte dazu:

»Mir scheint, dass die erwähnten Personen keine blasse Ahnung von zellulärer und suprazellulärer Neurophysiologie haben (Prof. Penrose gibt dies auf Anfrage auch zu).«

In der Tat ist die Anwendung der Quantenmechanik auf das Bewusstsein, auf Lebenskräfte oder eine allgemeine Lebendigkeit des Kosmos pure Spekulation, die weder bewiesen noch widerlegt werden kann.

Wissenschaftler sind eben nur in ihrem eigenen Feld verlässlich rational. Anderswo unterliegen sie ebenso der Versuchung zum magischen Denken wie alle anderen Menschen auch.
Wie hatte doch Borislaw Malinowski bei seiner Studie über die Einwohner der Trobriand-Insel festgestellt?

»Überall, wo sie eine Fertigkeit sicher beherrschen (z.B. mit Werkzeugen), nutzen sie keine Magie. Wo sie eine Fertigkeit oder eine Entwicklung aber nicht beherrschen (z.B. das Wachstum von Pflanzen) oder wo Gefahr droht (z.B. beim Fischfang auf dem offenen Meer), nutzen sie Magie.«

Diese Beobachtung passt auch auf viele Naturwissenschaftler.

Postmoderne Soziologie oder Wissenschaft als Magie

Naturwissenschaft beruht auf nachvollziehbaren Experimenten. Ihre Formeln beschreiben empirisch bestätigte Zusammenhänge. Die technischen Erfindungen auf dieser Grundlage bestimmen unser Leben. Die meisten Menschen können ohne Kühlschrank, Fernseher, Computer oder Handy nicht mehr leben. Trotzdem gibt es eine Reihe von Akademikern, die den Erkenntnissen der Naturwissenschaft nicht mehr Wahrheitsgehalt einräumen als der Magie: Man findet sie unter Soziologen und Kulturwissenschaftlern, bei den »Postmodernen« und »Relativisten«.

Dieser akademische Zweig ist gegen Ende des letzten Jahrhunderts etwas zerfasert und hat abstruse Ableger gebildet. Das blieb der Öffentlichkeit weitgehend verborgen, vielleicht nicht zuletzt, weil die Schriften vieler Postmoderner für Außenseiter nahezu unlesbar sind. Viele linke Studenten hatten sich in den siebziger und achtziger Jahren als Professoren für Sprachen, Philosophie oder Soziologie an den Universitäten etabliert und pflegten einen intellektuell völlig abgehobenen Diskurs, der im Grunde niemanden außerhalb ihres eigenen Zirkels interessierte. Das änderte sich erst mit einem gewaltigen Paukenschlag, der als »Sokals Ulk« in die Annalen der Wissenschaftsgeschichte eingegangen ist. Er ist ein gutes Beispiel für magisches und irrationales Denken im Gewand wissenschaftlicher Forschung.

Einige »Postmodernisten« vertreten die These, dass alles Wissen, auch das naturwissenschaftliche, nur in einem bestimmten gesellschaftlichen Zusammenhang gültig sei. Diese Theorie ist auch unter dem Namen »strong programme« bekannt und wurde unter anderem von David Bloor, Barry Barnes, Donald McKenzie und John Henry an der Universität Edinburgh entwickelt.

Für die Postmodernen ist auch die Naturwissenschaft einer magischen oder religiösen Weltbeschreibung nicht per se überlegen, sondern nur eine Weltsicht, die sich aus den sozialen Regeln der wissenschaftlichen Gemeinschaft ergibt. Die Formeln der Relativitätstheorie und der Quantenmechanik beschreiben demnach keine universellen Zusammenhänge, sondern verlieren außerhalb des Rahmens der westlichen Zivilisation ihre Gültigkeit. Andere Sichten (magische, schamanische, religiöse) können ebenso richtig sein, wenn die entsprechende Kultur es so sieht. Darum bezeichnet man diese Sicht auf die Wissenschaft als *relativistisch*. Sie ignoriert großzügig, dass naturwissenschaftliche Beobachtungen und Schlüsse jederzeit anhand von Experimenten nachvollziehbar sind, während andere Weltsichten auf nicht überprüfbaren Glaubenselementen aufbauen.

Zusätzlich gibt es eine feministische Richtung der Wissenschaftssoziologie, aus der giftige Pfeile gegen die Naturwissenschaftler fliegen. Die amerikanische Philosophin Sandra Harding befand beispielsweise, die Naturwissenschaften und besonders die Physik seien »nicht nur sexistisch, sondern auch rassistisch und klassistisch, und kulturell unterdrückerisch«. Gleichzeitig würzen postmoderne Akademiker ihre Thesen gerne recht willkürlich mit Begriffen aus der Mathematik und Physik. Jacques Derrida schrieb zum Beispiel:

> *»Die Einstein'sche Konstante [also die Lichtgeschwindigkeit] ist keine Konstante, ist kein Zentrum. Es ist das eigentliche Konzept der Veränderlichkeit – es ist, schlussendlich, das Konzept des Spiels. In anderen Worten ist es nicht das Konzept von Etwas – eines Zentrums, von dem aus ein Beobachter das Feld meistern könnte –, sondern das eigentliche Konzept des Spiels.«*

Versuchen Sie am besten gar nicht erst, den Sinn zu verstehen. Selbst der Physiknobelpreisträger Steven Weinberg ist daran gescheitert.

Auch andere postmoderne Soziologen und Philosophen bedienten sich scheinbar blind aus dem Wörterbuch der Mathematik und Physik. Diese Vorgehensweise griffen der Biologe Paul Gross und der Mathematiker Norman Levitt in ihrem 1994 veröffentlichten Buch *Higher Superstition* (Höherer Abglaube) scharf an. An vielen Beispielen zeigten sie, wie nachlässig die postmoderne akademische Linke mit physikalischen und mathematischen Tatsachen umgeht. Das Buch inspirierte den Physiker Alan Sokal dazu, einen wissenschaftlich unsinnigen, aber politisch passenden Artikel zu verfassen und an die dezidiert linken Herausgeber der postmodernen Zeitschrift *Social Text* zu schicken. Der bombastische Titel lautete: *Die Grenzen überschreiten: Der Weg zu einer transformativen Hermeneutik der Quantengravitation.* Der Artikel stellte unter anderem die Behauptung auf, die Zahl π und die Graviationskonstante seien lediglich soziale Konstrukte. Ferner forderte er die Demokratisierung der Naturwissenschaften, also die Einführung einer Mehrheitsentscheidung über die Gültigkeit von Formeln. Sokal würzte seine Satire mit echten, aber vollkommen widersinnigen Zitaten von bekannten Postmodernisten.

Die Arbeit wurde angenommen und im Mai 1996 tatsächlich veröffentlicht. Gleichzeitig deckte Sokal in der konkurrierenden Zeitschrift *Lingua Franca* den parodistischen Hintergrund seines Artikels auf. Er habe, so schrieb er, »um die dämlichsten Zitate, die ich über Mathematik und Physik finden konnte«, herumgeschrieben. Sokals Artikel schlug ein wie eine Bombe. Die Herausgeber von *Social Text*, genauer gesagt, das »Herausgeberkollektiv«, sahen sich der kollektiven Schadenfreude der amerikanischen Naturwissenschaftler ausgesetzt. Selbst die *New York Times* meldete die Geschichte auf der Titelseite. Die Affäre war zweifellos ein Angriff auf das Selbstbild der Herausgeber von *Social Text*. Wie würden sie reagieren? Ihr fehlendes Wissen über Physik eingestehen? Würden sie vielleicht fordern, dass Natur- und Gesellschaftswissenschaftler mehr von den Fächern der anderen lernen sollten, um solche Missverständnisse zu vermeiden?

Der Soziologe Andrew Ross schrieb für seine Kollegen die Antwort. Sie geht mit keinem Wort auf den Vorwurf des fahrlässigen Umgangs mit wissenschaftlichen Fakten ein. Im Gegenteil, Ross fühlte sich ungerecht angegriffen und wütete:

»Seine [Sokals] Behauptung, unsere Veröffentlichung seines Artikels beweise, es sei etwas faul im Staate der Kulturwissenschaft, könnte sich als genauso bescheuert herausgestellt haben wie sein Artikel.«

Er schrieb weiter, der Artikel habe es ohnehin nur dank des Wohlwollens der Herausgeber in die Zeitung geschafft, und überhaupt sei die Zeitung lange vom Herausgeberkollektiv selbst finanziert worden. Warum die Zeitung auf Kosten der Herausgeber bescheuerte Artikel publiziert, erklärte er nicht. Stattdessen hielt er Sokal vor, er glaube wohl, die kulturwissenschaftliche Linke »ausgetrickst« zu haben, und bezweifelte seine Gutwilligkeit als »selbsternannter Linker«. Die Affäre »könnte das Klima verfestigen, in dem die kulturwissenschaftliche Linke dem Hohn der konservativen Wissenschaftler ausgesetzt sei«.

Es zeugt von einiger Chuzpe, Hinweise auf gravierende wissenschaftliche Fehler ohne inhaltliche Stellungnahme vom Tisch zu fegen – und von Sokal auch noch Solidarität gegen konservative Wissenschaftler einzufordern. Der Biologe Richard Dawkins spottete, diese Herausgeber seien eben, trotz aller feministischer Attitüde, dominante Männchen im akademischen Establishment. Tatsächlich ließ Sokal sich beeindrucken und fühlte sich veranlasst, seine Zugehörigkeit zur akademischen Linken ausdrücklich zu betonen – obwohl das mit dem Kern der Vorwürfe nichts zu tun hat.

Ein Jahr nach der Veröffentlichung seiner Parodie legte er nach und veröffentlichte mit seinem belgischen Kollegen Jean Bricmont das Buch *Eleganter Unsinn: Wie die Denker der Postmoderne die Wissenschaften missbrauchen*. Darin wenden sie sich gegen den postmodernen Relativismus und die Gleichsetzung von Naturwissenschaft mit Volksmythen. Weil die Postmodernisten die Naturwissenschaften lediglich für ein Konstrukt des Wissenschaftsbetriebs halten, setzen sie sich oft genug über gesicherte Erkenntnisse hinweg und postulieren magische Zusammenhänge. Hier ein Beispiel aus der Ideenwelt der belgischen feministischen Philosophin Luce Irigaray in der Interpretation von Katherine Hayles:

> *»Die Bevorzugung der Mechanik fester Körper gegenüber der von Flüssigkeiten weist sie der Assoziation des Flüssigen mit Weiblichkeit zu. Während Männer ein Sexualorgan haben, das vorsteht und hart wird, haben Frauen Öffnungen, aus denen Menstruationsblut und Vaginalflüssigkeit sickern […] Aus dieser Perspektive ist es kein Wunder, dass die Naturwissenschaft nicht fähig war, ein erfolgreiches Modell der Turbulenz zu schaffen. Das Problem der turbulenten Strömung kann nicht gelöst werden, weil die Ideen von Flüssigkeiten (und von Frauen) so formuliert sind, dass notwendigerweise nicht artikulierte Reste zurückbleiben.«*
>
> (Zitiert nach Richard Dawkins)

Die Strömung von Flüssigkeiten und Gasen muss keineswegs turbulent sein, sondern kann laminar (geschichtet) sein. Dann lässt sie sich gut mathematisch beschreiben. Auch für turbulente Strömungen gibt es Beschreibungsansätze, die aber wesentlich komplizierter sind. Für Irigaray sind jedoch die Erkenntnisse der Strömungslehre keine Naturbeschreibung, sondern quasireligiöse Schriften, deren Inhalt sich aus den Regeln des menschlichen Zusammenlebens in der westlichen Wissenschaftskultur ableiten lässt.

Aus dieser Sichtweise ist die Astrologie beispielsweise genauso sehr eine Wissenschaft wie die Physik. Warum? Ganz einfach: Wenn eine Kultur darin übereinstimmt, dass Sterne und Planeten ihr Schicksal steuern, dann wird dies zur gesellschaftlichen Wirklichkeit und ist genauso wahr und gültig wie Newtons Gesetze der Schwerkraft. Damit ist dem magischen Denken Tür und Tor geöffnet.

Die postmodernen Theoretiker behaupteten, dass die Gesetze der Physik und Chemie nur innerhalb der Gemeinschaft der Naturwissenschaftler mit ihren Ritualen und Tabus funktioniert. Damit verniedlichen sie die Naturwissenschaften zur Mythologie der westlichen Lebensart – eine Mythologie, die nur sie, die Wissenssoziologen, entschlüsseln können. Also wären sie den Physikern, Chemikern und Biologen so weit überlegen wie ein moderner Wissenschaftler einem vorzeitlichen Schamanen. Einige postmoderne Denker fordern als Konsequenz, dass Völker mit anderen Regeln des menschlichen Zusammenlebens ihre eigene Mathematik, Physik oder Biologie entwickeln sollten. Sogar die Menschenrechte oder den Begriff der Wahrheit sollen sie für sich definieren. Alles andere, so endet die Argumentation, wäre westlicher Kolonialismus. Spätestens hier hört der akademische Diskurs auf und geht in eine unselige politische Bevormundung über.

Die indische Naturwissenschaftlerin Meera Nanda hat die postmodernen Philosophen für ihre erkenntnistheoretische Herablassung (»epistemological charity[2]«) scharf angegriffen. Sie wirft ihnen vor, den konservativen Hindus in Indien und den fundamentalistischen Christen in den USA in die Hände zu spielen. Wenn beispielsweise die Evolution nichts weiter als ein Mythos der Moderne wäre, dann dürfte man ihn per Mehrheitsbeschluss durch die Schöpfungsgeschichte ersetzen.

Naturwissenschaft beruht auf nachprüfbaren Tatsachen und übernimmt damit die Rolle eines Wächters gegen irrationale Ideen. Sie stellt kritische Fragen, spürt logische und sachliche Fehler auf und verlangt Beweise. In der Geschichte haben immer wieder als Wissenschaft verkleidete irrationale Ideen ein gespenstisches Eigenleben entwickelt und enorme Schäden angerichtet. Die Staatstheoretiker des »realen« Sozialismus waren davon überzeugt, dass ihre Gesellschaftsordnung als Erste in der Geschichte auf wissenschaftlichen Erkenntnissen beruhte und deshalb allen anderen überlegen war. Tatsächlich erwies sich der Glaube an eine historische Höherentwicklung zu einem irdischen Paradies als magisches Denken. Dieses einmalige soziologische Experiment darf – nach Millionen von Toten, ruinierten Volkswirtschaften und enormen Umweltschäden – als gescheitert gelten.

Sind die Propheten der Postmoderne also dumm oder gar gefährlich? Ich denke nicht. Sie sind nur dauerhaft berauscht von der Brillanz ihrer Ideen und vom Beifall ihrer Anhänger. Glücklicherweise wohnen sie viel zu hoch in ihrem Elfenbeinturm, um einen erkennbaren Einfluss auf die Gesellschaft auszuüben.

2 Der Begriff »charity« unfasst in den USA mehr als sein deutsches Äquivalent »Wohltätigkeit«. Von reichen Menschen in den USA erwartet man ein Engagement für »charity«. Dafür werden Basare, Dinnerabende oder Verlosungen veranstaltet. Man vermeidet aber tunlichst, mit den Empfängern der Wohltätigkeit direkt in Berührung zu kommen. »Charity« ist deshalb zu einem Symbol für die Herablassung der Reichen gegenüber den Armen geworden. So ist es hier auch gemeint.

Schlussplädoyer

Lassen Sie mich kurz zusammenfassen, welche Verfehlungen wir dem magischen Denken vorwerfen können:

- Es behindert den medizinischen Fortschritt. Es hält unwirksame Behandlungsmethoden am Leben und verringert das Budget der Krankenkassen für wirksame Behandlungen.
- Es hilft Betrügern beim Verkauf unwirksamer Medizin oder »zauberkräftiger« Gegenstände.
- Es schafft einen Markt für unsinnige esoterische Bücher und Seminare.
- Es hat die Hexenjagden im Europa der frühen Neuzeit legitimiert und ist für den Tod hunderttausender angeblicher Hexen rund um den Globus verantwortlich.
- Es behindert den wissenschaftlichen Fortschritt und verwirrt die Köpfe der Wissenschaftler.
- Es macht die Religion erst möglich. Viele gegenwärtige Religionen machen den Menschen schädliche Versprechen, verlangen ihnen Geld, Energie und Glaubensbekenntnisse ab, sollen Herrschaft legitimieren und dienen als Vorwand für Kriege und Terrorangriffe.

Die negativen Auswirkungen des magischen Denkens haben also eine erschreckende Tragweite. Beihilfe zum Massenmord, Beihilfe zum Betrug, Beihilfe zur Körperverletzung durch falsche medizinische Behandlung – diese Anklagepunkte allein würden für eine lebenslängliche Verbannung aus dem Denken der Menschen bereits ausreichen. Aber es gibt auch mildernde Umstände: Magisches Denken ist ein uraltes Erbe des Menschen, bedingt durch die Strukturen des Primatengehirns. Es entsteht im Spannungsfeld des Erfahrungssystems und des analytisch-rationalen Systems und ist deshalb unvermeidlich. Seine dauerhafte Verbannung wird uns niemals gelingen. Aber das heißt nicht, dass wir das Feld kampflos räumen müssen. Anders als die Vulkanier im »Startrek«-Universum müssen Menschen lernen, mit der Neigung zu magischem Denken zu leben. Dabei helfen uns Logik und ein gesundes Urteilsvermögen.

Leider ist Logik kein Schulfach, wir bringen den Kindern kaum die Grundlagen logischer Schlüsse bei. Wir zeigen ihnen nicht, wie man Trugschlüsse erkennt und vermeidet. Wenn alle Schwäne weiß sind, sind dann alle Nicht-Schwäne nicht weiß?

Naturwissenschaften haben in Deutschland noch immer einen geringen Stellenwert in den Schulen. Unser Weltbild, ja unsere gesamte Lebensweise beruht auf den Erkenntnissen der Chemie, der Physik und der wissenschaftlichen Medizin. Aber wer hat in der Schule von Karl Popper gehört, dem Wissenschaftsphilosophen, der die anerkannten Grundsätze wissenschaftlicher Theorien formuliert hat?

Beschweren wir uns also nicht, dass unser uraltes Erbe, das magische Denken, die Oberhand behält, wenn wir Vernunft und Logik nicht trainieren. Eine Fähigkeit, die wir nicht üben, liegt brach. Und wenn wir schon dabei sind: Was ist mit der Rhetorik? Schon im Altertum war die Redekunst hochgeschätzt, noch immer rühmt man den römischen Anwalt und Politiker Marcus Tullius Cicero als einen Meister dieses Fachs. Heutzutage lernen nur Verkäufer und Politiker das Reden, genauer gesagt das Überreden – und das ist ein Gegensatz wie fahren und überfahren. Unsere Kinder sollten lernen, welches die Werkzeuge und Kniffe der Rede sind, wie sie eine Argumentation aufbauen und wie sie Menschen überzeugen. Wer Fahren gelernt hat, wird nicht so leicht überfahren, und wer Reden gelernt hat, lässt sich nicht so leicht überreden.

Der menschliche Verstand ist ein äußerst kompliziertes Gebilde und hat viele Dimensionen. Naturwissenschaftler mögen in ihrem Beruf streng rational denken, aber trotzdem an die heilende Wirkung von Gebeten oder Amuletten glauben. Nahezu alle menschlichen Ansichten, Einsichten und Entscheidungen werden von dem Verhältnis der Menschen untereinander stärker beeinflusst als von der Vernunft. Den meisten Menschen fällt es schwer, einen Irrtum einzugestehen, ganz so, als ob ihr Ansehen leiden würde, wenn sie ihre Unvollkommenheit zugeben. Nicht zuletzt fühlen sich Menschen wohler, wenn ihre Ansicht mit der anderer Menschen übereinstimmt. Inmitten einer religiös geprägten Gesellschaft ist es beispielsweise schwer, den Atheismus zu vertreten. Magisches Denken entspringt normalen menschlichen Denkvorgängen. Es ist deshalb intuitiv plausibel und weit verbreitet. Wenn also eine breite Mehrheit Magie in der Medizin oder Wundertaten von Heiligen als Realität anerkennt, kämpfen Vertreter der reinen Vernunft auf verlorenem Posten.

Viel zu oft benutzen Menschen ihre Vernunft nicht etwa, um sich eine Meinung zu bilden, sondern um eine auf nicht-vernünftige Weise erlangte Meinung zu verteidigen. Das gilt besonders dort, wo zwischen vielen Menschen ein Konsens gesucht werden muss. Unsere Demokratie lebt vom Kompromiss, nicht von der Vernunft. In einer Regierung gilt derjenige als stark, der sich durchsetzt, ganz gleich, ob er in der Sache recht hat. Er gewinnt an Einfluss, weil die Menschen seiner Umgebung sich ihm anschließen. Dabei gehen sie nicht davon aus, dass er in irgendeiner Sache recht hat, nein, er hat lediglich die Macht, seinen Anhängern Vorteile zu verschaffen. Auch wenn dieser Mechanismus allgemein bekannt ist, so spricht man nicht darüber. Es gilt als ungehörig, offen die eigene Klientel zu begünstigen. Also arbeiten Politiker, Wirtschaftsführer und Lobbyisten immer wieder mit scheinrationalen Argumenten, die in Wahrheit nur ihre Suche nach persönlichen Vorteilen bemänteln sollen. Es geht nicht um die Sache, sondern um Aufstieg, Macht, Geld und Ansehen.

Hat also die Vernunft keine Chance? Wird der Mensch beispielsweise alle Rohstoffe rücksichtslos ausbeuten und die Temperaturen auf der Erde weiter hochtreiben? Wird die Zivilisation letztlich zusammenbrechen, weil alles Öl, alles Kupfer und alles Silber aufgebraucht und die Küstenstädte im Meer versunken sind?

Wir werden sehen. Auf Dauer werden das magische Denken und die Unvernunft nachlassen müssen, wenn die Menschen überleben wollen. Sonst kann es sein, dass die rationale Intelligenz sich letztlich als Fehlschlag der Evolution erweist. Nicht etwa, weil sie an sich nicht überlebensfähig wäre, sondern weil sie sich nicht genügend gegen die alten Denkstrukturen durchgesetzt hat.

Dieses Buch versucht, die Entstehung, die Wege und die Folgen magischen Denkens deutlich zu machen. Aber reicht das schon, um die Unvernunft zurückzudrängen? Lassen Sie mich mit einer Fabel antworten:

Ein weiser Mann sah einst einen Spatz auf dem Boden liegen, der die Füße gegen den Himmel gerichtet hatte. »Was tust du da?«, fragte er ihn. »Ich habe gehört, der Himmel soll herunterfallen«, antwortete der Spatz. »Was kannst du kleiner Vogel schon dagegen ausrichten?«, fragte der Weise weiter. »Nun«, sagte der Spatz, »man tut, was man kann.«

Anhang:

Echte Zaubersprüche

Die Zaubersprüche aus den Harry-Potter-Büchern bestehen aus einem oder zwei lateinischen Worten. Die Grammatik und Bedeutung sind stets korrekt, die Autorin Joanne Kathleen Rowling hat schließlich Altphilologie studiert. Die deutsche Nachwuchshexe Bibi Blocksberg aus der gleichnamigen Hörspielreihe zaubert mittels zweizeiliger Knittelverse, an die sich ein »hex, hex!« anschließt. Der Zauberer Gandalf aus dem Buch *Der Herr der Ringe* wirkt seine Zauber dagegen meist wortlos.

Aber wie sehen eigentlich »echte« Zaubersprüche aus? Zunächst einmal waren sie meist wesentlich umfangreicher. Die Zaubersprüche in den modernen Büchern und Filmen erzielen sofort einen – meist spektakulären – Effekt, die tatsächlichen Zaubersprüche blieben natürlich ohne jede unmittelbare Wirkung. Sie waren vielmehr Teil eines feierlichen Rituals, das bestimmte Gegenstände wie beispielsweise geweihte Kerzen und eine genau festgelegte Handlungsfolge (Anzünden der Kerzen, rituelle Reinigung, Handauflegen etc.) umfasste. Die Wirkung der Zauberrituale war ausschließlich psychologischer Natur, deshalb konnte der Ablauf gar nicht eindrucksvoll genug sein. Natürlich musste der Zauberkundige, der dieses Ritual ausführte, über große Autorität und einen ausgezeichneten Leumund verfügen, fromm sein (sonst würde Gott die Hilfe verweigern) und am besten mit viel Erfahrung und Menschenkenntnis ausgestattet sein.

Die ältesten Dokumente in deutscher Spache sind heidnische Beschwörungsformeln, die sogenannten Merseburger Zaubersprüche. Hier als Beispiel der zweite Spruch:

Originaltext:

Phol ende uuodan uuorun zi holza.
du uuart demo balderes uolon sin uuoz birenkit.
thu biguol en sinthgunt, sunna era suister;
thu biguol en friia, uolla era suister;
thu biguol en uuodan, so he uuola conda:

sose benrenki, sose bluotrenki, sose lidirenki:
ben zi bena, bluot zi bluoda, lid zi geliden,
sose gelimida sin.

Übersetzung:

Phol und Wodan ritten ins Holz.
Da ward dem Fohlen Balders der Fuß verrenkt.
Da besprach ihn Sinthgunt [und] Sunna, ihre Schwester,
Da besprach ihn Frija [und] Volla, ihre Schwester,
Da besprach ihn Wodan, wie [nur] er es verstand:

So Knochenrenke wie Blutrenke wie Gliedrenke:
Bein zu Bein, Blut zu Blut, Glied zu Gliedern,
als ob geleimt sie seien!

Der Spruch erzählt die Geschichte von zwei Göttern und einer übernatürlichen Wundheilung. Damit schafft er einen Rahmen für den nachfolgenden Heilungsbefehl. Dieser Aufbau ist typisch für viele der damals verwendeten Sprüche. Während die Kirche von Anfang an heidnische Zaubersprüche als Aberglauben ablehnte, tolerierte sie eine breite Grauzone von Segenssprüchen, in denen Engel, Heilige, die Jungfrau Maria, Jesus oder Gott als Helfer angerufen wurden. Priester und Mönche beteiligten sich oft genug selbst an Beschwörungs- oder Segnungszeremonien, auch wenn das offiziell nicht gerne gesehen wurde. Die Germanistin Verena Holzmann hat mehrere hundert deutsche Zaubersprüche untersucht und teilt sie in vier verschiedene Formen ein: befehlende, erzählende, vergleichende und bittende. Die allermeisten davon befassen sich mit der Heilung von Krankheiten. Es sind aber auch Viehsegen oder Liebeszauber überliefert. Hier das Beispiel eines Liebeszaubers aus dem 15. Jahrhundert: Zunächst soll man an einem Freitagmorgen bei Sonnenaufgang eine Nessel suchen, mit dem Namen der Geliebten ansprechen und mit Salz besprengen. Bei Sonnenuntergang kommt man wieder, gräbt die Nessel mit der Wurzel aus und verbrennt sie im Kamin. Dazu spricht man folgende Worte:

Oel vnd amel vnd ingimm [unklar, vermutlich eine Art Liebesgeister]
ich beswer üch vnd gebüt üch [euch]
als diese nesel hie brinnet in der haisen eschen
das ir also machent zerbrinnen [verbrennen]
in hertzen vnd in sinnen
das jr nimer ruo [Ruhe] mogent gewinnen
vnd haben bis das sie drinnen
wil laun [Glück] bringen in der minnen.

Eventuelle Erfolge sind nicht überliefert.

Die reinen Befehlssprüche bezogen sich gerne auf höhere Autoritäten. Hier ein Wurmsegen aus dem 15. Jahrhundert: Zunächst mussten fünf Vaterunser, fünf Ave-Maria und das Glaubensbekenntnis gebetet werden (»Sprich V paternoster und V ave maria vnd din gobin«). Danach sollte man sagen:

Du syest ein wurm oder ein würmin
so bute ich dier by der kraft got des vatters
got des sunß [Sohnes] vnd got des hailgen gaist
dz du dem flaisch vnd bluot vnd kain (l. bain) kain schad syest.

Wurmsegen waren sehr beliebt, denn die mittelalterliche Volksmedizin sah Würmer beiderlei Geschlechts als Verursacher vieler

Krankheiten an. Der Zahnwurm beispielsweise verursachte Zahnschmerzen, und der Magenwurm löste nagenden Hunger aus.

Wenn ein Priester die Segenszeremonie vornahm, wählte er natürlich lieber lateinische Sprüche, so wie der gesamte Gottesdienst im Mittelalter in lateinischer Sprache abgehalten wurde. Die Menschen seiner Gemeinde verstanden die offiziellen Zeremonien der Messe sowieso nicht. Für sie war eine lateinische Messe eine Abfolge von magischen Sprüchen und Gesängen. In ihrer Vorstellung war Gottes Wirken mit magischen Heils- oder Schadenswirkungen untrennbar verknüpft.

Was geschah nun, wenn ein Zauber ohne Wirkung blieb? Wenn sich die heimlich Angebetete immer noch nicht erweichen ließ, der Krankheitswurm hartnäckig weiternagte und das Vieh trotz Segens nicht gedeihen wollte? Besannen sich die Menschen auf natürliche Ursachen, oder verloren sie das Vertrauen zu dem Priester oder der weisen Frau, die sie für den Zauber gerufen hatten? Meistens nicht, vielmehr taten sie das, was die Menschen heute auch tun, wenn irgendetwas nicht funktioniert:

Sie hielten die Zeremonie noch einmal ab, diesmal unter peinlich genauer Einhaltung aller Regeln.

Literaturhinweise

Auf den folgenden Seiten finden Sie Literaturhinweise zu den behandelten Themengebieten. Es handelt sich ausdrücklich nicht um das Literaturverzeichnis einer wissenschaftlichen Arbeit. Die Hinweise sollen die Leser lediglich dazu anregen, die angerissenen Themen zu vertiefen, und sie geben die Herkunft solcher Informationen an, die nicht in jedem guten Lexikon nachzulesen sind. Die Autoren der wissenschaftlichen Artikel, auf die ich hinweise, haben ihre Arbeiten in vielen Fällen als Dateien zugänglich gemacht. Verweise auf Internet-Artikel oder die Online-Ausgaben von Zeitungen enthalten zuerst das Datum der Erstellung, wenn zugänglich, und immer das Datum meines Abrufs.

Was ist magisches Denken?

Tower, Tower-Raben, London Stone

Boris Sax: How Ravens came to the Tower of London. Society & Animals (2007) 15(3), 269-283

Maev Kennedy: Tower's raven mythology may be a Victorian flight of fantasy. The Guardian, 15.11.2004
http://www.guardian.co.uk/uk/2004/nov/15/britishidentity.artsandhumanities 29.3.2008

Sean Coughlan: London's Heart of Stone. BBC News Magazine, 22.5.2006
http://news.bbc.co.uk/1/hi/magazine/4997470.stm 29.3.2008

Wikipedia (e): London Stone, 5.3.2008
http://en.wikipedia.org/wiki/London_Stone, 29.3.2008

Astrologie

Umfrage: Jüngere glauben eher an die Sterne als Ältere, Lausitzer Rundschau, 21.1.2008 http://www.lr-online.de/leben/Lebens-Stil-Gesellschaft-Astrologie;art841,1909846

Magisches Denken

Bruce Hood: The intuitive Magician. Cerebrum. Juli/August 2006 http://www.dana.org/news/cerebrum/detail.aspx?id=114 29.3.2008

James George Frazer: Der Goldene Zweig (Kurzfassung). Das Geheimnis von Glauben und Sitten der Völker. 5. Auflage, Reinbek bei Hamburg, 2004

Seymour Epstein: Cognitive-experiential self-theory of personality. In: Millon, T. & Lerner, M. J. (Eds), Comprehensive Handbook of Psychology, Volume 5: Personality and Social Psychology, 159-184. Hoboken, NJ: Wiley & Sons, 2003

Jane L. Risen, Thomas Gilovich: Why People Are Reluctant to Tempt Fate. Journal of Personality and Social Psychology (2008) 95(2), 293-307

Emily Pronin, Daniel M. Wegner and Kimberley McCarthy, Sylvia Rodriguez: Everyday Magical Powers: The Role of Apparent Mental Causation in the Overestimation of Personal Influence. Journal of Personality and Social Psychology (2006) 91(2), 218-231

Danielle Einstein, Ross Menzies: The presence of magical thinking in obsessive compulsive disorder. Behaviour Research and Therapy (2004) 42, 539-549

Loren J. Chapman, Jean P. Chapman, Eric N. Miller: Reliabilities and Intercorrelations of Eight Measures of Proneness to Psychosis. Journal of Consulting and Clinical Psychology (1982) 50(2), 187-195

Mark Eckblad, Loren J. Chapman: Magical Ideation as an Indicator of Schizotypy. Journal of Consulting and Clinical Psychology (1983) 51(2), 215-225

Loren J. Chapman, Jean P. Chapman, Thomas R. Kwapil, Mark Eckblad, and Michael C. Zinser: Putatively Psychosis-Prone Subjects 10 Years Later. Journal of Abnormal Psychology (1994) 1003(2), 171-183

Umfassende Definition des Magischen Denkens:

Leonard Zusne und Warren H. Jones: Anomastic Psychology - A Study of Magical Thinking. 2. Auflage 1989, Hillsdale, New Jersey, 13

Voodoo-Puppe von Sarkozy darf verkauft werden. SPIEGEL Online 28.11.2008. http://www.spiegel.de/panorama/leute/0,1518,593395,00.html 15.12.2008

Wie entsteht magisches Denken?

Stuart A. Vyse: Believing in Magic. The Psychology of Superstition. New York 1997, S. 16-19

Umfragen

UFOs, Astrologie, moderne Mythen: Der Glaube an Phänomene, die nicht bewiesen sind, ist weit verbreitet. Chrismon 06/2001 http://www.chrismon.de/1065.php 28.05.2008

Most Believe in Psychic Phenomena. CBS news. Umfrage 28.4.2002 http://www.cbsnews.com/stories/2002/04/29/opinion/polls/main507515.shtml 28.05.2008

Allensbach-Umfrage: Gute und ungute Vorzeichen. Aberglauben existiert weiter. Februar/März 2005 http://www.ifd-allensbach.de/news/prd_0507.html 13.12.2008

Lernen durch Konditionierung und am Erfolg

Burrhus F. Skinner: ›Superstition‹ in the pigeon. Journal of Experimental Psychology (1948) 38, 168-172

William Timberlake, Gary A. Lucas: The basis of superstitious behavior: chance contingency, stimulus substitution, or appetitive behavior? Journal of the experimental analysis of behavior (1985) 44, 297–299

Deborah Skinner Buzan: I was not a lab rat. The Guardian 12.3.2004 http://www.guardian.co.uk/education/2004/mar/12/highereducation.uk 14.6.2009

Koichi Ono: Superstitious behavior in humans. Journal of the Experimental Analysis of Behavior (1987) 47, 261-271

Arthur Koestler: Die Herren Call-Girls. Satirischer Roman, München, Zürich 1975, S. 108

Das Gehirn und das Unbekannte

Elliot Aronson, Timothy D. Wilson, Robin M. Akert: Sozialpsychologie. 4. Auflage, München 2004

Die Magie im Weltbild der Kinder

Kesselring, Thomas: Jean Piaget. München 1999

Jean Piaget, Bärbel Inhelder: La psychologie de l'enfant, Paris 1966

Karl S. Rosengren, Anne K. Hicklung: Metamorphosis and Magic: The Development of Children's Thinking About Possible Events and Plausible Mechanisms. In: *Karl S. Rosengren, Carl N. Johnson and Paul L. Harris*: Imagining the Impossible. Magical, Scientific and Religious Thinking in Children. Cambridge 2000

Marjorie Tayler, Stefanie M. Carlson: The Influence of Religious Beliefs on Parental Attitudes about Children's Fantasy Behaviour. In: *Karl S. Rosengren, Carl N. Johnson and Paul L. Harris*: Imagining the Impossible. Magical, Scientific and Religious Thinking in Children. Cambridge 2000

Jacqueline D. Woolley, Victoria Cox: Development of beliefs about storybook reality. Developmental Science (2007) 10(5)5, 681–693

Wissen und Erfahrung

John P.J. Pinel, Paul Pauli: Biopsychologie. Kapitel 7: Mechanismen der Wahrnehmung, des Bewusstseins und der Aufmerksamkeit. München 2007

Laura A. King, Chad M. Burton, Joshua A. Hicks, Stephen M. Drigotas: Ghosts, UFOs, and Magic: Positive Affect and the Experiential System. Journal of Personality and Social Psychology (2007) 92(5), 905-919

Richard K. Coll, Mark C. Lay, Neil Taylor: Scientists and Scientific Thinking: Understanding Scientific Thinking Through an Investigation of Scientists Views About Superstitions and Religious Beliefs. Eurasia Journal of Mathematics, Science & Technology Education (2008) 4(3), 197-214

Die Unbeständigkeit der Erinnerung

Robert F. Schmidt, Florian Lang: Physiologie des Menschen. 30. Auflage, Heidelberg 2007, 223ff

F. Vargha-Khadem, D.G. Gadian, K. E. Watkins, A. Connelly, W. Van Paesschen, M. Mishkin: Differential Effects of Early Hippocampal Pathology on Episodic and Semantic Memory. Science (1997) 277 (5324), 376

Elizabeth Loftus: Our changeable memories: legal and practical implications. Nature Reviews Neuroscience (2003) 4(3), 231-234

Demis Hassabis, Eleanor A. Maguire: Deconstructing episodic memory with construction. Trends in Cognitive Sciences (2007) 11, 299-306

Arnaud d'Argembeau, Martial Van der Linden: Phenomenal characteristics associated with projecting oneself back into the past and forward into the future: Influence of valence and temporal distance. Consciousness and Cognition (2004) 13, 844-858

Karl K. Szpunar, Kathleen B. McDermott: Remembering the Past to Imagine the Future. Cerebrum (2007) Januar/Februar http://www.dana.org

Daniel L. Schacter, Donna Rose Addis: The ghosts of past and future. Nature (2007) 445, 27

Hans J. Markowitsch: Dem Gedächtnis auf der Spur. Vom Erinnern und Vergessen. Darmstadt 2002

Karl K. Szpunar, Jason M. Watson, Kathleen B. McDermott: Neural substrates of envisioning the future. Proceedings of the National Academy of Science USA (2007) 104, 642-647

Donna Rose Addis, Alana T. Wong, Daniel L. Schacter: Remembering the past and imagining the future: Common and distinct neural substrates during event construction and elaboration. Neuropsychologia (2007) 45, 1363-1377

Daniel L. Schacter, Donna Rose Addis: The cognitive neuroscience of constructive memory: remembering the past and imagining the future. Philosophical Transactions of the Royal Society B (2007) 362, 773-786

Randy L. Buckner, Daniel C. Carroll: Self-Projection and the Brain. Trends in Cognitive Sciences (2007) 11, 49-57

Daniel T. Gilbert, Timothy D. Wilson: Prospection: Experiencing the Future. Science (2007) 317, 1351-1354

Sachverständigenrat zur Begutachtung der wirtschaftlichen Entwicklung: Jahresgutachten 2007/2008 »Das Erreichte nicht verspielen« 7.11. 2007
http://www.sachverstaendigenrat-wirtschaft.de/gutacht/ga-content.php?gaid=52&node=f 14.6.2009

Die Unerträglichkeit des Zufalls

Anton Zeilinger: Einsteins Schleier. Die neue Welt der Quantenphysik. München 2003

Jennifer A. Whitson, Adam D. Galinsky: Lacking Control Increases Illusory Pattern Perception. Science (2008) 322, 115-117

Bernhard Maria Reuter, Martin Kurthen, Detlef Bernhard Linke: Kausalität und Synchronizität. Zum psychophysischen Problem. Analytische Psychologie (1990) 21, 286-308

Nassim Nicholas Taleb: Fooled by Randomness. The Hidden Role of Chance in Life and in the Markets. 2nd Edition, London 2007

Victoria M. White, Dallas R. English, Hamish Coates, Magdalena Lagerlund, Ron Borland, and Graham G. Giles: Is Cancer Risk Associated With Anger Control and Negative Affect? Findings From a Prospective Cohort Study. Psychosomatic Medicine (2007) 69, 667-674

A.B. Zonderman, P.T. Costa, R. R. McCrae: Depression as a risk for cancer morbidity and mortality in a nationally representative sample. Journal of the American Medical Association (1989) 262(9)

Steffen Nestler, Hartmut Blank, Gernot von Collani: Hindsight Bias Doesn't Always Come Easy: Causal Models, Cognitive Effort, and Creeping Determinism. Journal of Experimental Psychology (2008) 34, 1043-1054

Mark V. Pezzo: Surprise, defense or making sense: What removes the hindsight bias? Memory (2003) 11, 421-441

Rituale und magisches Denken

Stuart A. Vyse: Believing in Magic. The Psychology of Superstition. New York 1997, 3ff

Kondom an den Füßen: Aberglaube im Fußball. Spiegel Online. 6.9.2006 http://www.spiegel.de/sport/fussball/1,1518,434765,00.html 14.6.2009

Derek E. Lyons, Andrew G. Young, Frank C. Keil: The hidden structure of overimitation. Proceedings of the National Academy of Science (2007) 104, 19751-19756

Paul Bloom, Deena Skolnick Weisberg: Childhood Origins of Adult Resistance to Science. Science (2007) 316, 996-997

Pascal Boyer: Und Mensch schuf Gott. Stuttgart 2004, 282-321

Epilepsie/Zungenreden/ekstatische Religionen

Joseph Pohle: The Real Presence of Christ in the Eucharist. The Catholic Encyclopedia. Vol. 5. New York 1909 http://www.newadvent.org/cathen/05573a.htm 31.5.2008

Enzyklika »Mysterium Fidei«. Encyclical of Pope Paul VI on the holy eucharist. 3.9.1965 http://www.vatican.va/holy_father/paul_vi/encyclicals/documents/hf_p-vi_enc_03091965_mysterium_en.html 31.5.2008

Richard Dawkins: The God Delusion. London 2006, 178

Borislaw Malinowski: Magie, Wissenschaft und Religion. Frankfurt 1973, 3

L. Carlyle May: A Survey of Glossolalia and Related Phenomena in Non-Christian Religions. American Anthropologist (1956) 58, 75-96

Walter J. Hollenweger: Der Heilige Geist, zum Greifen nahe. DIE ZEIT, Nr. 21, 20.5.1988

Hansen B.A., Brodtkorb E.: Partial epilepsy with »ecstatic« seizures. Epilepsy & Behavior (2003) 3, 667- 673

Roy Porter: Die Kunst des Heilens. Eine medizinische Geschichte der Menschheit von der Antike bis heute. Heidelberg/Berlin 2000, 113

Andrew B. Newberg, Nancy A. Wintering, Donna Morgana, Mark R. Waldman: The measurement of regional cerebral blood flow during glossolalia: A preliminary SPECT study. Psychiatry Research: Neuroimaging (2006) 148, 67-71

Michael A. Persinger: Religious and mystical experiences as artifacts of temporal lobe function: a general hypothesis. Perception Motor Skills (1983) 57, 1255-1262

Geisteskrankheit und magisches Denken

Schizophrenie

Klaus Conrad: Die beginnende Schizophrenie. Versuch einer Gestaltanalyse des Wahns. 6. Auflage, Stuttgart/New York 1992

Michael Ludwig: Vor dem Weltuntergang gerettet. FAZ.NET 3.4.2008

Russischer Sektenguru wollte sich offenbar umbringen. ORF.at 3.4.2008 http://news.orf.at/?href=http%3A%2F%2Fnews.orf.at%2Fticker%2F285182.html

Ulf Mauder: Drama spitzt sich zu. Russische Erdlochsekte. 13.4.2008. http://www.n-tv.de/948185.html 24.2.2009

Letzte Sektenmitglieder verlassen Erdloch. SPIEGEL Online 16.5.2008 http://www.spiegel.de/panorama/0,1518,553641,00.html

Johnny Erling: Die Politik Pekings ist schizophren. WELT ONLINE 21.3.2008
http://www.welt.de/politik/article1825158/Die_Politik_Pekings_ist_schizophren.html

Zwangsstörungen

Hans-Jürgen Möller, Gerd Laux, Arno Deister: Psychiatrie und Psychotherapie. 2. Auflage, Stuttgart 2001, 125ff

Richard Moulding, Michael Kyrios: Anxiety disorders and control related beliefs: the exemplar of Obsessive-Compulsive Disorder (OCD). Clinical Psychology Review (2006) 26, 573-583

Laura Bocci, P. Kenneth Gordon: Does magical thinking produce neutralising behaviour? An experimental investigation. Behaviour Research and Therapy (2007) 45, 1823-1833

Fallstudien: Magier, Hellseher und Finanzzauberer

Cagliostro

Gregor Eisenhauer: Scharlatane. Zehn Fallstudien. Frankfurt 1994, 137ff

Alessandro Cagliostro: An old story newly told. New York Times 17.2.1878

Nostradamus

James Randi: The Mask of Nostradamus. New York 2002

Peter Lemesurier: http://www.nostradamus500.com/GenFAQs.htm 23.2.2009

Uri Geller

Milbourne Christopher: Geister, Götter, Gabelbieger. Die Tricks der PSI-Begabten. München 1982

Ulli Kulke: Auf Biegen und Brechen. Die Welt 7.11. 2007 http://www.welt.de/print-welt/article352809/Auf_Biegen_und_Brechen.html. 28.5.2008

Björn Erichsen: Trauerspiel mit Löffel. 8.1.2008 http://www.stern.de/unterhaltung/tv/:Uri-Geller-Trauerspiel-L%F6ffel/607221.html?vs=1 28.5.2008

Robert Vesco

Howard Chua-Eoan: The Predator's Fall. Time Magazine 19.6.1995 http://www.time.com/time/magazine/article/0,9171,983051-4,00.html 28.5.2008

Willi Winkler: Abschied eines Gaukelanten. Süddeutsche Zeitung, 24.5.2008

Marc Lacey, Jonathan Kandell: A Last Vanishing Act for Robert Vesco, Fugitive. New York Times 3.5.2008 http://www.nytimes.com/2008/05/03/world/americas/03vesco.html 28.5.2008

Obituaries: Robert Vesco. Telegraph.co.uk. 9.5.2008 http://www.telegraph.co.uk/news/obituaries/1942628/Robert-Vesco.html 28.5.2008

Hexen und ihre Jäger

Johannes Scherr: Deutsche Kultur- und Sittengeschichte. Wiesbaden 1897

Ronald Hutton: The Triumph of the Moon. A History of Modern Pagan Witchcraft. Oxford 1999

Carlo Ginzburg: Hexensabbat. Entzifferung einer nächtlichen Geschichte. Berlin 2005

Frohne und Pfänder: Giftpflanzen. Ein Handbuch für Apotheker, Ärzte, Toxikologen und Biologen. Wissenschaftliche Verlagsgesellschaft mbH, 4. Auflage, Stuttgart 1997, 358ff

Christoph Daxelmüller: Zauberpraktiken. Die Ideengeschichte der Magie. Düsseldorf 2005, 98, 102ff

Daniela Hacke: Liebeszauber. In: Lexikon zur Geschichte der Hexenverfolgung, hrsg. v. Gudrun Gersmann, Katrin Moeller und Jürgen-Michael Schmidt: historicum.net, 1.4.2008 http://www.historicum.net/no_cache/persistent/artikel/5764/ 10.6.2008

Christa Tuczay: Amulette und Talismane. In: Lexikon zur Geschichte der Hexenverfolgung, hrsg. v. Gudrun Gersmann, Katrin Moeller und Jürgen-Michael Schmidt: historicum.net, 6.11.2007 http://www.historicum.net/no_cache/persistent/artikel/5577/ 10.6.2008

Christa Tuczay: Magie und Magier im Mittelalter. München 2003

Martin Luther über Hexen

Wolfgang Behringer (Hrsg.): Hexen und Hexenprozesse in Deutschland. Dokument 61. München 2001

Rainer Decker: Die Päpste und die Hexen. Aus den geheimen Akten der Inquisition. Darmstadt 2003

Dillinger, Johannes: Binsfeld, Peter. Aus: Lexikon zur Geschichte der Hexenverfolgung, hrsg. v. Gudrun Gersmann, Katrin Moeller und Jürgen-Michael Schmidt: historicum.net, 9.6.2006 http://www.historicum.net/no_cache/persistent/artikel/1582/ 23.2.2009

Rainer Decker: Hexenjagd in Deutschland. Darmstadt 2006

Lyndal Roper: Hexenwahn. Geschichte einer Verfolgung. München 2007

Brian L. Levack: Hexenjagd. Die Geschichte der Hexenverfolgungen in Europa. München 1999

Aktuelle Hexenmeldungen

Pandey, Choudhary: Women assaulted for practising witchcraft. The Times of India. 19.6.2008 http://timesofindia.indiatimes.com/Cities/Patna/Women_assaulted_for_practising_witchcraft/articleshow/3143853.cms 14.6.2009

Reuters India, Family buried alive in Assam for witchcraft. 11.6.2008 http://in.reuters.com/article/topNews/idINIndia-34008420080611 14.6.2009

Nepalnews.com AG, Girl accused of witchcraft paraded naked in village. 19.6.2008 http://www.nepalnews.com/archive/2008/jun/jun19/news03.php 14.6.2009

Medizin und Magie

Wolfgang U. Eckart: Geschichte der Medizin. Berlin 2008

Erwin H. Ackerknecht, Axel H. Murken: Geschichte der Medizin. Stuttgart 2002

Roy Porter: Die Kunst des Heilens. Eine medizinische Geschichte der Menschheit von der Antike bis heute. Berlin 2007

Jürgen Thorward: Macht und Geheimnis der frühen Ärzte. Ägypten, Babylonien, Indien, China, Mexiko, Peru. München 1967

Heinz Schott: »Lebensgeist« Alchimist in unserem Bauch. Geschichte der Medizin: Menschenbild des Paracelsus und seine Nachwirkungen. Deutsches Ärzteblatt (2001) 16. Februar, Jg. 98 (7), A383ff

Kreuter, Peter Mario: Paracelsus (Theophrastus Bombast von Hohenheim). Aus: Lexikon zur Geschichte der Hexenverfolgung, hrsg. v. Gudrun Gersmann, Katrin Moeller und Jürgen-Michael Schmidt historicum.net, 12.2.2009
http://www.historicum.net/no_cache/persistent/artikel/4499/

Simon Singh, Edzard Ernst: Trick or Treatment, Alternative Medicine on Trial. London 2008

Aijing Shang et al.: Are the clinical effects of homoeopathy placebo effects? Comparative study of placebo-controlled trials of homoeopathy and allopathy. Lancet (2005) 366, 726-732

Robert W. McCarney, James Warner, Peter Fisher, Robbert van Haselen: Homeopathy for dementia. Cochrane Database of Systematic Reviews (2003) 1, CD003803

Robert W. McCarney, Klaus Linde, Toby J. Lasserson: Homeopathy for chronic asthma. Cochrane Database of Systematic Reviews (2004) 1, CD000353

Morag Heirs, Mike Emmans Dean: Homeopathy for attention deficit/hyperactivity disorder or hyperkinetic disorder. Cochrane Database of Systematic Reviews (2007) 4, CD005648

Otto Prokop, Wolf Wimmer: Der moderne Okkultismus. Parapsychologie und Paramedizin. München 2006, 58ff

Colin Goldner: Offenbart in »mystischer Schau«. Süddeutsche Zeitung 26.3.2007
http://www.sueddeutsche.de/gesundheit/394/379199/text/ 17.2.2009

Bundesministerium der Justiz: Gesetz über den Verkehr mit Arzneimitteln. http://bundesrecht.juris.de/amg_1976/index.html 17.2.2009

Bundesministerium der Justiz: Gesetz über die berufsmäßige Ausübung der Heilkunde ohne Bestallung (Heilpraktikergesetz)
http://www.gesetze-im-internet.de/heilprg/BJNR002510939.html 12.2.2009

Samuel Hahnemann: Werke bei Zeno.org.
http://www.zeno.org/Kulturgeschichte/M/Hahnemann,+Samuel 12.2.2009

K. B. Thomas: The consultation and the therapeutic illusion. British Medical Journal (1978) 20 May, 1327-1328

John A. Astin, Ariane Marie, Kenneth R. Pelletier, Erik Hansen, William L. Haskell: Review of the Incorporation of Complementary and Alternative Medicine by Mainstream Physicians. Archives of Internal Medicine (1998) 158, 2303-2310

Asbjorn Hrobjartsson, Peter C. Gotzsche: Is Placebo Powerless? An Analysis of Clinical Trials Comparing Placebo with No Treatment. The New England Journal of Medicine (2001) 344, 1594-1602

Ted J. Kaptchuk et al.: Components of placebo effect: randomised controlled trial in patients with irritable bowel syndrome. British Medical Journal (2008) 336 (7651), 999-1003

Gerac-Studie: http://www.gerac.de 17.2.2009

Geschäftsbericht der Delton-Gruppe: 12.2.2009
http://www.delton.de/files/publikationen/geschaeftsbericht_2007_deutsch.pdf

Die Verlockungen der Esoterik

Kocku von Stuckrad: Was ist Esoterik? Kleine Geschichte des geheimen Wissens. München 2004

Martin Lambeck: Irrt die Physik? Über alternative Medizin und Esoterik. München 2005

Wikipedia contributors, ›Cosmic microwave background radiation‹, Wikipedia, The Free Encyclopedia, 22.2.2009 http://en.wikipedia.org/w/index.php?title=Cosmic_microwave_background_radiation&oldid=272516525 24.2.2009

Carl Huffman: Pythagoras. Stanford Encylopedia of Philosophy. 8.10.2006 http://plato.stanford.edu/entries/pythagoras/ 14.5.2009

Carl Huffman: Pythagoreanism. Stanford Encylopedia of Philosophy. 20.3.2006 http://plato.stanford.edu/entries/pythagoreanism/ 14.5.2009

Geister, Götter und Dämonen

Richard Dawkins: The God Delusion. London 2006

Jan Harold Brunvand: The Vanishing Hitchhiker. American Urban Legends and their Meanings. New York, London 1981

David Sloane Wilson: Darwin's Cathedral. Evolution, Religion, and the Nature of Society. Chicago 2002

Daniel C. Dennett: Breaking the Spell. Religion as a Natural Phenomenon. New York 2006

Justin L. Barrett: Exploring the natural foundations of religion. Trends in Cognitive Sciences (2000) 4(1), 29-34

Jesse Bering: Never Say Die: Why We Can't Imagine Death. Scientific American Mind. 22.10.2008 http://www.sciam.com/article.cfm?id=never-say-die 26.10.2008

Jesse Bering: Intuitive conceptions of dead agents' minds: The natural foundations of afterlife beliefs as phenomenological boundary. Journal of Cognition and Culture (2002) 2, 263–308

Jesse Bering: The existential theory of mind. Review of General Psychology (2002) 6, 3–24

Cargo-Kult

Paul Raffaele: In John They Trust. South Pacific villagers worship a mysterious American they call John Frum believing he'll one day shower their remote island with riches. Smithsonian magazine, February 2006
http://www.smithsonianmag.com/people-places/john.html 3.2.2009

Peter Worsley: The Trumpet Shall Sound. A Study of ›Cargo‹ Cults in Melanesia. London 1970

Wicca

Ronald Hutton: The Triumph of the Moon. A History of Modern Pagan Witchcraft. Oxford 1999

Thomas Grüter: Geburt eines Glaubens. Gehirn & Geist (2005)1-2

Helen A. Berger, Evan A. Leach, Leigh S. Shaffer: Voices from the Pagan Census. A National Survey of Witches and Neo-Pagans in the United States. Columbia, SC, 2003

Schöpfungsmythen

Mircea Eliade: Die Schöpfungsmythen. Zürich 1964

Die Bibel. Einheitsübersetzung der heiligen Schrift. Stuttgart 1999

Intelligent Design

The Wedge. Center for the Renewal of Science and Culture. Discovery Institute.
http://www.antievolution.org/features/wedge.pdf 5.2.2009

Deutschland (k)ein Land der Gottlosen? Religionsmonitor 2008 der Bertelsmann-Stiftung.

Naturwissenschaft und magisches Denken

Isaac Newton – Theology, Prophecy, Science and Religion. Writings on Newton by Stephen David Snobelen
http://www.isaac-newton.org. 16.11.2008

Michael Shermer: Why People Believe Weird Things. New York 2002, 29ff

Stefan Knüttel: Das Sterben in der Kunst – vom Alltäglichen zum Tabu. ARD-online 4.8.2008
http://www.ard.de/kultur/kunst-ausstellung/sterben-in-der-kunst/-/id=8394/nid=8394/did=836542/9ppk1h/index.html 6.11.2008

Jason Pontin: Against Transcendence. When technology appropriates the transcendental it becomes science fiction. Technology Review. Februar 2005
http://www.technologyreview.com/communications/14146/?a=f 7.11.2008

Jason Pontin: The SENS challenge. Technology Review online 28.7.2005
http://www.technologyreview.com/blog/pontin/14968/ 7.11.2008

Preston W. Estap et al.: Life extension Pseudoscience and the SENS plan. Technology Review online. 11.7.2006
http://www.technologyreview.com/sens/docs/estepetal.pdf 7.11.2008

Mfoundation – Mprize structure and guidelines
http://www.mfoundation.org/index.php?pagename=mp_structure 7.11.2008

Richard Feynman: Cargo Cult Science. Engineering and Science (1974) 37(7), 10-13.
http://calteches.library.caltech.edu/51/02/CargoCult.pdf 8.11.2008

Michael Shermer: Rupert's Resonance. Scientific American (2005) Nov. 19

Seymour Epstein: This I Have Leamed from Over 40 Years of Personality Research. Journal of Personality (1997) 65(1)

Seymour Epstein, S., K. Burstein: A replication of Hovland's study of generalization to frequencies of tone. Journal of Experimental Psychology (1966) 72, 782-784

Otto Prokop, Wolf Wimmer: Der moderne Okkultismus. Parapsychologie und Paramedizin. München 2006

Wolf Wimmer: Parapsychologie, Wissenschaft und Rechtsordnung, NJW (1979) 12, 587

Richard Wiseman, Caroline Watt: Belief in psychic ability and the misattribution hypothesis: A qualitative review. British Journal of Psychology (2006) 97, 323-338

Institut für Grenzgebiete der Psychologie und Psychohygiene e.V. http://www.igpp.de/german/welcome.htm 12.11.2008

Noetic Institute: http://www.noetic.org/about/vision.cfm 12.11.2008

Richard Wiseman, Matthew Smith, Julie Milton: The ›psychic pet‹ phenomenon: A reply to Rupert Sheldrake. Journal of the Society for Psychical Research (2000) 64 (858), 46-50

Richard Wiseman, Emma Greening: The mind machine: A mass participation experiment into the possible existence of extrasensory perception. The British Journal of Psychology (2002) 93, 487- 499

Cirián O'Keeffe, Richard Wiseman: Testing alleged mediumship: Methods and results. The British Journal of Psychology (2005) 96(2), 165-179

Andreas Hergovich: Der Glaube an PSI. Die Psychologie paranormaler Überzeugungen. Bern 2001

Richard K. Coll, Mark C. Lay, Neil Taylor: Scientists and Scientific Thinking: Understanding Scientific Thinking Through an Investigation of Scientists Views About Superstitions and Religious Beliefs. Eurasia Journal of Mathematics, Science & Technology Education (2008) 4(3), 197-214

Hugh G. Gauch jr.: Science, Worldviews and Education. Science & Education (2006)

Colin F. Gauld: Habits of mind, scholarship and decision making in science and religion. Science & Education (2005) 14, 291–308

Brian C. Martinson, Melissa S. Anderson, Raymond de Vries: Scientists behaving badly. Nature (2005) 435, 737–738

Edward J. Larson, Larry Witham: Leading scientists still reject God. Nature (1998) 394, 313

Francis S. Collins: Gott und die Gene. Ein Naturwissenschaftler begründet seinen Glauben. Gütersloh 2006

Andrew Newberg, Eugene D'Aquili, Vince Rause: Der gedachte Gott. Wie Glaube im Gehirn entsteht. München 2003

Hans-Peter Duerr, Daniel Dahm, Rudolf Prinz zur Lippe: Potsdamer Manifest. Berlin 2005
http://gcn.de/download/manifest_de.pdf 3.12.2005

Stefan Weber: Ist die Quantentheorie des Bewusstseins Humbug? Telepolis 6.2.2001
http://www.heise.de/tp/r4/artikel/4/4853/1.html 3.12.2008

Sokal-Jux

Paul R. Gross, Norman Levitt: Higher Superstition: The Academic Left and Its Quarrels With Science, 1994

Steven Weinberg: Sokal's Hoax. The New York Review of Books, Volume XLIII, No. 13, 11–15, August 8, 1996
http://www.physics.nyu.edu/faculty/sokal/weinberg.html 3.6.2008

Alan D. Sokal: Transgressing the Boundaries: Towards a Transformative Hermeneutics of Quantum Gravity. Social Text (1996) 46/47, 217–252
http://www.physics.nyu.edu/faculty/sokal/transgress_v2/transgress_v2_singlefile.html 3.6.2008

Alan, D. Sokal: A Physicist Experiments with Cultural Studies. Lingua Franca, (1996) Mai/Juni, 62–64 http://www.physics.nyu.edu/faculty/sokal/lingua_franca_v4/lingua_franca_v4.html 3.6.2008

Antwort von Andrew Ross: http://www.math.tohoku.ac.jp/~kuroki/Sokal/sokaltxt/00005.txt 6.6.2008

Richard Dawkins: Postmodernism disrobed. Nature (1998) 394, 141-143

Alan D. Sokal, Jean Bricmont: Wie die Denker der Postmoderne die Wissenschaft mißbrauchen. München 1999

Meera Nanda: Prophets Facing Backward: Postmodern Critiques of Science and Hindu Nationalism in India. Rutgers University Press 2004

Meera Nanda: Response to my critics. Social Epistemology (2005) 19(1), 147-191

Schlussplädoyer und Anhang

Frank Newport: On Darwin's Birthday, Only 4 in 10 Believe in Evolution. Belief drops to 24% among frequent church attenders. Gallup 11.2.2009 http://www.gallup.com/poll/114544/Darwin-Birthday-Believe-Evolution.aspx 12.5.2009

Echte Zaubersprüche

Die Merseburger Zaubersprüche http://www.univie.ac.at/skandinavistik/txt/mz.html 9.6.2008

Monika Schulz: Magie oder die Wiederherstellung der Ordnung. Frankfurt am Main 2000

Verena Holzmann: »ich beswer dich wurm vun wyrmin ...«. Formen und Typen altdeutscher Zaubersprüche und Segen. Bern 2001

Register